GINA FORD este una dintre cele mai cunoscute autoare de cărţi despre îngrijirea copilului din Marea Britanie. Ghidurile ei sunt rezultatul unei îndelungate experienţe ca *maternity nurse*, fiind specializată în tratarea problemelor de somn şi de alimentaţie ale bebeluşilor. A lucrat în toată lumea cu sute de familii din diferite medii sociale, de la avocaţi şi bancheri la redactori şi personalităţi din media.

Pe măsură ce reputaţia ei creştea, a fost abordată de mai mulţi editori, iar în 1999 a scris prima ei carte - *The Contented Little Baby Book* - care a devenit rapid un bestseller, publicat în ţări precum Spania, Portugalia, Rusia, China şi România (*Cartea bebeluşului fericit*), vândut în milioane de exemplare.

Succesul nu a întârziat să apară, iar în 2004 Gina Ford a lansat site-ul *www.contentedbaby.com*, pentru a-i ajuta pe părinţii din întreaga lume, oferindu-le sfaturi şi ajutându-i să rezolve problemele cu care se confruntă în primul an de viaţă al bebeluşului lor. Programele descrise au fost aplicate cu succes, pentru că sunt rezultatul unor observaţii atente şi practice, constând în paşi simpli, uşor de urmat.

Daily Mail a desemnat-o ca fiind una dintre cele mai influente femei din domeniul sănătăţii în Marea Britanie, iar cărţile sale au devenit un ajutor esenţial pentru mii de mămici, ajutându-le să crească bebeluşi fericiţi.

GINA FORD

CARTEA BEBELUȘULUI FERICIT

CUM SĂ-ȚI CREȘTI COPILUL CU ÎNCREDERE ȘI CALM

Traducere din limba engleză de
Cristina Elena Firoiu

Corint

Redactare: Geanina Radu
Tehnoredactare computerizată: Mihaela Ciufu
Coperta: Andreea Apostol

Gina Ford, *The New Contented Little Baby Book*

First published as The New Contented Little Baby Book by Vermilion, an imprint of Ebury Publishing. A Random House Group Company.

ISBN 978-973-135-715-7

Descrierea CIP a Bibliotecii Naționale a României
FORD, GINA
Cartea bebelușului fericit : crește-ți copilul cu încredere și calm / Gina Ford ; trad.: Cristina Elena Firoiu. - București: Corint, 2012
Index
ISBN 978-973-135-715-7

I. Firoiu, Cristina Elena (trad.)

613.95

Cuprins

Mult iubitei mele mame, care mi-a fost și cea mai bună prietenă, întru amintirea binecuvântată a înțelepciunii ei, a dragostei nemărginite, a susținerii și a încurajărilor, a zâmbetului minunat și a ochilor ei strălucitori, care puteau transforma o zi ploioasă într-una însorită.

Mulțumiri

Prima ediție a *Cărții bebelușului fericit* s-a bazat pe experiența pe care am acumulat-o lucrând pentru mai mult de 300 de familii din întreaga lume. Aș dori să vă mulțumesc din suflet tuturor pentru marea încredere pe care ați avut-o în metodele mele, precum și pentru sugestiile și comentariile pe care mi le-ați trimis constant de-a lungul anilor, pe măsură ce au crescut bebelușii.

Se cuvine să le transmit mulțumiri speciale lui Keith și Janette Hodgson pentru ajutorul de neprețuit pe care mi l-au dat transformându-mi programele de alimentație în scheme care pot fi parcurse dintr-o singură privire, astfel încât părinților să le fie mai ușor să le citească.

Familia și prietenii au continuat să-mi ofere constant sprijin prin dragostea și încurajările lor. Le mulțumesc și le transmit dragostea mea lui William Alexander Ford, lui Andrew și Jean Fair, lui Ann Clough și Sheila Eskdale, ca și dragilor mei prieteni Jane Revell, Yamini Franzini, Jane Waygood, Jo Amps și Carla Flodden Flint.

Agenta mea, Emma Todd, a continuat, la rândul ei, să-mi ofere extraordinar de multă susținere și îndrumare, asemenea editoarei mele, Fiona MacIntyre, redactorilor Imogen Fortes, Cindy Chan și Louise Coe și restului echipei de la Editura Random House. Le datorez tuturor o enormă recunoștință, pentru că au avut atât de multă încredere în metodele mele şi pentru că m-au încurajat să urmez o carieră ca scriitoare.

Mulţumiri speciale redactorilor mei, Dawn Fozzard şi Gill MacCauley, care mi-au oferit un ajutor considerabil în ceea ce priveşte cărţile şi site-ul, m-au sprijinit şi m-au încurajat şi mi-au fost prieteni adevăraţi, reprezentând o permanentă sursă de alinare şi de inspiraţie.

De asemenea, aş dori foarte mult să mulţumesc echipei de la *contentedbaby.com*, formată din redactorul Kate Brian, Yamini Franzini, Frances Howard Brown, Gail Shearer şi Sophie Huthwaite, pentru extraordinarul sprijin personal pe care mi l-au oferit şi pentru că fac o treabă minunată în ceea ce priveşte site-ul meu. Îi mulţumesc şi lui Rory Jenkins, de la embado.com, ale cărui abilităţi tehnice au contribuit la crearea on-line a unei comunităţi de întrajutorare extraordinare, la care au acces părinţi de pe cinci continente. Îi datorez mulţumiri speciale Laurei Simmons, unul dintre membrii fondatori ai site-ului *contentedbaby.com*, pentru stăruinţa cu care s-a asigurat că programele prezentate în această carte sunt clare şi concise şi pentru sprijinul extraordinar acordat atât mie, cât şi membrilor site-ului.

În încheiere, aş dori să le mulţumesc miilor de părinţi care şi-au făcut timp pentru a-mi scrie, de la apariţia primei ediţii a acestei cărţi, cu câţiva ani în urmă, şi care mi-au povestit despre experienţele prin care au trecut atunci când au urmat programele „Bebeluşul fericit". Sugestiile şi comentariile dumneavoastră, trimise constant, au fost foarte importante pentru mine, iar mesajele de sprijin şi pline de simpatie înseamnă mai mult decât v-aţi putea imagina vreodată. Vă transmit afecţiunea mea şi vă mulţumesc atât dumneavoastră, cât şi tuturor bebeluşilor.

Cuvânt-înainte

De ce este diferit acest ghid pentru îngrijirea bebeluşilor

Având în vedere cantitatea uriaşă de informaţii şi de cunoştinţe disponibile referitoare la creşterea copiilor din momentul venirii lor pe lume, este o sarcină dificilă pentru părinţii fără experienţă să ştie de unde să înceapă. Dacă veţi avea cât de cât timp după naştere să citiţi despre îngrijirea postnatală, veţi descoperi că nu există informaţii prezentate într-un mod sintetic şi foarte clar despre modalităţile prin care să faceţi faţă situaţiilor cotidiene şi care să vă ajute să înţelegeţi schimbările care se vor produce de la o săptămână la alta în viaţa dumneavoastră şi a bebeluşului.

Aici intervine Gina şi vă vine în ajutor cu acest ghid care vă arată oră de oră şi săptămână de săptămână cum să-i creaţi bebeluşului un program rezonabil. O serie de îndrumări clare reflectă felul în care se schimbă nevoile bebeluşilor şi ale părinţilor de-a lungul timpului, astfel încât să puteţi înţelege repede cum să faceţi faţă unui nou stil de viaţă, din aproape în aproape, săptămână de săptămână.

Indiferent dacă alăptaţi sau hrăniţi bebeluşul cu biberonul, Gina oferă explicaţii detaliate despre cum arată o zi obişnuită, ajutându-vă atât să vă ocupaţi de bebeluş, cât şi să vă gestionaţi timpul; de asemenea, vă învaţă să înţelegeţi schimbările prin care va trece acesta. Apoi, pe măsură ce nevoile alimentare ale bebeluşului se schimbă, vă arată cum să începeți să introduceți hrana solidă în alimentație, oferindu-vă sfaturi referitoare la necesitatea și modalitățile de adaptare a meniului.

Toți cei aproximativ 300 de bebeluși la a căror îngrijire a contribuit Gina sunt dovada vie a faptului că respectarea unui program vă poate fi de un real folos. Gina face uz de experiența practică pe care a acumulat-o pentru a vă învăța cum să-i oferiți bebelușului dumneavoastră tot ce este mai bun și vă pune la dispoziție exemple din situații reale cu care s-a confruntat de-a lungul timpului, pentru a vă ajuta să înțelegeți și să rezolvați problemele pe care ați putea să le întâmpinați.

Keith Hodgson

Tatăl lui Jake Jupiter Hodgson - născut la 2 ianuarie 1996 - un bebeluș crescut numai după metoda Ginei, care doarme 12 ore pe noapte, s-a hrănit întotdeauna consistent și este fericit și mulțumit din toate punctele de vedere.

Introducere

Prima mea carte, *The Contented Little Baby Book* (publicată pentru prima oară în 1999), s-a bazat pe experienţa pe care am acumulat-o ocupându-mă de peste 300 de bebeluşi şi familiile lor din diferite părţi ale lumii. Cartea a devenit un bestseller şi a fost folosită de sute de mii de familii de pe cinci continente, continuând să fie utilă şi acum.

Popularitatea de care se bucură recomandările mele, alături de sprijinul constant venit din partea susţinătorilor cărţii, reprezintă o dovadă a faptului că bebeluşilor le poate prinde bine să fie crescuţi după un program şi chiar le merge foarte bine. Spre deosebire de învechitele şi inflexibilele programe de hrănire din patru în patru ore, cele din cadrul metodei mele se bazează pe ritmul natural de hrănire şi de somn al bebeluşilor, garantând faptul că nevoile lor sunt satisfăcute înainte de a deveni indispuşi sau extenuaţi. Însă cel mai important aspect îl reprezintă faptul că programele pot fi adaptate astfel încât să satisfacă nevoile individuale ale fiecărui bebeluş, căci din vasta mea experienţă, cunosc faptul că bebeluşii sunt diferiţi.

De când mi-a fost publicată prima carte, am comunicat cu mii de părinţi, atât ca urmare a activităţii de consultanţă pe care o practic, cât şi prin intermediul site-ului „Bebeluşul fericit", www.contentedbaby.com. Acest contact constant şi nemijlocit mi-a oferit posibilitatea să primesc sugestii şi propuneri folositoare din partea părinţilor, referitoare la programele „Bebeluşul fericit", ceea ce m-a ajutat să-mi revizuiesc şi să-mi actualizez în întregime prima carte. Programele „Bebeluşul fericit" şi concepţia care stă la baza lor au rămas aceleaşi, dar recomandările oferite au devenit mai cuprinzătoare, ca răspuns la sugestiile şi comentariile de o inestimabilă valoare trimise de părinţi, fiind totodată adaptate la contextul actual.

Sunt convinsă că această versiune revizuită a cărţii mele vă va învăţa şi mai bine cum să înţelegeţi diferenţa dintre foame şi oboseală, cum să stabiliţi programe sănătoase de alimentaţie şi de somn şi cum să satisfaceţi toate nevoile micuţului dumneavoastră. Cu ajutorul acestei versiuni complet revizuite din „Cartea bebeluşului fericit", experienţa dumneavoastră parentală ar trebui să fie îmbogăţită şi profund satisfăcătoare, iar bebeluşul ar trebui să fie cât se poate de mulţumit. Programele „Bebeluşul fericit" au dat rezultate în rândul a mii de părinţi şi de bebeluşi şi sunt sigură că pot funcţiona şi în cazul dumneavoastră.

1
Pregătirea pentru naştere

Când vorbim despre pregătirea pentru naştere, primele lucruri la care ne gândim sunt îngrijirea prenatală şi aranjarea camerei bebeluşului. Ambele sunt importante. Îngrijirea prenatală este de importanţă capitală pentru o sarcină sănătoasă şi le ajută pe mame să se pregătească pentru naştere, iar decorarea camerei nou-născutului este amuzantă. Cu toate că multe dintre cursurile de educaţie prenatală disponibile oferă într-adevăr câteva sfaturi despre ceea ce le aşteaptă pe mame după naştere, de multe ori se pune accentul pe naşterea în sine şi sunt trecute cu vederea sfaturile practice, care, dacă ar fi oferite din vreme, i-ar putea scuti pe părinţi de stres şi de ore pierdute după naşterea bebeluşului.

Dacă-mi veţi urma programele începând din prima zi, sunt multe şanse să aveţi un bebeluş mulţumit şi fericit, rămânându-vă ceva timp şi pentru dumneavoastră. Cu toate acestea, după cum veţi observa studiind programele şi tabelele din carte, timpul liber este extrem de limitat (şi, credeţi-mă, mamele care nu respectă un program se bucură de şi mai puţin timp liber). În scurtele perioade libere disponibile, dacă nu aveţi pe cineva angajat să vă ajute, va trebui să vă găsiţi timp şi pentru pregătirea meselor de peste zi, cumpărături, spălat etc.

Dacă veţi face următoarele lucruri înainte de naşterea bebeluşului, veţi avea multe ore libere după aceasta:

- Comandaţi articolele necesare pentru camera bebeluşului cu mult timp înainte. Uneori, livrarea pătuţului poate dura până la 12 săptămâni şi este foarte avantajos să-l aveţi de la început pe cel de dimensiuni mai mari (vezi pagina 21).

- Spălaţi toate lenjeriile de pat, lavetele din muselină şi prosoapele, astfel încât să fie gata de folosit. Aşterneţi lenjeria în pătuţul bebeluşului, în coşuleţul pentru dormit şi în landou. Pregătiţi tot ce trebuie în camera copilului, astfel încât să fie la îndemână în clipa când vă veţi întoarceţi acasă de la maternitate.

- Faceţi-vă rezerve cu următoarele lucruri de primă necesitate pentru nou-născuţi: vată, ulei pentru bebeluşi, scutece, cremă împotriva dermatitei de scutec, cremă hidratantă, şerveţele umede pentru bebeluşi, bureţi moi, perie, ulei de baie şi şampon pentru bebeluşi.

- Verificaţi dacă toate echipamentele electrice funcţionează corespunzător. Învăţaţi să folosiţi sterilizatorul şi să asamblaţi biberoanele.

- Pregătiţi-vă o porţiune din blatul de lucru din bucătărie unde să vă puteţi ocupa de pregătirea biberoanelor şi de sterilizare. În mod ideal, aceasta ar trebui să se afle imediat dedesubtul unui dulap în care să poată fi depozitate toate articolele necesare pentru hrănirea bebeluşului.

- Aprovizionaţi-vă cu săpun, produse de curăţat, prosoape de bucătărie şi hârtie igienică în cantităţi care să vă ajungă cel puţin 6 săptămâni.

- Preparaţi şi congelaţi o gamă variată de mâncăruri sănătoase gătite în casă, pentru dumneavoastră şi soţul sau partenerul de viaţă. Dacă alăptaţi, ar fi bine să evitaţi alimentele cumpărate de la magazin, pentru că sunt pline de aditivi şi de conservanţi.

- Aprovizionaţi-vă cu mai multe produse solide, cum ar fi ceaiul, cafeaua, biscuiţii etc.; inevitabil, veţi avea mai mulţi musafiri ca de obicei în prima lună, iar rezervele de hrană se vor epuiza în scurt timp.

- Cumpăraţi cadouri şi felicitări pentru zilele de naştere care se apropie. Să aveţi pregătite şi felicitări pe care să le trimiteţi în semn de mulţumire pentru cadourile pe care le veţi primi.

- Finalizaţi diversele lucrări care trebuie făcute în casă sau în grădină. Ultimul lucru de care aveţi nevoie la sosirea bebeluşului este deranjul produs de agitaţia muncitorilor.

- Dacă alăptaţi, comandaţi-vă cu mult timp înainte o pompă electrică pentru extragerea laptelui matern; cererea este foarte mare! Solicitaţi-i moaşei sfaturi referitoare la folosirea pompei.

Camera bebeluşului

Ca în majoritatea cazurilor, probabil că bebeluşul va sta în dormitorul dumneavoastră pe timpul nopţii. În prezent, Foundation for the Study of Infant Deaths (FSID) - Fundaţia pentru Studiul Morţii Subite la Sugari (FSMSS) - şi Ministerul Sănătăţii din Marea Britanie recomandă ca bebeluşii să doarmă în aceeaşi cameră cu dumneavoastră în toate perioadele de somn din timpul zilei şi al nopţii, până când împlinesc 6 luni (vezi pagina 143). Cu toate acestea, cred în continuare că este important ca la întoarcerea de la maternitate, camera bebeluşului să fie deja pregătită. Sunt sunată de nenumărate ori de câte o mamă panicată care îmi cere sfaturi despre cum să-şi obişnuiască bebeluşul deja măricel să doarmă în camera lui. Plânsetele şi agitaţia ar fi putut fi evitate în mare măsură dacă mama şi-ar fi obişnuit copilul să aibă camera lui încă din prima zi. În loc să facă astfel, în primele câteva luni, bebeluşul este alăptat şi schimbat, se joacă şi doarme oriunde îşi petrec timpul părinţii. Astfel, nu este surprinzător că bebeluşii se simt abandonaţi atunci când sunt în cele din urmă culcaţi singuri într-o cameră întunecoasă, nefamiliară.

Încă de la început trebuie să folosiţi camera bebeluşului cât mai mult posibil pentru schimbatul scutecelor, alăptare şi câteva jocuri mai liniştite. Obişnuindu-vă din primele zile copilul să aibă camera lui, în foarte scurt timp va începe să-i placă acolo şi o va percepe ca pe un refugiu ocrotitor.

Atunci când bebeluşii sunt foarte mici, mai ales dacă sunt obosiţi sau suprastimulaţi, este util să aveţi la dispoziţie o cameră liniştită şi confortabilă în care să-i puteţi duce pentru a se linişti. Folosirea camerei bebeluşului în acest scop încă din primele zile îl va ajuta pe cel mic să facă trecerea de la dormitul în aceeaşi cameră cu dumneavoastră la cel în camera proprie, odată cu împlinirea vârstei de 6 luni.

Decorarea camerei bebeluşului

Nu este nevoie să cheltuiţi o avere pentru decorarea şi mobilarea camerei copilului. O cameră obişnuită, cu patru pereţi, ferestre şi aşternuturi de pat cu ursuleţi devine repede foarte plictisitoare. Pereţii zugrăviţi într-o singură culoare pot fi lesne însufleţiţi cu ajutorul unei frize colorate, pe care o puteţi asorta cu o draperie de cornişă şi cordoane pentru draperii; astfel, veţi putea face cu uşurinţă modificări în cameră pe măsură ce creşte bebeluşul, evitând totodată redecorarea completă. (O altă modalitate foarte rentabilă şi amuzantă de a înviora aspectul camerei o reprezintă folosirea pe post de afişe a hârtiei de împachetat cadouri pentru copii, care este colorată şi veselă şi poate fi schimbată frecvent.)

Pătuţul

În majoritatea cărţilor despre creşterea bebeluşilor se afirmă că pătuţul nu este necesar în primele zile de viaţă, întrucât acestora le place mai mult să se odihnească într-un coşuleţ împletit sau într-un pătuţ mai mic. Deşi poate părea o soluţie mai practică să le folosiţi pe acestea din urmă atunci când mutaţi bebeluşul dintr-o cameră în alta (vezi pagina 143 pentru sfaturi curente), nu sunt convinsă că bebeluşilor le plac mai mult sau dorm mai bine în ele. Deoarece copilul dumneavoastră va trebui să se obişnuiască să doarmă în camera de zi până la vârsta de 6 luni, este mai bine să-i pregătiţi un landou cu saltea tare în camera de zi, pe care să-l folosească pe parcursul acestei perioade. După cum am precizat, am preferat să-i obişnuiesc pe copiii de care m-am ocupat să doarmă din prima zi în pătuţurile de dimensiuni mai mari, aşadar vă recomand să-l lăsaţi şi pe bebeluşul dumneavoastră să petreacă ceva timp în pătuţul lui, pentru a se juca şi a se linişti după alăptare. Procedând astfel, nu am întâmpinat probleme atunci când copiii nu au mai încăput în coşuleţul împletit şi au început să doarmă toată noaptea în pătuţul din camera lor.

Atunci când alegeţi pătuţul, este important să ştiţi că acesta va fi locul în care copilul va dormi timp de cel puţin doi sau trei ani şi, de aceea, trebuie să fie suficient de solid pentru a rezista şi în perioada în care începe să meargă şi este plin de energie. Chiar şi bebeluşii foarte mici vor începe în cele din urmă să se mişte de colo-colo în pătuţ.

Vă recomand să alegeţi un model cu stinghii plate, nu rotunjite, deoarece pentru un bebeluş poate fi foarte dureros să-şi sprijine capul de o stinghie rotunjită. Apărătoarele pentru pătuţuri nu sunt recomandate în cazul copiilor sub un an, deoarece pot ajunge să doarmă cu capul lipit de ele. Întrucât căldura corporală se elimină prin creştetul capului, blocarea acestei zone duce la potenţarea riscului de supraîncălzire. Se consideră că acesta este un factor care poate contribui la moartea subită la sugari.

Alte aspecte de care ar trebui să ţineţi cont atunci când alegeţi pătuţul sunt următoarele:

- Alegeţi un model a cărui bază să poată fi reglată pe două-trei niveluri de înălţime.
- Părţile laterale rabatabile trebuie să fie uşor de ridicat şi de coborât şi să nu facă zgomot. Testaţi-le de mai multe ori înainte de a cumpăra pătuţul.
- Ar trebui să fie suficient de mare pentru a încăpea lejer un copil de doi ani.
- Toate modelele de pătuţuri trebuie să se conformeze recomandărilor specialiştilor. Spaţiul dintre barele pătuţului trebuie să fie de minimum 2,5 cm

şi de maximum 6 cm. Atunci când salteaua este reglată la nivelul cel mai de jos, distanţa maximă dintre aceasta şi partea de sus a pătuţului nu trebuie să depăşească 65 cm. Spaţiul din jurul marginilor saltelei nu trebuie să fie mai mare de 4 cm.

- Cumpăraţi cea mai bună saltea pe care v-o puteţi permite. Am constatat că cele din spumă poliuretanică au tendinţa să se lase în mijloc după câteva luni. Am descoperit că modelul care oferă cea mai bună susţinere unui copil în creştere este cea cu arcuri, confecţionată din bumbac. Toate saltelele trebuie să se conformeze standardelor de siguranţă.

Lenjeria pentru pătuţul bebeluşului

Toate aşternuturile trebuie să fie confecţionate din bumbac alb sută la sută, astfel încât să poată fi spălate la temperaturi înalte, împreună cu pijamalele copilului. Din cauza riscului de supraîncălzire sau de sufocare, plăpumile şi pilotele nu sunt recomandate pentru bebeluşii cu vârsta sub un an. Dacă vreţi o cuvertură drăguţă, asortată pentru pătuţ, aveţi grijă să fie confecţionată din bumbac sută la sută şi să nu fie umplută cu material sintetic. Părinţii care se pricep să folosească maşina de cusut, pot economisi o sumă considerabilă confecţionând cearşafuri simple şi aleze dintr-un cearşaf mare din bumbac pentru pat dublu.

Cum se pregăteşte pătuţul

a) Se scoate salteaua şi se aşază un cearşaf şi o pătură cu partea mai lungă de-a curmezişul pătuţului.

b) Se aşază la loc salteaua şi se acoperă cu un cearşaf pentru saltele.

c) Se acoperă bebeluşul cu cearşaful şi se bagă sub saltea o porţiune de **cel puţin 15 cm**, în partea opusă. Se aşază câte un prosop mic rulat de-a lungul fiecărei laturi, între saltea şi stinghiile pătuţului.

Veţi avea nevoie de următoarele aşternuturi de pat:

- Trei cearşafuri cu elastic pentru saltea, confecţionate din bumbac extensibil. Alegeţi modelele mai moi, din jerse de bumbac, nu pe cele din material de prosop, care se aspresc şi capătă foarte repede un aspect uzat.
- Trei cearşafuri de pat moi, din bumbac. Evitaţi-le pe cele din finet, deoarece sunt prea pufoase pentru un bebeluş de vârstă mică. Puful îi poate intra în nas, producându-i probleme de respiraţie.

- Trei pături din bumbac, din ţesătură cu ochiuri mici, şi o pătură din lână pentru nopţile foarte reci.

- Şase cearşafuri de pat moi, din bumbac, pentru landou. Acestea sunt cearşafuri de dimensiuni mici folosite pentru landou sau pentru coşuleţul împletit, dar sunt ideale şi ca aleze, şi ar trebui să le aşezaţi peste cearşaful pentru saltea. Astfel, nu va fi nevoie să schimbaţi toate aşternuturile în toiul nopţii sau în timpul reprizelor de somn din zi, în cazul în care bebeluşului îi curge salivă sau se udă scutecul.

Masa pentru schimbatul scutecelor

Cel mai practic model de masă pentru schimbatul scutecelor este cel lung, care conţine sertare şi un dulăpior. Partea de deasupra ar trebui să fie suficient de lungă încât să încapă atât salteaua pentru schimbatul scutecelor, cât şi un vas cu două compartimente care să fie folosit pentru baia parţială a bebeluşului. Sertarele pot fi folosite pentru depozitarea pijamalelor, a lenjeriei de corp şi a lavetelor de muselină, iar în dulăpior puteţi aşeza articolele mai voluminoase, cum ar fi pachetele de scutece.

Şifonierul

Un şifonier încorporat reprezintă o investiţie bună pentru camera bebeluşului, deoarece vă permite să păstraţi hainele celui mic rânduite şi fără să se şifoneze; îl veţi putea folosi şi ca spaţiu de depozitare pentru numeroasele obiecte care se vor strânge în timp. Dacă un şifonier încorporat iese din discuţie, încercaţi să cumpăraţi versiunea obişnuită.

Scaunul

Este esenţial să încercaţi să găsiţi loc şi pentru un scaun în camera bebeluşului, indiferent cât de mică este aceasta. Un scaun foarte rezistent şi confortabil reprezintă o necesitate absolută. O canapea rabatabilă, cu două locuri, reprezintă o alegere bună, pentru că o puteţi folosi atât pentru alăptarea bebeluşului, cât şi pentru a dormi în cameră cu el. Dacă spaţiul este limitat, alegeţi un scaun cu spătarul drept şi braţe. Acesta trebuie să fie suficient de încăpător pentru a vă permite să staţi pe el împreună cu bebeluşul şi atunci când va mai creşte, iar, în mod ideal, braţele ar trebui să fie suficient de late pentru a vă putea sprijini atunci când alăptaţi. Dacă aş fi în locul dumneavoastră, aş rezista ispitei de a cumpăra un balansoar, care este adeseori vândut pe post de scaun pentru alăptare. Balansoarul s-ar putea dovedi periculos pe măsură ce bebeluşul devine mai dinamic, întrucât poate încerca să se ridice în picioare ţinându-se de el. De asemenea, în primele zile, puteţi fi tentată să adormiţi bebeluşul legănându-l în balansoar, însă aceasta este una dintre principalele cauze ale apariţiei proastelor deprinderi de somn la bebeluşi.

Draperiile

Draperiile ar trebui să fie lungi până la podea şi dublate de sus până jos cu o căptuşeală care să împiedice pătrunderea luminii. Fixaţi draperiile de o şină care să fie aşezată exact de-a lungul părţii de sus a ferestrelor.

În mod ideal, draperiile ar trebui să fie însoţite de o draperie de cornişă asortată, care să fie dublată la rândul ei cu o căptuşeală care împiedică pătrunderea luminii. N-ar trebui să existe goluri prin care să intre lumina; chiar şi cea mai slabă rază de lumină poate trezi bebeluşul înaintea orei 7 dimineaţa. Din acelaşi motiv, ar trebui evitate galeriile, deoarece se strecoară lumină prin spaţiul care rămâne în partea de sus. Pe măsură ce creşte, bebeluşul poate să nu mai adoarmă la loc, dacă este trezit dis-de-dimineaţă de soarele din timpul verii sau de către sursele de iluminat stradal.

Atunci când lumina este stinsă şi sunt trase draperiile, trebuie să fie suficient de întuneric astfel încât să nu vă puteţi vedea soţul în timp ce stă în partea opusă a încăperii. De asemenea, cercetările au demonstrat faptul că substanţele chimice din creier se modifică la întuneric, pregătind corpul pentru somn.

Mocheta

Este preferabilă mocheta în locul covoraşelor, pe care puteţi aluneca atunci când vă ocupaţi de copil la lumină slabă. Alegeţi o mochetă care a fost tratată cu o substanţă împotriva petelor şi evitaţi culorile foarte întunecate sau foarte vii, pentru că murdăria se vede mai uşor pe acestea.

Corpurile de iluminat

Dacă principalul corp de iluminat din camera bebeluşului nu este deja prevăzut cu un dispozitiv pentru reglarea intensităţii luminii, atunci ar fi o idee bună să-l schimbaţi. În primele zile, dacă veţi micşora lumina în timp ce culcaţi bebeluşul, veţi reuşi să-l învăţaţi să asocieze acest lucru cu ora de culcare. Dacă aveţi un buget limitat, cumpăraţi una dintre acele lămpi de veghe electrice pentru copii, care se potrivesc la orice priză normală.

Articolele necesare bebeluşului

Coşuleţul împletit sau pătuţul mai mic

După cum am mai spus, un coşuleţ împletit pentru dormit nu este cu adevărat necesar. Chiar şi modelele cele mai ieftine de coşuleţe, împreună cu suportul aferent, pot costa foarte mult pentru un articol neesenţial, în care bebeluşul oricum nu va mai încăpea după 6 săptămâni. Cu toate acestea, dacă dispuneţi de un spaţiu de locuit foarte mare sau plănuiţi să călătoriţi în primele săptămâni de la naşterea copilului, coşuleţul poate fi util. Dacă aveţi un buget limitat, încercaţi să împrumutaţi coşuleţul de la un prieten şi cumpăraţi o saltea nouă pentru acesta.

Pătuţul mai mic este, desigur, mai lung decât un coşuleţ împletit, nefiind însă cu mult mai practic. Întrucât în prezent ne culcăm bebeluşii pe spate, aceste modele înguste de pătuţuri le creează probleme bebeluşilor de vârstă foarte mică. Ei se pot trezi de mai multe ori pe noapte, deoarece acest tip de pătuţuri nu sunt suficient de late pentru ca bebeluşii să poată dormi cu braţele complet întinse şi, astfel, îşi prind mânuţele între stinghii.

Dacă sunteţi cu adevărat hotărâtă să folosiţi oricare dintre piesele de mobilier de mai sus pentru o scurtă perioadă de timp, veţi avea nevoie de următoarele aşternuturi de pat:

- Trei cearşafuri pentru saltea, din bumbac extensibil, care să se potrivească perfect ca dimensiuni. Alegeţi jerseul din bumbac, moale şi neted.
- Şase cearşafuri de pat moi, din bumbac, pentru landou, pe care le veţi aşeza peste cearşaful pentru saltea şi, mai târziu, le veţi folosi ca aleze în pătuţul de dimensiuni mai mari.
- Patru pături din bumbac, din ţesătură cu ochiuri mici, pentru landou.
- O duzină de lavete din muselină pe care să le aşezaţi peste cearşaful din coşuleţul împletit sau din pătuţ pentru a se scurge pe ele saliva bebeluşului.

Căruciorul

Landoul clasic este foarte costisitor şi nu prea se potriveşte stilului de viaţă din ziua de astăzi. Cei mai mulţi părinţi consideră că este mai practic să aleagă unul dintre celelalte articole pentru transportarea bebeluşilor, de dimensiuni mai reduse, disponibile în prezent. Atunci când alegeţi landoul, portbebeul sau căruciorul obişnuit, este important să luaţi în considerare faptul că, potrivit recomandărilor FSMSS, bebeluşul va dormi în el în timpul zilei până când va împlini vârsta de 6 luni. De asemenea, este important să aveţi în vedere spaţiul în care locuiţi, precum şi stilul dumneavoastră de viaţă. De exemplu, dacă trebuie să mergeţi cu maşina până la cele mai apropiate magazine, este important că alegeţi un model de cărucior uşor de pliat şi a cărui greutate să nu vă împiedice să-l ridicaţi şi să-l scoateţi din portbagaj. În prezent, există pe piaţă cărucioare foarte uşoare, al căror spătar poate fi rabatat complet, pentru a putea fi folosite de către nou-născuţi, şi care sunt prevăzute cu capotină şi învelitoare pentru a-l apăra pe bebeluş de vremea rea.

O altă alegere populară în rândul părinţilor o reprezintă varianta „3 în 1", adică un sistem de transport pe care se poate monta, în primele zile, un portbebe şi, mai târziu, un scaun de tipul celor folosite pentru cărucioare. Acesta poate fi o alegere foarte bună, dacă locuiţi într-o zonă mai liniştită şi puteţi merge pe jos la magazinele din zonă. Cea de-a treia alegere posibilă o reprezintă varianta mai grea a căruciorului obişnuit; şi spătarul acestuia se poate rabata complet şi se vinde, de obicei, împreună cu o saltea.

Dacă, după toate probabilităţile, veţi folosi landoul sau căruciorul într-o zonă urbană sau în magazine unde spaţiile sunt înguste (cum ar fi culoarele dintre rafturile unui supermarket), atunci roţile pivotante reprezintă o adevărată binecuvântare. Acestea vă ajută să manevraţi mult mai uşor căruciorul sau landoul atunci când trebuie să cotiţi, fiind astfel mult mai avantajoase decât cele fixe.

Indiferent ce tip de cărucior alegeţi, ar fi bine să-i rabataţi spătarul în sus şi în jos de mai multe ori şi să încercaţi să-l ridicaţi pe o suprafaţă mai înaltă din magazin pentru a vă face o idee despre cât de greu va fi să-l aşezaţi în portbagajul maşinii.

Ar fi bine să ţineţi cont şi de următoarele recomandări atunci când achiziţionaţi un landou, un portbebe sau un cărucior:

- Acesta ar trebui să fie prevăzut cu centuri de siguranţă rezistente şi solide, care să poată fi aşezate atât peste umerii bebeluşului, cât şi în jurul taliei şi să aibă o frână uşor de acţionat.

- Asiguraţi-vă că este prevăzut cu capotină şi învelitoare pentru picioare, care să-l poată apăra pe bebeluş de vremea rea.

- Cumpăraţi toate accesoriile în acelaşi timp: parasolarul, apărătoarea de ploaie, învelitoarea mai groasă pentru picioare, pernuţa pentru susţinerea capului şi suportul sau coşul pentru cumpărături. Aspectul şi dimensiunile accesoriilor se schimbă adeseori, iar dacă aşteptaţi până în sezonul următor, articolele de care aveţi nevoie s-ar putea să nu se mai potrivească sau să nu se mai asorteze.

- Încercaţi să împingeţi căruciorul prin magazinul de unde vreţi să-l cumpăraţi pentru a vedea dacă mânerele sunt reglate la o înălţime confortabilă; verificaţi şi cât este de greu să intraţi şi să ieşiţi dintr-o cameră şi să-l manevraţi atunci când cotiţi.

Scaunul auto

Veţi avea nevoie de un scaun auto pentru bebeluşi chiar de când îl veţi aduce pe micuţ acasă de la maternitate. Adesea, o moaşă îi însoţeşte pe părinţi până la maşină pentru a se asigura că totul este în regulă atunci când mama şi copilul sunt externaţi. Ar trebui să folosiţi în permanenţă scaunul auto pentru bebeluşi, chiar şi atunci când faceţi o călătorie de scurtă durată. Nu vă lăsaţi pradă ispitei de a merge cu maşina în timp ce ţineţi copilul în braţe, pentru că va fi imposibil să nu-i daţi drumul în cazul unei ciocniri sau a unei opriri de urgenţă.

Nu este recomandat să montaţi scaunul auto al bebeluşului pe scaunul din faţă, dacă maşina este prevăzută cu airbaguri, decât dacă acestea au fost dezinstalate. În general, alegeţi scaunul auto cel mai bun pe care vi-l puteţi permite, de preferat un model care să aibă instrucţiuni clare de montaj.

Alte dotări de care ar trebui să ţineţi cont sunt următoarele:

- Cotiere late, pentru a oferi mai multă protecţie bebeluşului în cazul unei coliziuni laterale.

- Ham de siguranţă care să poată fi desfăcut printr-o singură apăsare, făcând astfel mult mai uşoară reglarea scaunului în funcţie de felul în care este îmbrăcat bebeluşul.

- Catarama hamului ar trebui să fie uşor de desfăcut şi de închis, dar nu într-atât de uşor încât să poată fi desfăcută de către un copil.

- Gradul de disponibilitate a accesoriilor suplimentare pentru scaunul auto, cum ar fi tetiera sau husa de rezervă.

Căditța

Căditța este un alt articol neesențial. Ca şi în cazul coşulețului împletit, după scurt timp bebeluşii nu vor mai încăpea în ea. Pentru început, un nou-născut poate fi îmbăiat în chiuveta de la baie sau chiar în cada dumneavoastră, utilizând unul dintre diversele tipuri de scaune pentru baie care sunt disponibile pentru bebeluşii de vârstă foarte mică. Acest scaun îi permite bebeluşului să stea întins, cu spatele sprijinit şi uşor ridicat, lăsându-i astfel mamei ambele mâini libere pentru a putea să-l spele.

Dacă vă simțiți mai sigură pe dumneavoastră având la dispoziție o căditță special concepută pentru bebeluşi, modelul pe care îl recomand este cel care trebuie aşezat de-a curmezişul căzii de baie. Acest tip de căditță vă permite să-o umpleți şi să-o goliți mai uşor, spre deosebire de una obişnuită, care se aşază pe un suport şi trebuie să fie umplută şi golită cu ajutorul unei găleți. Un alt model este cel al căditței încorporate într-o masă pentru schimbat scutece. Am constatat că aceste modele sunt complet nepractice pentru că, în timp ce ridici bebeluşul din căditță, eşti nevoită să aşezi capacul – care se transformă în masă pentru schimbat scutece –, şi abia apoi îl poți aşeza pe el pentru a-l usca şi a-l îmbrăca. De asemenea, aceste modele sunt greu de golit de apă; am observat că sunt întotdeauna nevoită să înclin într-o parte întreg ansamblul pentru a scurge toată apa. De obicei, această acțiune are drept rezultat răsturnarea pe podea a tuturor articolelor depozitate dedesubt. Ansamblurile de acest tip, care îmbină căditța cu masa pentru schimbatul scutecelor, sunt şi foarte costisitoare şi nu aş încuraja pe nimeni să le cumpere.

Salteaua pentru schimbatul scutecelor

Este bine să cumpăraţi două saltele pentru schimbatul scutecelor. Alegeţi un model din plastic, uşor de curăţat, cu marginile laterale bine capitonate. La început, este bine este să aşezaţi peste saltea un prosop, întrucât bebeluşilor de vârstă foarte mică nu le face plăcere să fie aşezaţi pe suprafeţe reci.

Aparatul pentru supravegherea bebeluşilor

Acesta este un articol important, aşa că nu vă zgârciţi atunci când îl cumpăraţi. În general, există două modele dintre care puteţi alege, cel care funcţionează la priză şi cel mobil. Vă recomand să cumpăraţi varianta mobilă, care vă permite o mai mare libertate de mişcare prin casă, inclusiv în zone precum baia, care nu sunt prevăzute cu priză electrică pe care s-o puteţi folosi pentru cealaltă variantă. Există un număr din ce în ce mai mare de dovezi ştiinţifice care arată că aparatele de supraveghere digitale (numite şi DECT) expun bebeluşii unei cantităţi mai mari de radiaţii, sub formă de impulsuri, decât antenele staţiilor de bază ale telefoanelor mobile. Din acest motiv, vă recomand să optaţi pentru un aparat de supraveghere de tip analogic.

Atunci când alegeţi un aparat pentru supravegherea bebeluşilor, aveţi în vedere să fie prevăzut cu următoarele:

- Indicator luminos de zgomot, care să vă permită să supravegheaţi bebeluşul chiar şi atunci când volumul aparatului este dat la minimum.
- Aparatele pentru supravegherea bebeluşilor folosesc canalele radio, aşa că este bine să alegeţi un aparat cu două astfel de canale, ca să treceţi de pe unul pe celălalt atunci când există interferenţe.
- Un model reîncărcabil costă mai mult la achiziţionare, dar economia pe care o veţi face reîncărcând bateriile va compensa preţul iniţial, pe termen lung.
- Indicator de descărcare a bateriilor şi indicator de ieşire din raza de monitorizare.

Eşarfa portbebe

Unii părinţi au foarte multă încredere în modalitatea de transportare a bebeluşilor cu ajutorul unei eşarfe portbebe. Eu nu o folosesc niciodată, întrucât căratul unui bebeluş în acest mod, pentru orice perioadă de timp, îmi solicită prea mult spatele. De asemenea, bebeluşii de vârstă foarte mică au tendinţa să adoarmă imediat ce sunt aşezaţi aproape de piept, ceea ce anulează în întregime scopurile pentru care au fost concepute programele mele – acelea de a ţine bebeluşii treji la anumite ore din zi şi de a-i învăţa să asocieze adormirea cu stimuli corecţi, astfel încât să poată adormi singuri. În orice caz, sunt de părere că, pe măsură ce aceştia cresc, eşarfa portbebe devine cu adevărat o modalitate de transport foarte utilă pentru părinţi, mai ales atunci când copiii devin suficient de mari pentru a sta cu faţa spre direcţia de mers.

Dacă sunteţi de părere că o eşarfă portbebe v-ar fi de folos, iată câteva recomandări de care este bine să ţineţi seama atunci când o alegeţi:

- Eşarfa portebebe trebuie să fie prevăzută cu închizătoare de siguranţă, pentru a nu se putea desface.
- Trebuie să-i ofere bebeluşului suficient sprijin pentru cap şi gât; unele modele se vând împreună cu o pernuţă detaşabilă, care oferă susţinere suplimentară bebeluşilor de vârstă foarte mică.
- Ar fi bine să-i ofere bebeluşului posibilitatea de a sta atât cu faţa, cât şi cu spatele la dumneavoastră şi să aibă niveluri de înălţime reglabile.
- Este recomandabil să fie confecţionată dintr-un material lavabil rezistent şi să aibă curele căptuşite şi confortabile pentru umeri.
- Vă recomand insistent s-o încercaţi chiar în magazinul de profil, aşezând bebeluşul în ea – nu tuturor copiilor li se potriveşte aceeaşi dimensiune!

Scaunul pentru bebeluşi

Cu toate că mulţi părinţi folosesc şi acasă scaunul auto, astfel încât bebeluşii să poată sta în el în timpul zilei, dacă bugetul vă permite, achiziţionarea unui al doilea scaun pentru bebeluşi poate reprezenta un avantaj major, deoarece vă va scuti de efortul de a-l tot muta.

Există mai multe modele de scaune pentru bebeluşi. Unele sunt rigide, având partea de jos reglabilă şi o bază care fie este fixă, fie poate fi reglată pe modul „balansoar". Alt model este cel cunoscut sub numele de „balansoar cu vibraţii". Acesta este alcătuit dintr-un cadru foarte uşor, acoperit cu material textil, şi este conceput să se legene atunci când se mişcă bebeluşul. Am constatat că acest model se bucură de mult succes în rândul bebeluşilor care au peste 2 luni, în schimb pe cei foarte mici îi poate face să se simtă nesiguri. Indiferent ce model alegeţi, aveţi grijă ca bebeluşul să fie prins bine cu ajutorul curelelor şi să nu-l lăsaţi nesupravegheat. De asemenea, aşezaţi întotdeauna scaunul pe podea atunci când copilul stă în el; nu vă lăsaţi pradă ispitei de a-l lăsa pe masă sau pe blatul de la bucătărie, pentru că mişcările bebeluşului pot face ca scaunul să ajungă pe marginea acestor suprafeţe şi să cadă.

Iată şi alte recomandări:

- Cadrul şi baza scaunului trebuie să fie stabile, solide şi prevăzute cu o centură de siguranţă rezistentă.
- Alegeţi un model care să aibă o husă uşor de scos şi de curăţat.
- Cumpăraţi o pernuţă pentru a sprijini capul bebeluşilor de vârstă foarte mică.

Ţarcul de joacă

Anumiţi „specialişti în creşterea bebeluşilor" strâmbă din nas atunci când aud de ţarcurile de joacă, deoarece consideră că acestea împiedică pornirea firească a bebeluşilor de a explora. Eu sunt de părere că, deşi nu este bine ca bebeluşii să fie lăsaţi în ţarcul de joacă perioade lungi de timp, acesta poate fi foarte util, pentru că vă garantează că cel mic este în siguranţă atunci când sunteţi ocupată cu pregătirea mesei de prânz sau trebuie să răspundeţi la uşă. Dacă sunteţi cu adevărat hotărâtă să cumpăraţi un ţarc de joacă, atunci vă recomand să-l obişnuiţi pe cel mic în el de la o vârstă fragedă. Puteţi folosi un pătuţ de călătorie pe post de ţarc de joacă, dar, dacă aveţi spaţiul necesar, vă sfătuiesc să cumpăraţi un ţarc din lemn, de formă pătrată, care este mai încăpător şi îi permite bebeluşului să se ridice singur şi să se mişte în voie. Indiferent ce model de ţarc de joacă alegeţi, aveţi grijă să-l aşezaţi departe de obiectele periculoase, cum ar fi corpurile de încălzit, perdelele sau cablurile electrice lăsate la vedere prin casă. Nu atârnaţi niciodată jucării în ţarc legându-le de şnur sau de sfoară, căci acestea i-ar putea fi fatale bebeluşului, dacă s-ar întâmpla să se încurce în ele.

Aspectele importante de care trebuie să ţineţi cont atunci când alegeţi un ţarc de joacă sunt următoarele:

- Aveţi grijă ca podeaua acestuia să fie bine fixată, astfel încât bebeluşul să nu o poată mişca.
- Verificaţi să nu existe balamale sau închizători ascuţite din metal, care ar putea răni copilul.
- Dacă alegeţi un ţarc de joacă sau un pătuţ de călătorie cu părţile laterale confecţionate din plasă, asiguraţi-vă că aceasta este suficient de rezistentă pentru a împiedica bebeluşul să împingă prin ochiuri jucării de dimensiuni mici sau să facă o gaură suficient de mare pentru a-şi prinde mânuţa sau degetele.

Accesoriile necesare pentru alăptare

Sutienul pentru alăptare

Acesta este un sutien prevăzut cu nişte cupe special destinate acestui scop, care pot fi desfăcute fie cu ajutorul copcilor, fie al fermoarelor, pentru a face ca alăptarea să fie mai uşoară. Este important ca sutienul să aibă mărimea potrivită, indiferent ce model alegeţi. Un sutien pentru alăptare corespunzător trebuie să fie confecţionat, de preferat, din bumbac, pentru a oferi mai mult confort, să aibă bretele late, reglabile, pentru a ajuta la susţinerea sânilor, şi n-ar trebui să apese prea tare pe mameloane, întrucât aceasta poate fi una dintre cauzele blocării canalelor galactofore. Vă recomand să cumpăraţi două sutiene înainte de naştere. Dacă se dovedesc a fi confortabile după ce s-a declanşat lactaţia, puteţi cumpăra încă două.

Pernuţele protectoare pentru sâni

În primele zile veţi folosi multe pernuţe protectoare pentru sâni, deoarece trebuie schimbate de fiecare dată când alăptaţi. Multe mame preferă pernuţele rotunde, al căror contur se potriveşte formei sânului. Este posibil să fiţi nevoite să încercaţi modele de la mai mulţi producători, însă, adeseori, cele mai scumpe dintre acestea oferă o capacitate de absorbţie mai mare, deci se pot dovedi o investiţie bună pe termen lung.

Perna pentru alăptare

Această pernă are o formă care îi permite să fie aşezată în jurul taliei mamei, ridicând astfel bebeluşii de vârstă mică până la înălţimea potrivită pentru a putea fi alăptaţi. De asemenea, poate fi folosită pentru a-i rezema pe cei mici, reprezentând şi o soluţie excelentă pentru sprijinirea spatelui bebeluşilor ceva mai mari care învaţă să se ridice în picioare. Dacă vă hotărâţi să cumpăraţi o pernă pentru alăptare, asiguraţi-vă că este prevăzută cu o husă detaşabilă, care poate fi spălată la maşină.

Cremele şi sprayurile pentru sâni

Acestea sunt menite să îngrijească sânii şi să ajute la alinarea oricăror dureri produse de alăptare. Totuşi principala cauză a durerilor de acest tip o reprezintă aşezarea incorectă a bebeluşului la sân. Dacă simţiţi dureri fie în timpul alăptării, fie după aceea, ar fi înţelept să cereţi sfatul asistentului medical sau al unui consultant în alăptare, înainte de a achiziţiona o cremă sau un spray pentru sâni. Nu se recomandă folosirea altor creme sau săpunuri speciale în perioada alăptării. Este suficient să vă spălaţi sânii cu apă de două ori pe zi şi după fiecare alăptare. Este bine să daţi cu puţin lapte matern pe mameloane şi să le lăsaţi să se usuce.

Pompa electrică pentru extragerea laptelui matern

Sunt convinsă că unul dintre motivele pentru care majoritatea mamelor pe care le consiliez se descurcă de minune cu alăptarea este faptul că le încurajez să folosească o pompă electrică pentru extragerea (mulgerea) laptelui matern. În primele zile, atunci când produceţi mai mult lapte decât poate avea nevoie bebeluşul (mai ales la primele ore ale dimineţii), puteţi extrage surplusul de lapte cu ajutorul unuia dintre aceste aparate eficiente. După aceea, laptele poate fi depozitat în frigider sau în congelator şi oferit bebeluşului drept porţie suplimentară mai târziu în timpul zilei, atunci când vă simţiţi obosită, iar lactaţia poate fi scăzută. Acesta este, după părerea mea, unul dintre principalele motive pentru care foarte mulţi bebeluşi sunt agitaţi şi nu vor să adoarmă după baia de seară. Dacă vreţi să alăptaţi şi să deprindeţi repede bebeluşul cu un program, atunci o pompă electrică reprezintă o investiţie foarte bună. Nu vă lăsaţi tentate să cumpăraţi una dintre variantele manuale, mai mici, care pot fi într-atât de ineficiente încât multor femei le taie definitiv elanul de a mai extrage lapte.

Pungile pentru depozitarea laptelui matern în congelator

Laptele extras poate fi depozitat în frigider până la 24 de ore sau în congelator timp de o lună. Special destinate acestui scop, pungile presterilizate reprezintă o modalitate ideală de a depozita laptele matern şi pot fi cumpărate de la farmacie sau de la raioanele cu produse pentru bebeluşi din magazinele mai mari.

Biberoanele

Majoritatea consultanţilor în domeniul alăptării se opun hrănirii nou-născuţilor cu biberonul, chiar dacă acesta conţine lapte matern. Ei susţin că astfel se creează o confuzie între mamelon şi tetină, care duce la diminuarea dorinţei bebeluşului de a se hrăni la sân, lucru care provoacă la rândul lui scăderea lactaţiei, urmată de renunţarea definitivă a mamei la alăptare. Părerea mea este că majoritatea femeilor renunţă la alăptare pentru că sunt complet epuizate de aşa-zisa „alăptare la cerere", care adesea trebuie făcută de mai multe ori pe noapte. Vă recomand să hrăniţi bebeluşii cu un biberon pe zi, conţinând lapte matern sau lapte formulă, încă din prima săptămână de viaţă şi să începeţi să-i deprindeţi cu biberonul cel târziu din săptămâna 4. Bebeluşii pot fi hrăniţi astfel fie seara înainte de culcare, fie în timpul nopţii, de către o altă persoană, permiţându-i astfel mamei să doarmă mai multe ore la rând. Acest lucru va face să crească probabilitatea ca mama să se poată descurca mai uşor cu alăptarea. N-am avut niciodată probleme cu bebeluşi care să refuze sânul mamei sau să confunde mamelonul cu tetina, dar acest lucru se poate întâmpla dacă, în primele zile, acesta primeşte mai mult de un biberon pe zi. Alte motive temeinice pentru care ar trebui să deprindeţi bebeluşul cu biberonul sunt: în primul rând, acest lucru vă oferă o oarecare flexibilitate; în al doilea rând, nu veţi avea probleme mai târziu, atunci când veţi începe să-l hrăniţi cu biberonul după ce l-aţi alăptat exclusiv la sân; în al treilea rând, tatălui i se va oferi minunata şansă de a se implica mai mult în creşterea micuţului.

Sunt disponibile multe tipuri de biberoane şi fiecare este prezentat drept cel mai bun. Din experienţă, recomand întotdeauna modelele cu gâtul larg, deoarece umplerea şi curăţarea acestora sunt mai uşoare. De asemenea, este bine să căutaţi biberoane care nu conţin bisfenol A (BPA), deoarece anumiţi oameni de ştiinţă cred că această substanţă chimică, frecvent folosită la fabricarea biberoanelor din plastic transparent, poate pătrunde în lapte.

Vă recomand să folosiţi la început o tetină specială pentru nou-născuţi, care va stimula bebeluşul să facă un efort similar celui când se hrăneşte la sân. Cu toate acestea, folosirea unei tetine cu debit prea scăzut poate duce la apariţia unor probleme de tipul gazelor intestinale, aşa că urmăriţi semnele transmise de bebeluş din acest punct de vedere şi cumpăraţi-i o tetină cu debit mai mare îndată ce observaţi că are dificultăţi de supt – acest lucru se poate întâmpla încă de la vârsta de 3 săptămâni, dar de obicei se produce în jurul vârstei de 8 săptămâni. Pentru sfaturi referitoare la articolele necesare pentru sterilizarea biberoanelor, vă rog să consultaţi subcapitolul următor.

Articolele necesare pentru hrănirea cu biberonul

Biberoanele

Din motivele enumerate anterior, vă recomand cu tărie să cumpăraţi biberoanele cu gâtul larg descrise mai sus. Dacă bebeluşul dumneavoastră va fi hrănit numai cu biberonul, atunci este important să reduceţi la minimum riscul de apariţie a colicilor sau a gazelor intestinale. Atunci când sunt chemată să ajut bebeluşi care suferă de colici, observ că se produce o ameliorare imediată dacă le schimb pur şi simplu biberonul cu un model cu gâtul larg. Tetinele sunt concepute să fie flexibile şi îi permit bebeluşului să sugă ca şi cum ar suge la sân. De asemenea, după o vreme, biberoanele cu gâtul larg pot fi transformate în căni pentru copii. Dacă bebeluşul este hrănit exclusiv cu biberonul, vă recomand să cumpăraţi, pentru început, cinci biberoane de 240 ml şi trei de 120 ml.

Tetinele

Majoritatea biberoanelor se vând împreună cu tetine cu debit scăzut, destinate satisfacerii necesităţilor alimentare ale unui nou-născut. Am constatat că majoritatea bebeluşilor, la vârsta de 8 săptămâni, se hrănesc mai bine cu ajutorul tetinelor cu debit mediu, aşa că este bine să vă aprovizionaţi şi cu acestea de la început.

Peria de curăţat biberoane

Este extrem de important să curăţaţi corespunzător şi cu minuţiozitate biberoanele. Încercaţi să alegeţi o perie cu mâner de plastic extralung, care vă permite să le curăţaţi cât mai bine.

Peria de curăţat tetine

Majoritatea mamelor descoperă că modalitatea cea mai simplă de a curăţa o tetină o reprezintă folosirea degetului arătător. Cu toate acestea, dacă aveţi unghii foarte lungi, poate fi o idee bună să cumpăraţi una dintre aceste perii, cu toate că şi ele pot deteriora orificiul tetinei, având drept rezultat necesitatea de a o înlocui frecvent. Unghiile scurte sunt, probabil, soluţia!

Recipientul pentru depozitarea biberoanelor şi a tetinelor

Este mai uşor să organizaţi şi să ţineţi evidenţa obiectelor sterilizate, dacă toate biberoanele murdare sunt spălate şi sterilizate în acelaşi timp. Veţi avea nevoie de un recipient în care să aşezaţi biberoanele şi tetinele spălate până când vor fi gata de sterilizare şi puteţi folosi în acest scop un vas mare din oţel inoxidabil sau din plastic, de preferat cu capac.

Sterilizatorul

Indiferent dacă alăptaţi sau hrăniţi bebeluşul cu biberonul, este esenţial ca toate biberoanele şi toată aparatura pentru extragerea laptelui matern să fie sterilizate corespunzător. Există trei metode principale de sterilizare: fierberea obiectelor într-o oală mare timp de zece minute; introducerea obiectelor într-o soluţie de sterilizare timp de două ore, urmată de clătirea cu apă fiartă; folosirea unui sterilizator electric cu aburi. Din experienţă, vă pot spune că metoda cea mai uşoară, mai rapidă şi mai eficientă o reprezintă folosirea sterilizatorului cu aburi şi merită cu prisosinţă să faceţi această investiţie. Atenţie – nu vă lăsaţi ispitită să achiziţionaţi varianta pentru cuptorul cu microunde. Nu doar că în acest tip de sterilizator încap mai puţine biberoane, dar va fi o adevărată bătaie de cap să-l scoateţi din cuptorul cu microunde pentru a-l folosi pe acesta din urmă în alte scopuri.

Fierbătorul

În mod evident, fierbătorul este esenţial pentru pregătirea biberoanelor, aşa că ar trebui să fie eficient şi să aibă o capacitate suficient de mare. Dacă, din motive personale, vă hotărâţi să hrăniţi bebeluşul cu formule de lapte încă de la început, în primul an vă veţi petrece mult timp pregătind biberoanele. (Vezi pagina 89 pentru a afla recomandările recente referitoare la pregătirea biberoanelor cu formule de lapte.) De aceea, luaţi în considerare posibilitatea de a cumpăra un al doilea fierbător. Apa necesară pentru pregătirea laptelui trebuie să fie proaspătă, fiartă o singură dată şi răcită înainte de a adăuga laptele praf. Dacă vine cineva să-şi facă o ceaşcă de ceai în timp ce aşteptaţi să se răcească apa, va trebui să luaţi totul de la capăt. Acest lucru vă poate scoate din sărite, aşa că un fierbător suplimentar destinat numai încălzirii apei pentru pregătirea laptelui reprezintă, adesea, o investiţie înţeleaptă. Dacă sunteţi însărcinată cu gemeni, un al doilea fierbător este absolut necesar.

Termosul pentru biberoane

Acesta este un tip special de termos, conceput să păstreze calde biberoanele cu apă fiartă. Este foarte folositor atunci când călătoriţi sau pentru pregătirea rapidă a meselor din timpul nopţii. Atunci când cumpăraţi termosul pentru biberoane, vă sfătuiesc să achiziţionaţi şi un recipient mic, din plastic, cu trei compartimente. În fiecare compartiment veţi putea depozita cantitatea de lapte praf necesară la o masă, evitând astfel să luaţi cu dumneavoastră cutia de lapte praf atunci când plecaţi de acasă sau pregătiţi mesele din timpul nopţii.

Hăinuţele necesare unui nou-născut

Gama largă de hăinuţe pentru nou-născuţi disponibilă în magazine are un aspect atât plăcut, cât şi derutant. Deşi poate fi amuzant să alegeţi îmbrăcăminte pentru bebeluş, vă sfătuiesc insistent să abordaţi cu prudenţă acest domeniu. Nou-născuţii cresc foarte repede şi, până la sfârşitul primei luni de viaţă, nu vor mai încăpea în majoritatea hainelor care li se potriveau la început, cu condiţia să nu fi fost foarte mici la naştere. Cu toate că este important să aveţi suficiente haine pentru a le putea schimba frecvent, dacă aveţi prea multe, majoritatea nu vor apuca să fie purtate. Va trebui să înnoiţi garderoba bebeluşului de cel puţin trei ori în primul an şi, chiar dacă veţi cumpăra haine cu preţuri mai mici, tot va fi o treabă costisitoare. Vă recomand să cumpăraţi doar articolele de bază înainte de venirea pe lume a bebeluşului. Este posibil să primiţi în dar hăinuţe la naşterea copilului şi veţi avea numeroase ocazii să cumpăraţi îmbrăcăminte pe parcursul primului an.

Atunci când alegeţi hăinuţe pentru prima lună de viaţă a bebeluşului, nu vă lăsaţi ispitite să cumpăraţi lenjerie de corp sau pijamale viu colorate. Nou-născuţii murdăresc hăinuţele foarte mult şi este imposibil să îndepărtaţi petele folosind un program de spălare la temperaturi sub 60°C. Aspectul articolelor de îmbrăcăminte viu colorate se deteriorează rapid, dacă sunt spălate frecvent la această temperatură, aşa că limitaţi-vă la pijamale şi lenjerie de corp de culoare albă şi optaţi pentru culorile vii doar în cazul hainelor care se poartă pe deasupra.

În general, alegeţi haine cu aspect simplu pentru prima lună de viaţă. Îmbrăcând bebeluşul în body-uri şi salopete albe, veţi face ca spălatul hainelor să fie mult mai uşor, deoarece le veţi putea băga pe toate odată în maşina de spălat. Dacă este posibil, cumpăraţi-vă un uscător automat de rufe – merită cu prisosinţă cheltuiala şi nu va trebui să vă faceţi griji în legătură cu călcatul rufelor, dacă le scoateţi pe toate din aparat în clipa în care s-au uscat. Mai jos se află o listă cu articolele de bază de care veţi avea nevoie în primele 2 luni. Până la venirea pe lume a bebeluşului, v-aş recomanda să nu îndepărtaţi ambalajul sau etichetele de pe articolele de îmbrăcăminte, pentru a putea fi schimbate, dacă bebeluşul se dovedeşte a fi mai mic sau mai mare decât vă aşteptaţi.

Cămăşuţe de corp	6-8	Şosete	2-3 perechi
Cămăşi de noapte sau pijamale	4-6	Căciuliţe sau pălăriuţe	2
Ţinute de zi	4-6	Mănuşi cu un singur deget	2 perechi
Jerseuri	2-3	Pături pentru înfăşat	3
Costum de iarnă pentru bebeluşii născuţi în acest anotimp	1	Jachetă	1

Cămăşuţele de corp

În mod normal, un nou-născut poartă cămăşuţă atât iarna, cât şi vara, cu excepţia perioadelor foarte călduroase. Materialul cel mai potrivit pentru pielea bebeluşului este bumbacul sută la sută şi, dacă vreţi ca trusoul micuţului să-şi păstreze aspectul frumos şi după numeroase spălări la temperaturi înalte, alegeţi modelele albe uni sau albe cu modele în culori pale. Cel mai bun model este body-ul, care se închide între picioruşe, are mâneci scurte şi guler tip bărcuţă, pentru a fi uşor de îmbrăcat.

Pijamalele

Cel mai întâlnit model de pijama este cel alcătuit dintr-o singură bucată sau salopeta-pijama. Aceste modele sunt confortabile şi se spală repede, dar vi se vor putea părea incomode, deoarece poate fi greu să le scoateţi pentru a schimba scutecul bebeluşului în timp ce doarme. Din acest motiv, unele mame preferă cămăşile de noapte. Ca şi în cazul cămăşuţelor de corp, cel mai bun material este bumbacul sută la sută şi, cu cât este mai simplu modelul, cu atât este mai bine. Evitaţi orice model care se leagă în jurul gâtului cu ajutorul unui şnur şi, dacă există şnururi în partea de jos, scoateţi-le, pentru că se pot înfăşura în jurul picioarelor bebeluşului.

Ţinutele de zi

În primele 2 luni, hăinuţele în care vă va fi cel mai la îndemână să îmbrăcaţi bebeluşul vor fi salopetele, care se vând de obicei la pachet de câte două sau trei. Dacă este posibil, încercaţi să cumpăraţi salopete confecţionate din bumbac sută la sută şi alegeţi un model care se deschide fie de-a curmezişul spatelui, fie între picioare, pentru a nu fi nevoie să dezbrăcaţi complet bebeluşul atunci când îi schimbaţi scutecul. Foarte comode sunt şi salopetele cu bretele combinate cu tricouri asortate. Acestea vor putea fi purtate mai mult timp, pe măsură ce copilul va creşte, iar tricourile pot fi schimbate uşor, dacă acesta salivează mult. Alegeţi modele confecţionate din frotir moale, destinate bebeluşilor de vârstă foarte mică, nu din bumbac sau doc rigid.

Jerseurile

Dacă bebeluşul se naşte vara, probabil că va fi suficient să cumpăraţi doar două jerseuri, confecţionate, la modul ideal, din bumbac. În cazul în care acesta se naşte iarna, ar fi bine să aveţi la dispoziţie cel puţin trei jerseuri, de preferat din lână. Câtă vreme pielea bebeluşului nu este atinsă decât de îmbrăcăminte confecţionată din bumbac, n-ar trebui să existe motive să apară iritaţii şi, cu cât este mai simplu modelul, cu atât va fi mai bine.

Şosetele

Cele mai practice modele pentru nou-născuţi sunt cele simple, din bumbac sau din lână. Modelele fistichii, cu fundiţe, ar trebui evitate, ca şi orice fel de pantofi, indiferent cât de drăguţi ar fi, deoarece pot răni picioarele bebeluşilor, ale căror oase sunt fragile.

Căciuliţele sau pălăriuţele

Pe timpul verii, este important să cumpăraţi o pălăriuţă din bumbac cu boruri pentru a apăra de soare capul şi faţa bebeluşului. În mod ideal, borurile ar trebui să acopere şi ceafa. Căciuliţele din bumbac tricotat sunt potrivite pentru zilele mai răcoroase din timpul primăverii şi al toamnei. Pe timpul iernii sau în zilele foarte răcoroase vă recomand să folosiţi o căciulă călduroasă din lână sau din polar. Multe dintre aceste căciuliţe au căptuşeală din bumbac, iar dacă nu au, poate fi purtată pe dedesubt o căciuliţă subţire din bumbac, pentru protejarea pielii sensibile.

Mănuşile cu un singur deget

Bebeluşilor de vârstă foarte mică nu le place să aibă mânuţele acoperite, deoarece le folosesc foarte mult pentru a atinge, a pipăi şi a explora tot ce se află în imediata apropiere. Cu toate acestea, dacă bebeluşul dumneavoastră are unghiile ascuţite sau are tendinţa să se scarpine, încercaţi să-i puneţi nişte mănuşi subţiri din bumbac, cu un singur deget, concepute pentru a oferi protecţie în asemenea situaţii.

Atunci când vremea este foarte rece, folosiţi mănuşi din lână sau din polar, dar puneţi pe dedesubt o pereche de mănuşi mai subţiri din bumbac, pentru că unii bebeluşi au pielea mâinilor foarte sensibilă.

Pătura pentru înfăşat

Sunt ferm convinsă că, pe parcursul primelor săptămâni de viaţă, toţi bebeluşii dorm mai bine dacă sunt înfăşaţi. Indiferent dacă alegeţi o pătură pentru înfăşat obişnuită sau una croşetată, aceasta ar trebui să fie confecţionată din bumbac sută la sută, subţire şi uşor elastic. Pentru a evita supraîncălzirea, înfăşuraţi întotdeauna o singură dată pătura în jurul bebeluşului şi, atunci când doarme înfăşat, reduceţi numărul de pături cu care îl înveliţi. Cu toate acestea, este important ca nu mai târziu de a împlini 6 săptămâni să obişnuiţi bebeluşul să fie înfăşat doar pe jumătate, lăsându-i mânuţele afară.

Rata sindromului de moarte subită la sugari atinge nivelul maxim între 2 şi 4 luni, iar supraîncălzirea este considerată un factor major de risc. Aveţi întotdeauna grijă să nu înfăşuraţi bebeluşul de mai multe ori în pătură şi temperatura din cameră să varieze între 16 şi 20°C, conform recomandărilor Fundaţiei pentru Studiul Morţii Subite la Sugari (FSMSS).

Cum se înfaşă bebeluşul

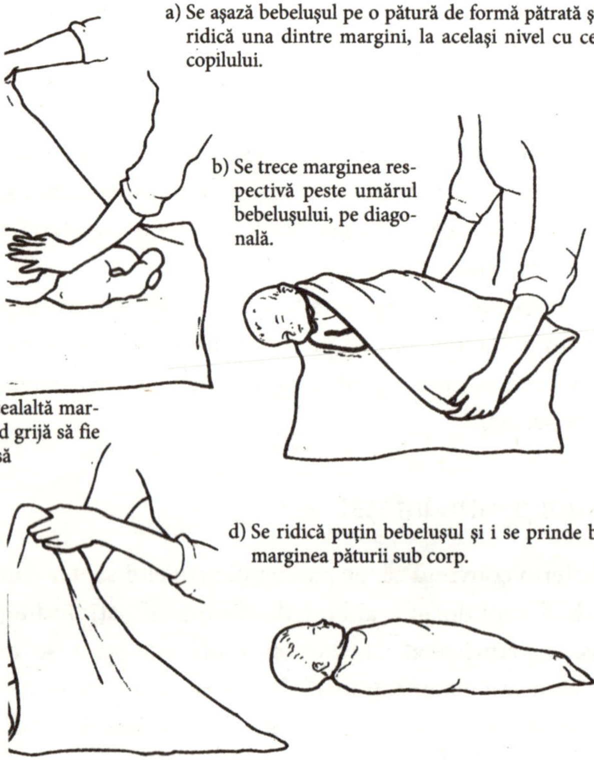

a) Se aşază bebeluşul pe o pătură de formă pătrată şi se ridică una dintre margini, la acelaşi nivel cu ceafa copilului.

b) Se trece marginea respectivă peste umărul bebeluşului, pe diagonală.

c) Se ridică cealaltă margine, având grijă să fie bine întinsă

d) Se ridică puţin bebeluşul şi i se prinde bine marginea păturii sub corp.

Costumul de iarnă

Atunci când alegeţi costumul de iarnă pentru bebeluş, cumpăraţi întotdeauna un model cu cel puţin două măsuri mai mare, pentru a putea încăpea în el şi atunci când mai creşte. Evitaţi modelele pretenţioase, cu blană în jurul glugii sau cu închizători care atârnă, alegând în schimb un model confecţionat dintr-un material lavabil, uşor de întreţinut. În cazul bebeluşilor de vârstă foarte mică, sunt de preferat capsele în locul fermoarelor, pentru că le pot intra în bărbie.

Jacheta

O jachetă subţire poate fi folositoare bebeluşilor născuţi în orice perioadă a anului. Aceasta poate fi purtată în zilele mai răcoroase din timpul verii şi în cele mai blânde din timpul iernii. Ca şi în cazul costumului de iarnă, alegeţi un model simplu, confecţionat din material lavabil.

Lenjeria de pat şi de corp

După ce aţi petrecut o perioadă lungă de timp şi aţi cheltuit o sumă considerabilă alegând garderoba bebeluşului, este cazul să fiţi foarte pretenţioasă în ceea ce priveşte îngrijirea ei. Deoarece bebeluşilor le rămân foarte repede mici hainele, ar trebui să le puteţi da frăţiorului sau surioarei care este posibil să vină pe lume mai târziu, cu condiţia să le îngrijiţi corespunzător.

Următoarele recomandări vă ajută să păstraţi lenjeria de pat şi de corp a bebeluşului într-o stare impecabilă:

- Lenjeria ar trebui împărţită pe culori.
- Lenjeria de pat, lavetele de muselină şi bavetele trebuie spălate la temperaturi foarte înalte pentru a scăpa de bacteriile produse de petele de lapte, precum şi pentru a elimina acarienii, care le pot provoca alergii bebeluşilor de vârstă foarte mică.
- Nu umpleţi cuva maşinii de spălat mai mult de două treimi, pentru ca rufele să poată fi clătite bine.
- Petele trebuie tratate întotdeauna cu o soluţie specială înainte de spălare.

Rufele albe: 60-90°C

Rufele albe pătate trebuie lăsate la înmuiat în timpul nopţii într-o soluţie formată din apă rece şi detergent dezinfectant, apoi spălate la 60°C. Toate rufele albe ar trebui să fie confecţionate din bumbac sută la sută şi este indicat să fi testată în prealabil rezistenţa culorilor, în cazul bavetelor şi al prosoapelor cu bordură colorată, spălându-le separat de câteva ori la început. Cearşafurile, lavetele de muselină, cămăşuţele, bavetele, şosetele, precum şi salopetele-pijama şi cămăşile de noapte albe pot fi spălate, de asemenea, la 60°C, dacă nu sunt foarte murdare. Dacă nu au stat la înmuiat şi sunt foarte murdare, atunci trebuie spălate la 90°C. Prosoapele de corp şi de faţă trebuie spălate şi uscate împreună, separat de celelalte rufe, pentru a evita scămoşarea.

Rufele deschise la culoare: 40°C

Majoritatea ţinutelor de zi necesită doar o spălare rapidă, cu ajutorul programului pentru haine din lână sau al celui pentru rufe delicate. Toate rufele pătate trebuie lăsate mai întâi la înmuiat pe timpul nopţii, într-o soluţie formată din apă rece şi detergent, şi clătite înainte de spălare.

Rufele închise la culoare: 30°C sau spălare manuală

Toate articolele de îmbrăcăminte închise la culoare trebuie să fie spălate separat de cele în culori deschise, chiar dacă nu îşi pierd din culoare; dacă le amestecaţi, veţi face ca rufele deschise să capete o nuanţă de gri. Toate rufele pătate ar trebui lăsate la înmuiat pe timpul nopţii în apă rece şi detergent.

Rufele din lână sau delicate: spălare manuală

Chiar dacă pe etichetă scrie „spălare automată", este mai bine să le spălaţi la mână, folosind o cantitate foarte mică de detergent pentru bebeluşi, amestecat cu apă călduţă. Întotdeauna presaţi uşor rufele în apă atunci când le spălaţi sau le clătiţi; nu stoarceţi niciodată rufele delicate prin răsucire şi nici nu le uscaţi prin atârnare. Clătiţi-le bine cu apă rece, presaţi-le uşor pentru a stoarce surplusul de apă şi apoi înfăşuraţi-le pentru câteva ore într-un prosop alb, curat şi uscat. La sfârşit, aşezaţi-le cu grijă în forma normală şi fie le uscaţi la orizontală pe o suprafaţă din casă, fie le aşezaţi pe un uscător de rufe. Nu puneţi niciodată la uscat rufele din lână atârnându-le de partea de jos.

Folosirea uscătorului automat de rufe

Prosoapele, bavetele, cearşafurile cu elastic pentru pătuţul bebeluşului şi păturile pot fi uscate complet cu ajutorul uscătorului de rufe, în schimb, cearşafurile de pat din bumbac ar trebui să rămână umede, pentru a putea fi călcate mai uşor. Evitaţi să uscaţi împreună hainele şi prosoapele, pentru că se scămoşează. Scoateţi toate hainele din uscător şi împăturiţi-le cât mai repede pentru a evita şifonarea, având grijă şi să le aerisiţi bine.

Hainele din catifea reiată şi cele închise la culoare

Pentru a evita decolorarea şi apariţia unor porţiuni mai închise la culoare, folosiţi programul de uscare la rece timp de maximum 15 minute. După aceea, aşezaţi hainele în forma normală şi puneţi-le la uscat pe umeraşe. În acest fel, este posibil să nu fie nevoie să le călcaţi.

Călcatul rufelor

Cearşafurile de pat şi alezele ar trebui călcate în timp ce sunt încă uşor umede, pentru a rămâne mai puţine cute. Pentru hainele în culori deschise ar trebui să folosiţi pulverizatorul de apă, pe când hainele închise la culoare trebuie călcate pe dos cu fierul de călcat aproape rece. Tricotajele ar trebui călcate acoperite cu o bucată de muselină. De asemenea, aveţi grijă să neteziţi bine cu fierul de călcat toate etichetele.

2
De ce să respectați un program

Au trecut mulți ani de când am scris pentru prima oară aceste cuvinte: „De ce să respectați un program". Pe vremea aceea, nu aveam nici cea mai vagă idee câte controverse aveau să stârnească aceste cuvinte banale. Iată că, după ani de zile, trebuie să explic din nou de ce consider că este important să respectați un program. Mă simt nevoită să scot în evidență faptul că nu mi-am schimbat absolut deloc părerile de când am scris prima carte. În ceea ce mă privește, cred că majoritatea bebelușilor o duc foarte bine și sunt mai fericiți dacă au un program. Desigur că înțeleg și respect faptul că urmarea unui program nu reprezintă o opțiune de luat în calcul de către toți părinții.

Există deja foarte multe sfaturi referitoare la metodele de creștere și de educare în cadrul cărora bebelușii sunt lăsați de către părinți să „preia controlul" *(baby-led parenting)*; de aceea, sfaturile din această carte se adresează acelor părinți care consideră că le va fi mai bine atât lor, cât și copiilor, dacă stabilesc un program. Plec de la presupunerea că unul dintre motivele pentru care citiți această carte este acela că în viața dumneavoastră există deja un anumit grad de organizare și sunteți de părere că vă veți descurca mai bine cu bebelușul dacă veți respecta un program sau altul. Dacă presupunerea mea este corectă, atunci vă pot asigura că respectarea programelor „Bebelușul fericit" va fi neîndoielnic atât în interesul dumneavoastră, cât și al copiilor. Aceste programe sunt urmate de sute de mii de părinţi din întreaga lume. Ascultaţi-vă instinctul de părinte atunci când vine vorba despre ceea ce este mai bine pentru dumneavoastră şi bebeluş; folosiţi programele şi recomandările din această carte drept metode care să vă ajute să fiţi părinţii ideali din punctul dumneavoastră de vedere.

De ce sunt diferite programele „Bebeluşul fericit"

În anii în care am lucrat ca *maternity nurse*[1], am citit sute de cărţi despre îngrijirea copiilor, dar am avut şi deosebitul privilegiu de a mă ocupa personal de peste 300 de familii din întreaga lume. Părinţii şi adorabilii bebeluşi pe care i-am întâlnit cu această ocazie sunt motivul pentru care simt că vă pot împărtăşi atât de multe lucruri din experienţa mea şi sper că în acest mod vă pot ajuta să depăşiţi multe dintre dificultăţile ridicate de aspectele practice, de zi cu zi, ale creşterii şi educării copiilor.

Ca *maternity nurse*, obişnuiam să ajung acasă la o familie după câteva zile de la naştere şi să locuiesc acolo 24 de ore din 24, pe perioade cuprinse între trei şi cinci zile, iar alteori, timp de câteva săptămâni sau chiar 6 luni. Cu toate că mass-media face mult caz pe seama faptului că mulţi dintre clienţii mei ar fi fost bogaţi şi celebri, vă pot asigura că majoritatea familiilor pe care le-am ajutat nu erau deloc aşa. Adeseori era nevoie să apeleze la ajutor din exterior pentru problemele de sănătate, decesele din familie ori alte situaţii de natură personală. Indiferent dacă locuiau într-o vilă cu 20 de dormitoare sau într-un apartament cu unul singur, erau

[1] *Maternity nurse* este o persoană cu experienţă şi, uneori, pregătire în îngrijirea nou-născuţilor, care lucrează ca liber-profesionistă şi oferă mamelor sprijin şi îndrumare în ceea ce priveşte îngrijirea unui nou-născut – alăptare, igienă, deprinderea cu un program etc.; în general, ea locuieşte 24 de ore din 24 cu membrii familiei respective, timp de câteva săptămâni sau mai mult.

staruri rock sau vedete de cinema, actori în devenire, bancheri importanţi sau profesori, toţi părinţii aveau un lucru în comun – voiau să se asigure că bebeluşii lor sunt mulţumiţi şi fericiţi şi că vor putea reuşi cumva să satisfacă toate nevoile acestora, precum şi să facă faţă propriului stil de viaţă solicitant.

Cele mai importante cărţi despre creşterea copiilor de pe vremea aceea susţineau fără excepţie metodele de creştere şi de educare în cadrul cărora bebeluşii sunt lăsaţi de părinţi să „preia controlul" şi afirmau că este imposibil să-i impui un program bebeluşului de vârstă foarte mică. Se subînţelegea astfel că din cauza părinţilor, copilul poate avea grave probleme de sănătate, dacă aceştia încearcă să-i impună un program.

Am scris în prima carte că, după ce am petrecut mulţi ani învăţându-i cu succes pe părinţi cum să-şi deprindă nou-născuţii cu un program care să-i ajute să fie fericiţi, mulţumiţi şi să le meargă bine, pot doar să presupun că autorii cărţilor de mai sus nu s-au ocupat personal de suficienţi bebeluşi pentru a şti că acest lucru chiar este posibil. Faptul că lucrarea *The Contented Baby Book* a devenit extrem de rapid un bestseller prin intermediul recomandărilor reprezintă o dovadă suficientă a faptului că afirmaţia pe care am făcut-o în prima ediţie a cărţii, din 1999, este adevărată.

Părinţii care au studiat cu atenţie cartea, programele şi recomandările mele pot confirma faptul că programele „Bebeluşul fericit" chiar funcţionează. Spre deosebire de programul învechit de alăptare din patru în patru ore, acestea nu presupun să lăsaţi bebeluşul să urle de foame până vine ora mesei sau să-l lăsaţi să plângă perioade foarte lungi de timp până adoarme. Cu toate că stabilirea unui program presupune adeseori o muncă foarte grea şi necesită multe sacrificii din partea dumneavoastră, sute de mii de părinţi din toată lumea vă pot confirma că merită s-o faceţi, pentru că au reuşit să înveţe în scurt timp cum să satisfacă nevoile bebeluşilor, astfel încât orice disconfort să fie redus la minimum.

Avantajele de care se vor bucura bebeluşii

Motivul pentru care programele „Bebeluşul fericit" sunt diferite de cele tradiţionale, care presupun alăptarea bebeluşilor din patru în patru ore, este acela că au fost concepute astfel încât să satisfacă nevoile fireşti de somn şi de alimentaţie ale oricărui bebeluş sănătos. Programele „Bebeluşul fericit" ţin cont şi de faptul că unii copii au nevoie de mai mult somn decât alţii şi că este posibil ca anumiţi bebeluşi să poată rezista intervale mai lungi de timp între mese. Scopul programelor nu este acela de a-l forţa pe copil să doarmă toată noaptea fără să se hrănească, ci de a face astfel încât, prin organizarea orelor de masă şi de somn din timpul zilei, să fie reduse la minimum trezirile din timpul nopţii. În acest fel, bebeluşul se va trezi şi se va hrăni puţin, apoi va adormi din nou. De asemenea, programele garantează faptul că, îndată ce bebeluşul se va putea hrăni la intervale mai mari de timp, va face acest lucru în timpul nopţii, nu al zilei. Principiile care stau la baza programelor s-au dezvoltat de-a lungul multor ani de observare a copiilor pe care i-am avut în grijă. În timp ce unii bebeluşi îşi creau foarte repede un program de masă fără să aibă nevoie de prea multe încurajări, alţii erau greu de hrănit şi de culcat săptămâni la rând.

Cele mai importante constatări pe care le-am făcut observându-i pe bebeluşii care s-au deprins repede cu un program au fost:

- Părinţii au avut o abordare pozitivă, şi-au dorit să respecte un program şi s-au străduit să păstreze o atmosferă cât mai liniştită cu putinţă în primele 2săptămâni.
- A fost redus la minimum contactul fizic dintre musafiri şi bebeluş, pentru ca acesta să se simtă relaxat şi în siguranţă în noul mediu (acest lucru este important mai ales atunci când bebeluşul este adus acasă de la maternitate).
- Micuţul a fost culcat întotdeauna la ore fixe, într-o cameră liniştită.
- Bebeluşul a fost ţinut treaz pentru scurtă vreme, după mesele din timpul zilei.

- Atunci când copilul era treaz, fusese bine hrănit şi ajutat să eructeze, cineva l-a stimulat şi s-a jucat cu el pentru scurte perioade de timp.

- Încă din prima zi, a fost stabilit un ritual înainte de culcare. Bebeluşul era îmbăiat la aceeaşi oră în fiecare seară, apoi hrănit şi culcat într-o cameră liniştită. Dacă nu reuşea să adoarmă, părinţii se asigurau că fac cât mai puţin zgomot cu putinţă şi continuau să-i ofere alinare într-o cameră slab luminată până când, în cele din urmă, adormea.

Avantajele de care vă veţi bucura dumneavoastră

Unul dintre cele mai stresante lucruri pe care trebuie să le suporte orice părinte este acela de a-şi auzi bebeluşul plângând, mai ales dacă plânsetele continuă vreme îndelungată şi orice încercare de a-l linişti dă greş. Respectând programele „Bebeluşul fericit", veţi învăţa în scurt timp care sunt semnele prin care copilul vă dă de ştire că îi este foame, este obosit sau plictisit, precum şi multe dintre celelalte motive care îi fac pe bebeluşii de vârstă foarte mică să fie indispuşi. Faptul că puteţi înţelege nevoile bebeluşului şi le puteţi satisface cu promptitudine, având încredere în propriile puteri, va face ca atât dumneavoastră, cât şi cel mic să fiţi calmi şi liniştiţi, evitând astfel plânsetele inutile. Astfel, nu vă veţi număra printre părinţii îngrijoraţi, cu bebeluşi irascibili, situaţie atât de frecvent întâlnită în ziua de azi.

Celălalt avantaj important al părinţilor care îmi respectă programele este acela că seara au timp liber să se relaxeze şi să se bucure unul de prezenţa celuilalt. De obicei, acest lucru nu este posibil în cazul părinţilor adepţi ai metodelor de creştere şi educare în care bebeluşii sunt lăsaţi să „preia controlul", căci toate site-urile care promovează creşterea şi educarea copiilor bazate pe legături emoţionale puternice *(attachment parenting)* ne spun că primele ore ale serii reprezintă perioada în care bebeluşii crescuţi după această metodă sunt adesea deosebit de irascibili şi au nevoie să fie legănaţi şi mângâiaţi uşor cu palma pentru a se linişti.

Alte abordări

Programele şi sfaturile prezentate în această carte s-au conturat de-a lungul mai multor ani. Pe vremea când lucram ca *maternity nurse*, am încercat diverse metode de creare a unui program de alăptare şi a unor deprinderi sănătoase de somn. Înainte de a explica mai pe larg motivele pentru care, cred eu, metodele mele au atât de mult succes, voi discuta pe scurt despre celelalte metode pe care le-am întâlnit de-a lungul anilor şi sper că acest lucru vă va oferi o înţelegere mai profundă a motivelor pentru care cred că programele mele pot fi de un real folos multor părinţi şi bebeluşi.

Programul rigid de alăptare din patru în patru ore

Acest program s-a dezvoltat atunci când naşterea la domiciliu a fost înlocuită de cea la maternitate, cu câteva zeci de ani în urmă, iar femeile stăteau în maternitate timp de 10–14 zile. Bebeluşii erau aduşi din salonul pentru nou-născuţi şi daţi mamelor o dată la patru ore, fiind lăsaţi să sugă numai câte 10–15 minute la fiecare sân înainte de a fi duşi înapoi. Deşi acest program este asociat mai degrabă cu generaţia bunicilor noastre, există şi în prezent părinţi care consideră că bebeluşii pot fi deprinşi cu el. În primii ani ca *maternity nurse*, chiar am lucrat pentru câteva familii care au adoptat acest program, iar acesta a dat într-adevăr rezultate în cazul anumitor bebeluşi, mai ales dacă erau hrăniţi cu lapte praf.

Cu toate acestea, am constatat că încercarea de a obişnui un bebeluş cu un program rigid de alăptare din patru în patru ore, durata unei alăptări fiind limitată la câte 10–15 minute la fiecare sân, eşuează în majoritatea cazurilor. Mama, crezând că motivul pentru care bebelușul nu reușește să se țină de program este acela că produce prea puțin lapte, se simte în foarte scurt timp constrânsă să-i dea porții suplimentare de lapte praf, pentru a-l face să se hrănească la orele potrivite conform acestui program. Aș fi ajuns multimilionară, dacă aș fi pus deoparte un bănuț de fiecare dată când o bunicuță mi-a spus: „Mi-a secat laptele în clipa când m-au externat din maternitate". În realitate, din cauza programului rigid de alăptare și a duratei limitate a reprizelor de alăptare, mamelor începea să le sece laptele cu mult înaintea externării. Moda hrănirii cu biberonul s-a răspândit în anii 1950 și 1960, iar multe mame nici măcar nu au încercat să-și alăpteze bebelușul. Această modă a continuat și în anii 1970. Apoi, pe măsură ce o seamă de cercetări au scos la iveală din ce în ce mai multe informații referitoare la beneficiile asupra sănătății aduse de alăptare, a început să revină moda din trecut. De data aceasta, mamelor li s-a recomandat să nu limiteze durata alăptărilor și să le permită bebelușilor să sugă atât cât este necesar pentru a-și potoli foamea.

Este important să înțelegeți că programele „Bebelușul fericit" nu au nimic de-a face cu rigidele programe de alăptare din patru în patru ore. Ar putea dura săptămâni întregi până când bebelușul să se poată obișnui cu un program de hrănire din patru în patru ore și vă recomand insistent să nu vă simțiți constrânse să-l urmați, indiferent cât de mult țineți să stabiliți un program. Principalele motive pentru care poate să nu funcționeze un program de alăptare din patru în patru ore sunt următoarele:

- În general, șase mese pe zi la început nu sunt suficiente pentru a stimula producerea unei cantități suficiente de lapte.
- Bebelușii au nevoie să se hrănească puțin și des în primele zile; să limitați numărul alăptărilor la șase poate face ca bebelușul dumneavoastră să nu-și ia rația de lapte zilnică necesară.
- În general, bebelușii cu vârsta cuprinsă între una și 6 săptămâni au nevoie de cel puțin 30 de minute pentru a ajunge la laptele „de sfârșit".

- Laptele „de sfârşit" are un conţinut de grăsimi de cel puţin trei ori mai mare decât laptele „de început" şi este esenţial pentru potolirea foamei bebeluşului.

Alăptarea la cerere

Cu toate că am avut grijă de câţiva bebeluşi care aveau un program de alăptare din patru în patru ore, am căpătat experienţă în primii ani ocupându-mă de bebeluşi care erau alăptaţi la cerere.

Recomandările din prezent referitoare la alăptarea la cerere sunt identice cu cele din trecut. Mamele sunt încurajate să lase bebeluşii să „preia conducerea" şi să le permită să sugă oricât de mult şi oricât de des doresc. Asemenea metodei de alăptare din patru în patru ore, şi această metodă a avut succes numai în cazul anumitor bebeluşi, însă pentru un număr destul de mare de care m-am ocupat nu a funcţionat. Din experienţă, un lucru devine evident încă de la început: pur şi simplu, mulţi nou-născuţi nu cer să fie alăptaţi. Acest lucru este valabil îndeosebi în cazul bebeluşilor unici şi al gemenilor cu greutate mică la naştere. Aceasta este principala obiecţie pe care o am faţă de alăptarea la cerere. Probabil că şi dumneavoastră aţi gândi la fel, dacă aţi trece prin experienţa de a sta la căpătâiul unui bebeluş în vârstă de numai câteva zile care nu mai are mult şi moare ca urmare a gravei deshidratări produse de faptul că nu a fost hrănit suficient. Deshidratarea reprezintă o problemă foarte serioasă în rândul nou-născuţilor, dar mulţi părinţi fără experienţă sunt conştienţi de acest lucru.

Producerea laptelui matern funcţionează pe sistemul „cerere şi ofertă", astfel încât bebeluşii care sunt lăsaţi să doarmă perioade lungi între alăptări nu sunt aşezaţi la sân de suficiente ori într-un interval de 24 de ore pentru a transmite sânilor mesajul că trebuie să producă mai mult lapte. Mamele dobândesc un fals sentiment de siguranţă, crezând că au bebeluşi uşor de crescut şi care dorm bine.

În realitate, au nişte bebeluşi foarte somnoroşi care, de regulă, în următoarele 2–3 săptămâni, vor începe să se trezească mai des şi să ceară mai mult lapte decât produce mama. În scurt timp, se creează o obişnuinţă, micuţii fiind nevoiţi să se hrănească o dată la două ore, atât ziua, cât şi noaptea, pentru a-şi satisface nevoile nutriţionale zilnice.

Recomandările curente spun că acest comportament de hrănire este normal şi că bebeluşii se vor regla singuri, însă ceea ce nu li se spune mamelor este că acest lucru poate dura luni în şir în cazul unora dintre ei! Alteori, apare într-adevăr obişnuinţa hrănirii la intervale mai mari de timp. Însă aceasta se întâmplă adeseori când bebeluşii se hrănesc atât de mult în timpul nopţii, încât atunci când se trezesc pentru a se hrăni în timpul zilei, mesele sunt scurte şi puţin consistente. Acest lucru duce la crearea unui cerc vicios: bebeluşii au nevoie să se hrănească mai consistent în timpul nopţii pentru a-şi satisface nevoile alimentare zilnice. În acest fel, mamele ajung să fie epuizate de trezirile frecvente din timpul nopţii şi de faptul că nu reuşesc să se odihnească suficient în timpul zilei. Adeseori, epuizarea poate duce la apariţia unora sau a tuturor dintre următoarele probleme:

- Epuizarea şi stresul reduc lactaţia, sporind nevoia bebeluşului de a se hrăni puţin şi des.
- Bebeluşii care continuă să aibă nevoie să fie alăptaţi de 10–12 ori pe zi după prima săptămână devin adesea atât de obosiţi din cauza scăderii calităţii somnului, încât se hrănesc din ce în ce mai puţin la fiecare masă.
- Epuizarea o poate împiedica pe mamă să se concentreze pentru a aşeza corect bebeluşul la sân, chiar şi pentru o perioadă scurtă de timp.
- Aşezarea incorectă a bebeluşului la sân reprezintă principala cauză a producerii durerilor la nivelul mameloanelor, care, de multe ori, sunt însoţite de fisurări şi sângerări; acestea îl împiedică pe bebeluş să se hrănească aşa cum trebuie.
- Faptul că un bebeluş somnoros este lăsat să doarmă perioade prea lungi între două alăptări în primele zile duce la scăderea şanselor mamei de a produce o cantitate suficientă de lapte.

Un alt motiv pentru care mă împotrivesc atât de mult denumirii de „alăptare la cerere" este acela că, adeseori, este înțeleasă mult prea literal. Bebelușul este alăptat de fiecare dată când plânge, iar mamele nu sunt învățate să identifice celelalte motive pentru care acesta poate plânge – de exemplu, suprastimularea sau epuizarea.

Desigur că orice bebeluș trebuie alăptat, dacă îi este foame; niciun copil n-ar trebui lăsat să plângă de foame sau să fie forțat să respecte un anumit program de masă, dacă îi este cu adevărat foame. Cu toate acestea, din experiența personală și dacă ținem seama de cercetările efectuate, un număr foarte mare de bebeluși alăptați la cerere nu reușesc să-și dezvolte de la sine obiceiuri sănătoase de somn luni în șir. Mulți continuă să se trezească și să se hrănească puțin și des mult timp după ce au mai crescut și ar trebui să sugă mai rar în timpul nopții. O altă problemă o constituie faptul că acei bebeluși care continuă să se hrănească puțin și des ajung invariabil să adoarmă numai dacă au fost hrăniți. Acest lucru duce la apariția unui alt grup de tulburări de somn: întrucât asociază adormirea cu stimuli greșiți, bebelușii nu pot adormi decât dacă sunt hrăniți.

Indiferent dacă sunteți părinții unui nou-născut sau ai unui bebeluș mai mare, vă recomand insistent ca nici măcar să nu încercați să urmați programele mele până nu ați citit și ați înțeles capitolele trei și patru din carte, referitoare la alimentație și somn în primul an de viață. Întrucât programele „Bebelușul fericit" nu seamănă cu cele demodate de alăptare din patru în patru ore, nu este suficient să citiți despre acestea și să încercați să obișnuiți copilul să se hrănească și să doarmă la orele recomandate de mine. Programele „Bebelușul fericit" se modifică de zece ori pe parcursul primului an din viața copilului. Orele recomandate pentru masă și somn în cadrul fiecărui set de programe constituie recomandări orientative corespunzătoare vârstei bebelușului, nu reguli stricte. Este necesar să înțelegeți principiile care stau la baza programelor, astfel încât să puteți face mici modificări, pentru a vă asigura că sunt satisfăcute nevoile individuale ale copilului dumneavoastră.

Răspunsuri la întrebările dumneavoastră

Î Sunt însărcinată în 6 luni și, ca orice mamă în devenire, mă preocupă felul în care voi face față nopților nedormite. Cursul de îngrijire prenatală pe care-l urmez subliniază importanța alăptării la cerere, spunând că nou-născuții trebuie alăptați atunci când au nevoie și că n-ar trebui să încerc să respect un program în primele zile după naștere. Sunt îngrijorată de faptul că, dacă încerc să urmez programele tale, este posibil să-mi privez bebelușul de hrană atunci când îi va fi cu adevărat foame.

R Programele „Bebelușul fericit" nu presupun să privați bebelușii de hrană atunci când le este cu adevărat foame, ba dimpotrivă. Ceea ce mă neliniștește cel mai mult la metoda alăptării la cerere în cazul bebelușilor de vârstă foarte mică este faptul că, la început, foarte mulți nu cer să fie alăptați. Acest lucru poate duce la apariția multor probleme grave, cea mai importantă fiind aceea că un bebeluș care nu se hrănește la sân nu stimulează sânul să producă suficient lapte. Astfel, se ajunge în situația în care, pe parcursul a trei sau patru săptămâni, mama încearcă să-și alăpteze bebelușul, dar nu are suficient lapte. După aceea, se creează un cerc vicios, mama alăptându-și bebelușul o dată la una sau două ore, atât ziua, cât și noaptea, în încercarea de a-i satisface nevoile alimentare, dar până atunci se instalează deja epuizarea. Acesta este unul dintre principalele motive pentru care scade lactația, iar femeile constată că sunt nevoite să înceteze alăptarea.

În primele zile, le sfătuiesc întotdeauna pe mame să considere că, dacă bebelușul plânge, este posibil ca foamea să fie principala cauză și să-l alăpteze. Cu toate acestea, subliniez faptul că, dacă bebelușul plânge și este necăjit în permanență, ar trebui, de asemenea, să identificați motivele pentru care nu poate face față intervalelor de trei ore dintre alăptări. De multe ori, bebelușul nu a fost așezat corect la sân și, deși poate părea că suge încontinuu chiar şi o oră, de fapt, în cea mai mare parte a timpului, nu se hrăneşte aşa cum trebuie. Iată de ce mamele care alăptează şi descoperă că bebeluşul nu poate face faţă unui interval de două-trei ore între alăptări ar trebui întotdeauna să ceară sfatul unui consultant cu experienţă în domeniul alăptării. Toţi bebeluşii sănătoşi, cu o greutate la naştere de peste 2,7 kg, ar trebui să reziste trei ore între mese – adică trei ore de la începutul unei alăptări până la începutul alăptării următoare. Însă acest lucru se va întâmpla numai dacă micuţii primesc suficient lapte pentru a le fi satisfăcute nevoile alimentare.

Î Chiar trebuie să-mi trezesc copilul abia născut pentru a-l alăpta? Vrea să doarmă tot timpul şi nu prea-mi vine să-l trezesc.

R Vă înţeleg perfect. Este foarte tentant ca, atunci când sunteţi obosită după naştere, să recuperaţi în timpul zilei orele de somn pierdute, în timp ce doarme bebeluşul. Însă acesta va dormi atât de mult doar câteva săptămâni, apoi va dori din ce în ce mai mult să rămână treaz pentru a se juca şi a-şi petrece timpul cu dumneavoastră şi cu ceilalţi membri ai familiei. Un bebeluş nu face diferenţa dintre noapte şi zi, iar dacă dumneavoastră nu-l ajutaţi să-şi formeze încet-încet un program, ar putea ajunge să se trezească şi să vrea să se joace la ora patru dimineaţa. Aşadar, da, insist asupra importanţei trezirii bebeluşului o dată la două-trei ore pe parcursul primei săptămâni pentru a avea siguranţa că sânii sunt stimulaţi suficient pentru a creşte lactaţia. Trezirea bebeluşului din trei în trei ore în cursul zilei reprezintă o garanţie a faptului că acesta se va trezi doar o dată pe noapte, între miezul nopţii şi şase dimineaţa. Este mult mai probabil ca o mamă bine odihnită şi relaxată să producă o cantitate mai mare de lapte decât una care este obosită şi stresată. Pe termen lung, veţi câştiga amândoi de pe urma stabilirii unui astfel de program.

Î Mai mulţi prieteni şi rude mi-au spus că este o cruzime să trezeşti din somn un bebeluş şi că acesta se va trezi singur când va avea nevoie să se hrănească. Sunt o persoană foarte organizată şi cred că respectarea unui program ar fi lucrul cel mai indicat atât pentru mine, cât şi pentru copil, dar îmi este teamă că aş putea să-i produc o traumă psihică sau fizică de vreun fel sau altul dacă îl trezesc.

R Este evident că persoanele care susţin că reprezintă o dovadă de cruzime să trezeşti un copil pentru a-l hrăni nu au fost nevoite să îngrijească bebeluşi născuţi prematur sau foarte bolnavi, cum am făcut eu. Singura modalitate de a-i menţine în viaţă era să-i trezesc în mod regulat pentru a se hrăni puţin şi des. De-a lungul anilor, pe măsură ce am urmărit cum copiii cresc, nu am observat ca vreunul dintre ei să fi suferit traume fizice sau psihice. Sunt convinsă că există mai multe riscuri pentru producerea unor astfel de vătămări atât la mamă, cât şi la bebeluş, dacă apare situaţia în care acesta din urmă se trezeşte şi cere să fie hrănit din oră în oră pe timpul nopţii. În primele zile, le recomand mamelor să-şi alăpteze bebeluşii puţin şi des pentru a crea un program de alăptare. Uneori, acest lucru va presupune să-i treziţi, însă dacă bebeluşul de vârstă mică cere să fie hrănit mai des de trei ore, atunci vă recomand, desigur, să-l hrăniţi. În scurt timp, atât dumneavoastră, cât şi bebeluşul vă veţi stabili un program care vă va aduce amândurora avantaje.

Î Conform recomandărilor, în primele 6 luni, părinţii ar trebui să-şi culce copiii în aceeaşi cameră cu ei. Mă îngrijorează faptul că bebeluşul nostru nu va dormi bine în camera de zi, în timpul reprizelor de somn din zi şi seara, şi că va fi greu să-l obişnuim să doarmă în camera lui atunci când va împlini 6 luni. Cât de greu ne va fi să urmăm programele tale, respectând, în acelaşi timp, noile recomandări?

R La pagina 19, am pomenit faptul că majoritatea părinţilor pentru care am lucrat îşi culcau bebeluşii în dormitorul lor în timpul nopţii. Cele mai recente recomandări spun că micuţul ar trebui culcat tot timpul în camera în care vă aflaţi dumneavoastră, până când împlineşte 6 luni. Acest lucru înseamnă că va dura mai mult timp să-l deprindeţi să doarmă în camera lui. Însă, obişnuindu-l mai devreme cu acest lucru evitaţi să-i perturbaţi programul şi să-i produceţi nelinişte atunci când împlineşte 6 luni. Puteţi transforma camera copilului într-un refugiu, dacă o veţi folosi pentru schimbarea scutecelor, hrănire şi liniştire înainte de culcare sau pentru jocuri mai liniştite.

În ceea ce priveşte culcarea bebeluşului în camera de zi, încercaţi să faceţi cât mai puţin zgomot, pentru a-l ajuta să înţeleagă diferenţa dintre perioada de veghe şi cea în care trebuie să doarmă. Păstraţi o atmosferă liniştită. Este puţin probabil să aveţi două pătuţuri, unul în dormitorul dumneavoastră, iar celălalt în camera de zi, de aceea, conform FSMSS, un landou prevăzut cu o saltea tare, corespunzătoare, ar putea fi o alegere potrivită. Respectaţi recomandările privitoare la culcarea bebeluşului în pătuţ şi atunci când îl culcaţi în landou: aşezaţi-l cu picioruşele înspre partea dinapoi a acestuia şi băgaţi bine sub saltea marginile cearşafurilor sau ale păturilor cu care îl înveliţi. Prin ridicarea capotinei în timpul orelor de somn veţi împiedica pătrunderea luminii, iar bebeluşul va dormi mai bine.

În încheiere, nu uitaţi că aceste recomandări sunt valabile numai pentru primele 6 luni de viaţă, iar după această perioadă veţi putea culca bebeluşul în camera lui (consultaţi recomandările de la pagina 221 referitoare la modul în care să-l ajutaţi pe cel mic să treacă mai uşor prin această schimbare).

Î Susţii cu adevărat că bebeluşii n-ar trebui îmbrăţişaţi? Citesc peste tot că aceştia au nevoie de atingeri afectuoase pentru a se simţi în siguranţă.

R Am subliniat întotdeauna importanţa contactului fizic şi a atingerilor afectuoase în cazul bebeluşilor. Cu toate acestea, susţin că părinţii ar trebui să ştie că îmbrăţişările şi afecţiunea oferită au ca scop, în primul rând, satisfacerea nevoilor emoţionale ale bebeluşilor şi în al doilea rând a nevoilor proprii. În plus, există o diferenţă crucială între a-l îmbrăţişa pur şi simplu şi a-l îmbrăţişa pentru a-l face să adoarmă. Dacă se obişnuieşte să fie îmbrăţişat pentru a adormi, acest lucru îi va crea o dependenţă de care va trebui să-l lecuiţi la un moment dat – şi este mult mai uşor să-l obişnuiţi să adoarmă fără ajutor la vârsta de 3 săptămâni, decât la 3 luni sau 3 ani.

Î Cu toate că mi-ar plăcea să am un program atunci când se va naşte copilul, nu vreau să-l las să plângă perioade lungi de timp.

R N-aş recomanda niciodată ca un bebeluş de vârstă mică să fie lăsat să plângă perioade lungi până adoarme singur. Subliniez însă faptul că anumiţi bebeluşi extenuaţi refuză să adoarmă şi lor ar trebui să li se acorde o perioadă de 5–10 minute în care să plângă până adorm. N-ar trebui lăsaţi *niciodată* să plângă mai mult de 5–10 minute înainte de a merge din nou la ei. De asemenea, atrag atenţia că un bebeluş n-ar trebui lăsat să plângă nici măcar două-trei minute, dacă bănuiţi că s-ar putea să-i fie foame sau să aibă nevoie să eructeze.

În cazul unor bebeluşi cu vârste cuprinse între 6 luni şi un an care se trezesc de câteva ori pe noapte pentru că au învăţat să asocieze adormirea cu stimuli greşiţi, fie din cauza alăptării la cerere, fie a faptului că au fost legănaţi sau îmbrăţişaţi până au adormit, poate fi necesară folosirea unei metode sau a alteia de formare a deprinderilor de somn.

În cartea *The Complete Sleep Guide for Contented Babies and Toddlers* (*Ghidul complet al somnului la sugari şi copiii mici)* scot în evidenţă faptul că orice metodă de formare a deprinderilor de somn reprezintă întotdeauna ultima soluţie la care se recurge pentru a determina un bebeluş să doarmă noaptea şi că ar trebui folosită doar atunci când părinţii sunt absolut siguri că micuţul nu se trezeşte pentru că îi este foame. De asemenea, vă recomand ca înainte de începerea programului de formare a deprinderilor de somn să duceţi bebeluşul la medicul de familie pentru a vedea dacă nu cumva există probleme de natură medicală.

Principalul scop al programelor „Bebeluşul fericit" este de a avea grijă ca nevoile celui mic să fie satisfăcute încă de la început, astfel încât să nu fie nevoit să plângă vreodată. De asemenea, recomandările pe care le ofer au rolul de a le ajuta pe mame să înţeleagă adevăratele motive pentru care poate plânge bebeluşul. Dacă acesta respectă un program de la o vârstă foarte fragedă, atunci mama va învăţa repede cum să-i înţeleagă nevoile şi, în consecinţă, să i le anticipeze. Am constatat că acest lucru are drept rezultat faptul că bebeluşii plâng foarte rar – în jur de 5–10 minute pe zi.

Î Am citit că, potrivit programelor tale, un bebeluş n-ar trebui hrănit în timpul nopţii după ce împlineşte 12 săptămâni. Totuşi, copiii sunt diferiţi, iar un copil n-ar trebui forţat să stea nemâncat, dacă îi este cu adevărat foame.

R Unii bebeluşi, mai ales cei alăptaţi, pot avea nevoie să fie hrăniţi o dată în timpul nopţii până când împlinesc vârsta de 5 sau 6 luni. Majoritatea copiilor de care am avut grijă dormeau toată noaptea (adică de la masa de lapte de la orele târzii ale serii până la 6/7 dimineaţa) în jurul vârstei de 8–12 săptămâni. Numărul foarte mare de sugestii şi comentarii pe care îl primesc din partea cititorilor arată faptul că aceasta pare a fi într-adevăr vârsta la care încep să doarmă o perioadă mai îndelungată copiii care încep să-şi formeze un program. Desigur că fiecare copil este diferit de ceilalţi, dar, dacă micuţul dumneavoastră ajunge să doarmă toată noaptea până la 7 luni, atunci nici dumneavoastră, nici eu, nici bebeluşul nu am „dat greş". Programele mele au rolul de a vă ajuta să vă organizați activitățile din timpul zilei și al nopții, iar perseverența dumneavoastră va da roade atunci când copilul va fi pregătit.

Rapiditatea cu care un bebeluș începe să doarmă toată noaptea este determinată într-un grad foarte mare de greutatea corporală și de cantitatea de lapte pe care o mănâncă la fiecare masă din timpul zilei. Evident că bebelușii care se hrănesc cu o cantitate mică de lapte au nevoie de o masă de noapte mai mult timp decât cei care mănâncă mai mult în timpul zilei. Scopul programelor mele nu este de a forța bebelușul să doarmă toată noaptea cât mai repede posibil sau să-l priveze de masa de noapte, dacă are cu adevărat nevoie de aceasta. Scopul real al programelor este de a avea grijă să fie satisfăcute majoritatea nevoilor nutriționale ale copilului în timpul zilei, astfel ca atunci când va fi pregătit fizic și psihic să doarmă toată noaptea, s-o facă singur. Sugestiile și comentariile pe care le-am primit, dar și anii de experiență în îngrijirea bebelușilor, confirmă faptul că această abordare funcționează.

Î Am citit un mesaj de la o mamă care spunea că se simte foarte singură și deprimată respectând programele tale, pentru că nu mai are timp să iasă și să se vadă cu celelalte mame.

R Am spus întotdeauna că obișnuirea unui bebeluș cu un program poate fi o treabă foarte solicitantă pentru părinți, mai ales în primele săptămâni. Cu toate acestea, în general, până la împlinirea vârstei de 2 sau 3 luni, bebelușii își creează deja un program, putând rămâne treji perioade mai lungi de timp ziua și dormind perioade mai lungi noaptea. Din experiența pe care am acumulat-o lucrând pentru sute de mame, am observat că activitățile sociale ale acestora erau fără îndoială limitate în primele 2–3 săptămâni, dar după aceea, nu îmi amintesc de vreo mamă care să nu reușească să-și întâlnească prietenele aproape în fiecare după-amiază, între orele 14 și 17, sau dimineața, la cafea. Îndată ce dumneavoastră și bebelușul v-ați deprins cu un program, îl veți putea adapta astfel încât să fie convenabil pentru toată lumea. Toate mamele pentru care am lucrat au considerat că merită să depui eforturi serioase la început, pentru că astfel ai mai târziu un bebeluș mulțumit, care doarme bine noaptea și se bucură de perioadele de activitate din timpul zilei. Iar o mamă care s-a odihnit bine noaptea se poate bucura mai mult de activitățile din timpul zilei!

În primele zile, le sfătuiesc întotdeauna pe mame să încerce să aranjeze ca o prietenă sau o rudă să vină în vizită măcar o dată la două zile, astfel încât să nu se simtă singure sau părăsite. De asemenea, subliniez cât de important este să ieșiți zilnic la plimbare cu bebelușul. Puteți face acest lucru împreună cu prietenele dumneavoastră – iar conversațiile în parc sunt o ocazie foarte bună pentru a întâlni alte mame.

Î Specifici, în cadrul programelor tale, orele la care trebuie să bea și să mănânce mamele. Mă descurajează această lipsă de flexibilitate.

R Puteți mânca și bea ori de câte ori doriți! În primele zile mamele sunt adeseori epuizate și își pun propriile nevoi – inclusiv pe cele de bază, cum ar fi cea de a mânca și a bea – pe ultimul loc în lista de priorități. Dacă încercați să vă descurcați singure cu un nou-născut, este posibil ca seara să vă dați seama că nu ați mâncat decât o felie de pâine prăjită și o jumătate de cană cu ceai. Ca mamă care alăptează, trebuie să mâncați bine și regulat și să beți multă apă pentru a produce suficient lapte și pentru a vă păstra un nivel ridicat de energie. Cunosc faptul că multe persoane care-mi urmează programele consultă cartea de mai multe ori pe zi, așadar orele la care vi se recomandă să luați micul dejun și prânzul și să beți multă apă reprezintă o metodă prin care vi se amintește să nu vă neglijați; în plus, acestea se potrivesc cu programul bebelușului și vă ajută să aveți mai ușor grijă și de dumneavoastră.

Î De ce sunt programele tale atât de rigide? Cu siguranţă că o jumătate de oră în plus sau în minus din când în când nu contează prea mult.

R *Cartea bebeluşului fericit* conţine mai mult de zece programe diferite, care vă arată ce trebuie să faceţi începând cu prima săptămână din viaţa bebeluşului şi terminând cu împlinirea vârstei de un an. Programele au fost alcătuite cu grijă şi au avut în vedere faptul că bebeluşul va creşte şi se va schimba. Pe parcursul primelor trei 3 de viaţă, va avea treptat nevoie de tot mai puţine ore de somn în timpul zilei, pentru că îi va plăcea să rămână treaz şi să se joace cu dumneavoastră. Copilul are nevoie de stimulare şi de joacă în timpul zilei. La un moment dat, va avea nevoie să i se diversifice alimentaţia (se recomandă ca bebeluşii să fie alăptaţi exclusiv timp de 6 luni). Nevoile alimentare şi de somn ale copilului se schimbă în permanenţă de-a lungul primului an de viaţă. Din experienţă, este bine să vă adaptaţi lent şi constant la nevoile în schimbare ale bebeluşului. Programele mele se adresează fiecărei perioade din viaţa copilului, pentru a vă ajuta să faceţi treptat schimbările necesare. De îndată ce bebeluşul va dormi 12 ore în fiecare noapte, veţi avea un sentiment copleşitor de uşurare, iar el, la rândul lui, va avea parte de un somn profund şi de durată, necesar pentru o creştere şi o dezvoltare sănătoase.

Programele sunt concepute în funcţie de ritmul natural al bebeluşilor şi chiar funcţionează. Nu trebuie să le respectaţi la literă, dar o jumătate de oră pierdută poate avea un efect de domino, perturbându-vă activitatea din restul zilei şi poate chiar al nopţii. De exemplu, dacă vă începeţi ziua mai degrabă în jurul orei 8 decât al orei 7, veţi constata că bebeluşul va mai trage un pui de somn mai târziu, la ora 13. Dacă acesta nu se trezeşte decât după ora 15, atunci veţi constata că este greu să-l faceţi să se culce la ora 19, pentru că nu i se face somn până atunci. Dacă ultima masă a zilei are loc în jurul orei 20, consecinţa ar putea fi că bebeluşul refuză masa de la ora 22 şi se trezeşte în timpul nopţii. Cu siguranţă că nu va fi sfârşitul lumii, dacă se va întâmpla ocazional, dar dacă durează o perioadă mai lungă, pe măsură ce bebeluşului i se schimbă nevoile nutriţionale, s-ar putea să constataţi că trezirile din timpul nopţii continuă, ceea ce vă va slei de puteri şi vă va împiedica să vă bucuraţi aşa cum trebuie de timpul petrecut împreună cu el.

Î Încerc de 4 săptămâni să urmez programele tale, dar copilul meu nu reuşeşte nicidecum să se adapteze. Mă simt neputincioasă şi mă întreb dacă nu cumva este mai bine să renunţ şi s-o las pe fetiţă să se hrănească şi să doarmă când vrea ea.

R Poate fi foarte greu în primele zile şi este de înţeles că mulţi părinţi consideră că le-ar fi mai uşor să lase bebeluşii să hotărască ce vor să facă. Nu uitaţi că vă aflaţi în perioada de recuperare după naştere, iar îngrijirea unui bebeluş presupune o muncă foarte grea, indiferent dacă respectaţi un program sau nu. Programele mele vă garantează că veţi depune eforturi susţinute o perioadă de timp cât se poate de scurtă. Gândiţi-vă cât de greu ar fi dacă bebeluşul dumneavoastră s-ar trezi în continuare noaptea la vârsta de 9 luni. Vă pot asigura că merită să perseveraţi.

Nu vă aşteptaţi la rezultate imediate, însă consecinţa respectării programelor pentru primele săptămâni este faptul că perioada de sugar şi cea de copil mic vor fi mai plăcute atât pentru dumneavoastră, cât şi pentru cel mic. Atunci când copilul se va adapta la program, şi o va face foarte curând, vă pot garanta că nu veţi regreta eforturile depuse pentru a urma programul în primele câteva săptămâni. Programele sunt concepute pentru a înţelege tendinţele şi ritmul firesc al unui bebeluş. Nu uitaţi că nu aţi „dat greş", dacă bebeluşul nu se adaptează; continuaţi şi aveţi răbdare. Orice părinte sau bunic cu experienţă vă poate spune că primele câteva luni trec foarte repede.

Începeţi fiecare zi la ora 7 şi încercaţi să urmaţi programul din ziua respectivă, dar nu intraţi în panică dacă totul a mers anapoda până la orele prânzului, iar bebeluşul este treaz la ora la care ar trebui să doarmă şi somnoros la orele pe care le recomand pentru diferite activităţi. Continuaţi să respectaţi în fiecare zi acelaşi program de masă şi de somn, cât de bine puteţi, iar bebeluşul se va învăţa cu acesta în scurt timp. Dacă fetiţa dumneavoastră plânge de foame înaintea orei de masă recomandate de mine şi nu aţi reuşit să-i distrageţi atenţia sau să vă jucaţi cu ea, atunci va trebui, desigur, s-o hrăniţi. Dacă nu reuşiţi cu niciun chip s-o treziţi atunci când soseşte ora de joacă, atunci mai lăsaţi-o să doarmă puţin şi nu-i faceţi viaţa grea nici ei, nici dumneavoastră. Treziţi-vă de dimineaţă şi luaţi-o de la capăt fără să aveţi senzaţia că dumneavoastră sau bebeluşul nu faceţi ceva „aşa cum trebuie". Le felicit pe mămicile din ziua de azi care probabil că îşi îngrijesc singure bebeluşii, fără sprijinul bunicilor sau al mătuşilor care locuiesc în apropiere. Este o muncă foarte grea. Cu toate acestea, nu sunteţi singure când treceţi prin această experienţă şi, cu siguranţă, nu sunteţi nişte ratate - totul va fi mai bine!

Î De ce eşti atât de inflexibilă în ceea ce priveşte evitarea contactului vizual în timpul ultimei mese a zilei? Mi se pare o cruzime să-mi privez bebeluşul de îmbrăţişări şi de apropierea dată de contactul vizual.

R Vă rog să nu vă privaţi bebeluşul de îmbrăţişări! Nu am recomandat nicăieri să nu vă îmbrăţişaţi copilul. Dimpotrivă, un bebeluş ţinut strâns la pieptul mamei, indiferent dacă este alăptat sau hrănit cu biberonul, va suge cu mai multă poftă şi va dormi mulţumit după ce a fost liniştit şi ajutat să eructeze. Vă recomand să evitaţi să stabiliţi un contact vizual în timpul ultimei mese de lapte a zilei şi al meselor de noapte, pentru a-i arăta cu blândeţe că nu a sosit ora de joacă. Puteţi să-l îmbrăţişaţi foarte strâns, dar suprastimulându-l la ora când ar trebui să se liniştească înainte de culcare, puteţi să-l epuizaţi şi să-l faceţi să adoarmă greu. Copilul are nevoie de somn pentru a se dezvolta din punct de vedere fizic şi psihic, iar lipsa somnului l-ar putea face să devină irascibil, iritabil şi imposibil de liniştit. Consider că este mai bine pentru bebeluş să vă jucaţi cu el, să-i cântaţi, să-i arătaţi jucării şi cărţi interesante atunci când este complet treaz şi capabil să se distreze cu adevărat. Îmbrăţişările ar trebui să satisfacă şi nevoile bebeluşului, nu doar pe ale dumneavoastră.

Î Programele tale sunt atât de rigide. Când voi apuca să mă bucur de bebeluşul meu fără să-mi bat capul cu ce ar trebui să facă în continuare?

R Sper sincer că toţi părinţii se bucură de copiii lor, începând din ziua plină de emoţii când sunt aduşi acasă de la maternitate, apoi când trec prin toate perioadele de creştere (sugar, copil mic etc.). În fiecare zi aveţi ocazia să vă îmbrăţişaţi bebeluşul, să vă jucaţi cu el, să-i cântaţi, să-i citiţi, să vă bălăciţi în cadă, să-l gâdilaţi la tălpi când îi schimbaţi scutecul şi să-i vorbiţi. Însă este mai presus de orice îndoială faptul că un bebeluş fericit este cel mai în măsură să se bucure de aceste activităţi şi să participe la ele. Programele mele au rolul de a vă oferi sprijin şi de a vă ajuta să vă organizaţi timpul astfel încât să aveţi un copil fericit. Totuşi acestea nu se adresează oricui şi, dacă respectarea unui program vă face să vă simţiţi stresată, atunci renunţaţi. Programele mele vă pot ajuta să împiedicaţi apariţia anumitor probleme pe termen lung, cum ar fi: epuizarea din cauza suprastimulării; deprinderile greşite de somn în cazul bebeluşilor care nu adorm decât legănaţi sau plimbaţi prin cartier; trezirile permanente din timpul nopţii, care vă fac să vă simţiţi epuizată în fiecare dimineaţă. Dacă apare oricare dintre aceste probleme, atunci veţi putea consulta cartea mai târziu pentru a afla cum să le rezolvaţi.

Legătura dintre mamă și copil se formează lent, de-a lungul mai multor săptămâni, iar multe mame care nu beneficiază de ajutor sau de sprijin pot încerca, pe lângă sentimentele de bucurie și de dragoste față de nou-născut, și senzația de epuizare, eșec și frustrare. Somnul întrerupt nopți la rând nu servește la nimic, iar mamele iau adesea legătura cu mine pentru că se simt vinovate și nemulțumite că nu se bucură de propriii bebeluși. Cu certitudine că privarea de somn săptămâni la rând din cauza interminabilelor alăptări din toiul nopții împiedică formarea legăturilor afective și limitează capacitatea unei mame de a se bucura de copilul ei. Programele mele sunt concepute să vă ajute pe dumneavoastră și pe bebeluș, nu să producă stres, neliniște sau inadecvare. Este foarte important să aveți o atitudine pozitivă.

Î Trebuie să am grijă atât de un sugar, cât și de un copil mic, dar se pare că nu reușesc să fac ca programele tale să funcționeze cu succes în cazul ambilor copii.

R Acesta este un aspect important, despre care am discutat în cărțile *The Contented Toddler Years (Ghid de îngrijire a copilului mic)* și *The Contented Baby with Toddler Book (Ghid de îngrijire a sugarului și a copilului mic)*. Multe mame constată că drumurile până la școală sau programul de la creșă al copiilor mai mari face ca cel de odihnă din timpul zilei recomandat de mine să nu mai poată fi respectat. Dacă ați urmat programele mele în cazul copilului mai mare, veți constata că s-a instalat cel puțin obișnuința respectării programului de trezire la ora 7 și de culcare la ora 19. Copilul mai mare poate să-și facă în continuare somnul la prânz, dacă are sub trei ani, și acest lucru se poate suprapune în mod fericit cu perioada în care doarme și bebelușul. S-ar putea ca astfel să obțineți chiar și o jumătate de oră numai pentru dumneavoastră! Vă recomand să vă concentrați asupra respectării duratei de somn din timpul zilei recomandate de mine. Așadar, dacă trebuie să adaptaţi programul de somn al bebeluşului din timpul zilei la cel al copilului mai mare, încercaţi să nu lăsaţi bebeluşul să depăşească durata de somn recomandată. Astfel, veţi avea garanţia că măcar se va respecta ora de culcare seara, iar dumneavoastră veţi avea la dispoziţie timp pentru a vă odihni şi a vă reveni după efortul depus pentru îngrijirea a doi copii mici.

3
Hrănirea cu lapte în primul an de viață

Hrănirea cu lapte are o importanță vitală în primul an de viață al copilului. Aceasta constituie baza unei stări bune de sănătate în viitor și, de asemenea, joacă un rol decisiv în ceea ce privește calitatea somnului. Fără îndoială, alăptarea reprezintă modalitatea cea mai bună și mai naturală de a hrăni bebelușul. Evident, nu vă pot oferi sfaturi despre alăptare din experiența personală, dar mă mândresc cu faptul că majoritatea mamelor pentru care am lucrat au reușit să-și alăpteze bebelușii fără probleme până la introducerea hranei solide în alimentație, iar unele dintre ele chiar și după aceea. Unele mame au reușit să alăpteze doar câteva săptămâni, iar altele au hotărât, din motive personale, să nu alăpteze deloc. Am speranța că sfaturile din această carte vă vor ajuta să alăptați bebelușul fără probleme și, chiar dacă nu vă place să alăptați, să încercați măcar s-o faceți. Multe dintre mamele pe care le-am ajutat și cărora nu le plăcea deloc să-și alăpteze primul născut din cauza epuizării produse de hrănirea la cerere au simțit că alăptarea a devenit o adevărată plăcere atunci când au urmat programele „Bebelușul fericit". Dacă, dintr-un motiv sau altul, ați renunțat deja la alăptare sau ați ales să nu alăptați, tot veți găsi în carte numeroase sfaturi utile despre cum să hrăniți așa cum trebuie bebelușul cu biberonul.

Principalul scop al cărţii şi al recomandărilor pe care le conţine este acela de a-i ajuta şi a-i sprijini pe părinţi, în special pe mame, care simt că pe umerii lor apasă grija de a-şi ajuta copiii să păşească în viaţă cu dreptul. Ştim că laptele matern este cel mai bun, dar realitatea este că, dacă laptele formulă n-ar fi reprezentat un înlocuitor viabil al acestuia, ar fi fost interzis demult de către autorităţile sanitare. Aşadar, dacă aţi renunţat deja la alăptare sau aţi luat hotărârea, în cunoştinţă de cauză, de a nu alăpta deloc, vă rog să nu vă simţiţi vinovate din cauza părerilor dezaprobatoare ale unora. Ignoraţi toate comentariile răutăcioase care spun că nu veţi reuşi să creaţi o legătură afectivă solidă între dumneavoastră şi bebeluş pentru că nu-l alăptaţi. Vorbind din experienţa proprie, mama n-a reuşit să mă alăpteze decât vreo zece zile, dar nu cred că au existat vreodată două persoane mai apropiate. Pe de altă parte, am prieteni care au fost alăptaţi timp de doi ani şi nu-şi pot suporta mamele!

În orice caz, trebuie să subliniez faptul că, în ciuda sfaturilor bunicilor şi mătuşilor bine intenţionate, hrănirea cu biberonul nu garantează neapărat că veţi avea un bebeluş mai fericit şi nici că va fi mai uşor să-l deprindeţi cu un program. Indiferent dacă este alăptat sau hrănit cu biberonul, tot va fi nevoie de timp şi perseverenţă pentru a stabili un program, aşadar, vă rog să nu alegeţi să-l hrăniţi cu lapte formulă sau să treceţi de la alăptare la acesta, crezând că astfel veţi avea un bebeluş mai fericit. Un copil hrănit cu biberonul va avea nevoie de tot atâta îndrumare şi sprijin pentru a urma un program cât unul alăptat, singura diferenţă fiind aceea că, de regulă, responsabilitatea alăptării cade în întregime în grija mamei. Dacă faceţi parte dintre mamele care doresc să alăpteze, atunci programele „Bebeluşul fericit" vă vor ajuta atât să alăptaţi fără probleme, cât şi să aveţi un program, cu avantajul că tăticul va putea să hrănească bebeluşul cu un biberon conţinând lapte matern.

De ce apar probleme în timpul alăptării

Primul lucru care mi-a devenit limpede încă de la început, atunci când lucram pentru mame fără experiență, a fost acela că, deși alăptarea poate reprezenta modalitatea cea mai naturală de hrănire a unui nou-născut, unor mame nu le este ușor s-o facă. Imediat după naștere, moașele încurajează mamele să-și așeze bebelușii la sân și le oferă îndrumare în ceea ce privește tehnicile de așezare la sân și de prindere a acestuia de către copil. În anumite cazuri, bebelușul prinde sânul cu ușurință, se hrănește bine, apoi adoarme și se odihnește până la următoarea alăptare. În alte cazuri, copilul este agitat, refuză sânul sau suge de câteva ori și apoi adoarme. Aceste probleme sunt frecvente în primele zile. În general, mamele sunt externate din maternitate la 48 de ore după naștere și multe dintre ele ajung acasă fără să fi înțeles tehnicile de bază legate de așezarea bebelușului la sân, care sunt esențiale pentru o alăptare corectă.

Pe vremea când lucram ca *maternity nurse*, mi se întâmpla de multe ori să ajung acasă la o familie și să constat că mama avea mameloanele atât de fisurate și însângerate, că îi dădeau lacrimile de fiecare dată când își punea copilul la sân. În astfel de situații, alăptarea și formarea legăturilor afective dintre mamă și copil pornesc cu stângul pentru amândoi. Mama are dureri foarte mari și trece, de asemenea, prin chinuri sufletești, crezând că nu este suficient de bună pentru că bebelușul nu prinde sânul așa cum trebuie. La rândul său, bebelușul devine încordat și plânge mult de foame pentru că nu se hrănește suficient. Toate aceste probleme, precum și multe altele specifice alăptării, ar putea fi evitate, dacă mamei i s-ar acorda mai multă asistență și ajutor în primele zile după naștere.

Mă îngrijorează unele sfaturi referitoare la hrănirea nou-născuților care le sunt date în ziua de azi mamelor fără experiență. La doar câteva ore de la naștere, li se spune că ar trebui să-și asculte instinctele și că bebelușii le vor da singuri de înțeles ce au nevoie. Am avut șansa de a lucra pentru numeroase familii din Orientul

Îndepărtat şi Orientul Mijlociu, unde, uneori, se pare că oamenii ştiu mai multe despre ceea ce este cu adevărat important în primele zile după naştere, şi anume faptul că atât mama, cât şi bebeluşul au nevoie de multă îndrumare şi sprijin. Atitudinea familiilor din aceste ţări este adesea foarte diferită de cea pe care o adoptăm noi. Mama şi copilul îşi petrec primele zile odihnindu-se şi dormind cât mai mult, iar mamele ţin un regim special pentru a se asigura că mănâncă suficiente alimente potrivite, care să le ajute să producă o cantitate mare de lapte. Copiii nu sunt pur şi simplu aşezaţi la pieptul mamei şi lăsaţi să se descurce singuri, în ideea că atât mama, cât şi bebeluşul vor face tot ceea ce trebuie din instinct. Indiferent dacă a fost vorba de o persoană din afara familiei, cu pregătire în domeniu, sau de membri ai familiei extinse, mamele pentru care am lucrat au avut de obicei pe cineva care să le ajute în primele zile şi să le arate modul de prindere a sânului şi poziţia corectă pentru alăptare.

Cred cu tărie că soluţia pentru ca mamele să reuşească să alăpteze fără probleme este să li se acorde sprijin în primele zile. Cu toate că multe se descurcă foarte uşor cu alăptarea, nu se întâmplă aşa în cazul tuturor şi trebuie să luăm în considerare acest aspect atunci când oferim sfaturi.

De asemenea, informaţiile referitoare la felul în care este produs laptele matern (lactogeneza) şi la compoziţia acestuia vă vor ajuta să înţelegeţi cum pot şi vor funcţiona programele „Bebeluşul fericit" în ceea ce priveşte alăptarea, cu condiţia să-mi urmaţi recomandările referitoare la adaptarea programelor, pentru a putea satisface cererea mai mare de lapte pe durata perioadelor de creştere sau atunci când bebeluşul nu s-a hrănit cu o porţie întreagă de lapte. Următoarele pagini vă vor prezenta pe scurt câteva informaţii generale despre felul în care este produs laptele matern. Pentru informaţii detaliate, vă recomand cartea *What to Expect When You're Breast-Feeding... And What If You Can't? (La ce să te aştepţi când alăptezi... şi ce să faci dacă nu poţi alăpta)* de Clare Byam-Cook.

Lactogeneza

Reflexul de scurgere a laptelui

Hormonii produși în timpul sarcinii ajută sânii să se pregătească pentru lactogeneză. După naștere, atunci când așezați bebelușul la sân pentru a se hrăni, glanda pituitară, aflată la baza creierului, secretă un hormon numit ocitocină, care transmite sânului semnalul de declanșare a reflexului de scurgere (de ejecție) a laptelui. Mușchii care susțin acinele glandulare se contractă, iar laptele este împins prin cele 15–20 de canale galactofore pe măsură ce suge bebelușul. Multe femei simt ușoare furnicături la nivelul sânilor și contracții la nivelul uterului atunci când se produce reflexul fluxului laptelui. În mod normal, aceste senzații vor dispărea după o săptămână sau două. Este posibil să se declanșeze acest reflex și atunci când auziți plânsetele bebelușului sau dacă vă gândiți la el în perioadele când sunteți departe unul de celălalt. Dacă sunteți încordată sau foarte stresată, nu se mai secretă ocitocină, ceea ce va îngreuna declanșarea reflexului. De aceea, este esențial pentru o alăptare reușită să fiți liniștită și relaxată. Vă poate ajuta în acest sens să pregătiți dinainte toate cele necesare pentru alăptare. Aveți grijă să fiți așezată confortabil, cu spatele drept, și să sprijiniți corespunzător bebelușul. Nu vă grăbiți, pentru a-l putea așeza la sân în poziția corectă. Durerile cauzate de așezarea incorectă a bebelușului la sân împiedică secretarea ocitocinei, ceea ce afectează reflexul de scurgere a laptelui.

Compoziția laptelui

În primele zile, sânii vor produce colostru. Acesta este mai bogat în proteine și vitamine și mai sărac în carbohidrați și grăsimi față de laptele matur, care este produs între a treia și a cincea zi. De asemenea, colostrul conține o parte dintre anticorpii dumneavoastră, care îl vor ajuta pe bebeluș să facă față oricăror infecții de care ați suferit. În comparaţie cu laptele matur, care este secretat curând după el, colostrul este mult mai dens şi are un aspect gălbui. Între a doua şi a treia zi, sânii produc un amestec de colostru şi lapte matern. După aceea, între a treia şi a cincea zi, sânii se întăresc şi se umflă, devin foarte sensibili şi, adeseori, dureroşi. Acesta este semnul că s-a instalat complet secreţia de lapte matur. Durerile nu sunt produse doar de declanşarea lactaţiei, ci şi de mărirea acinelor glandulare şi de volumul crescut de sânge care irigă sânul. Atunci când se declanşează lactaţia, este esenţial să alăptaţi bebeluşul puţin şi des. Acest lucru nu doar că ajută la stimularea producerii unei cantităţi adecvate de lapte, dar va duce şi la alinarea durerilor sânilor. În această perioadă, este posibil ca bebeluşului să-i fie greu să prindă sânul şi ar fi bine să extrageţi o cantitate mică de lapte înainte de alăptare. Acest lucru poate fi făcut acoperind sânii cu prosoape înmuiate în apă caldă şi mulgând, cu grijă, puţin lapte. Multe mame îşi domolesc durerile aşezându-şi foi reci de varză în sutien între alăptări.

Aspectul laptelui matur este foarte diferit de cel al colostrului: este mai apos, are o nuanţă uşor albăstruie şi, de asemenea, îşi schimbă compoziţia în timpul alăptării. La începutul suptului, bebeluşul primeşte laptele „de început", care are volum mare şi conţinut scăzut de grăsimi. Pe măsură ce continuă alăptarea, sugarul îşi încetineşte ritmul de supt şi face pauze mai mari. Acesta este semnul că e pe cale să ajungă la laptele „de sfârşit". Cu toate că suge doar o cantitate mică din laptele „de sfârşit", este foarte important să fie lăsat să stea la sân suficient de mult timp pentru a ajunge la el. Laptele de la sfârşitul alăptării este cel care-l va ajuta pe bebeluş să se hrănească la intervale mai mari de timp. Dacă-l mutaţi la al doilea sân înainte de a-l goli complet pe primul, creşte probabilitatea de a se hrăni cu două porţii de lapte „de început". Acest lucru va produce un efect de domino şi îi va fi foame două ore mai târziu. De asemenea, hrănirea sugarului cu încă o porţie de lapte „de început" îl va face în scurt timp să aibă colici frecvente. Unii sugari nu se satură dacă se hrănesc doar la un sân şi au nevoie să fie aşezaţi şi la celălalt, aşa că aveţi întotdeauna grijă să golească complet primul sân înainte de a-i muta la al doilea (vezi mai jos).

La sfârşitul primei săptămâni, am constatat că pot fi sigură că bebeluşii primesc o proporţie echilibrată de lapte „de început" şi „de sfârşit", dacă am grijă să fie lăsaţi să se hrănească aproximativ 25 de minute la primul sân şi timp de 5–15 minute la al doilea. De asemenea, acest lucru garantează faptul că va dura între trei şi patru ore până când micuţii vor cere să fie alăptaţi din nou. Dacă bebeluşul dumneavoastră se hrăneşte la ambii sâni la fiecare alăptare, nu uitaţi ca data viitoare să începeţi întotdeauna să-l alăptaţi la sânul de unde s-a hrănit ultima oară, pentru a vă asigura că fiecare sân este golit complet o dată la două alăptări.

Pentru ca reflexul de scurgere a laptelui să se declanşeze repede şi uşor şi pentru a fi sigură că bebeluşul primeşte o proporţie echilibrată de lapte „de început" şi „de sfârşit", ar fi bine să respectaţi următoarele recomandări:

- Aveţi grijă să vă odihniţi cât mai mult între alăptări şi să mâncaţi suficient. De asemenea, luaţi gustări sănătoase între mesele principale.

- Pregătiţi-vă dinainte toate cele necesare pentru alăptare: un scaun confortabil, cu braţe şi spătar drept şi, dacă este nevoie, un taburet pe care să vă aşezaţi picioarele. Vă ajută să vă relaxaţi şi să vă simţiţi bine în timpul alăptării şi câteva pernuţe pe care să vă sprijiniţi atât dumneavoastră, cât şi bebeluşul, un pahar cu apă şi muzică liniştitoare.

- Este foarte important să nu vă grăbiţi, pentru a putea aşeza corect bebeluşul la sân; o poziţie incorectă duce la apariţia durerilor la nivelul mameloanelor, adesea însoţite de fisurări şi sângerări. Aceste lucruri pot, la rândul lor, să afecteze declanşarea reflexului de scurgere a laptelui, ceea ce-l va împiedica pe copil să se hrănească aşa cum trebuie.

- Asiguraţi-vă întotdeauna că bebeluşul a golit complet primul sân înainte de a-l aşeza la al doilea. Cantitatea mică de lapte bogat în grăsimi de la sfârşitul alăptării este cea care-l va ajuta să reziste mai mult timp între alăptări.

- În primele zile, nu toţi copiii au nevoie să se hrănească şi la al doilea sân. Dacă bebeluşul a golit complet primul sân, ajutaţi-l să eructeze, schimbaţi-i scutecul şi după aceea aşezaţi-l la celălalt sân. Dacă mai are nevoie de lapte, atunci va accepta sânul. Dacă nu, la următoarea alăptare aşezaţi-l mai întâi la acest sân.

- Chiar dacă micuţul se hrăneşte şi la al doilea sân, la următoarea alăptare este bine să începeţi tot cu acesta.

- Îndată ce s-a declanşat lactaţia şi aţi reuşit să obişnuiţi treptat copilul să sugă o anumită perioadă de timp, este important să-l lăsaţi la sân suficient de mult pentru a-l goli complet şi a ajunge la laptele „de sfârşit". Unii bebeluşi au nevoie de 30 de minute pentru a goli sânul. Presând uşor mamelonul între degetul mare şi arătător, veţi putea verifica dacă a mai rămas lapte.

- Sub nicio formă nu lăsaţi bebeluşul să sugă dintr-un sân golit; acest lucru nu va duce decât la producerea unor dureri foarte mari la nivelul mamelonului.

Metodele mele pentru o alăptare corectă

Secretul unei alăptări reuşite este să începeţi cu dreptul şi, după cum aţi citit deja, este esenţial să alăptaţi copilul puţin şi des după naştere pentru a putea produce o cantitate suficientă de lapte. Cu toate acestea, alăptând bebeluşul puţin şi des, nu veţi avea garanţia că veţi produce suficient lapte, dacă nu-l veţi aşeza la sân în mod corespunzător. Câtă vreme veţi fi în maternitate, veţi primi îndrumare din partea asistentelor în legătură cu modul în care să-l aşezaţi la sân. Dar, după ce veţi fi externată, foarte probabil, la 48 de ore după naştere, vă recomand insistent să solicitaţi sprijinul unui consultant cu experienţă în domeniul alăptării. Această persoană vă asistă în timp ce alăptaţi bebeluşul, pentru a se asigura că-l aşezaţi la sân aşa cum trebuie şi, dacă va fi necesar, poate veni de mai multe ori la dumneavoastră pentru a vă ajuta să depăşiţi orice problemă cu care vă puteţi confrunta în primele zile.

Le recomand tuturor mamelor care-mi urmează metoda ca în prima zi să-şi alăpteze bebeluşii timp de cinci minute la fiecare sân din trei în trei ore, crescând durata alăptărilor cu câteva minute în fiecare zi până se declanșează lactația. Intervalul de trei ore se calculează de la începutul unei alăptări până la începutul alăptării următoare. Lactația se va declanșa între a treia și a cincea zi, iar până atunci, perioada în care se hrănește bebelușul la sân ar trebui să fi ajuns la 15–20 de minute. În acel moment, mulți sugari se vor hrăni suficient la un singur sân și vor putea aștepta trei ore până la masa următoare.

Cu toate acestea, dacă observați că bebelușul cere să fie hrănit cu mult înainte de cele trei ore, trebuie să-l alăptați. De asemenea, trebuie să-l hrăniți la ambii sâni la fiecare alăptare, dacă este încă înfometat. Îndată ce s-a instalat lactația, este important să vă asigurați că bebelușul a golit complet primul sân înainte de a-l așeza la al doilea. Din experiență, am observat că sugarii așezați prea repede la al doilea sân se hrănesc cu prea mult lapte „de început" și cred că acesta este unul dintre principalele motive pentru care par mereu nesătui și suferă de colici. Un bebeluș somnoros poate avea nevoie de 20–25 de minute pentru a ajunge la laptele „de sfârșit", care este foarte important (are un conținut de trei ori mai bogat în grăsimi față de laptele „de început"), și a goli sânul. Alți sugari pot ajunge la laptele „de sfârșit" mult mai repede. Urmăriți semnele pe care vi le transmite copilul în ceea ce privește durata de care are nevoie pentru a se hrăni consistent. Dacă bebelușul se hrănește bine, la orele recomandate de mine, este mulțumit și binedispus între alăptări și trebuie să-i schimbați des scutecul, atunci este evident că se hrănește cu suficient lapte cât timp stă la sân.

În primele zile, între ora 6 și miezul nopții, treziți bebelușul din trei în trei ore pentru a-l alăpta. Acest lucru vă va garanta că ați început programul de alăptare la momentul cel mai potrivit pentru a se putea declanșa lactația. Alăptarea bebelușului din trei în trei ore vă ajută să vă stabilizați lactația mult mai repede și, dacă sugarul este hrănit suficient în timpul zilei, atunci probabilitatea de a dormi perioade mai lungi între alăptările din timpul nopții va fi mai mare. Asta înseamnă că mama nu va fi epuizată, acesta

Cum trebuie aşezat bebeluşul la sân

fiind, după cum am mai spus, un alt factor important care contribuie la apariţia problemelor în timpul alăptării. Aşa cum se întâmplă mereu în viaţă, succesul nu poate fi obţinut decât construind baze solide. Toate mamele care-mi urmează metoda şi încă din maternitate alăptează bebeluşul din trei în trei ore constată că, până la sfârşitul primei săptămâni, s-a creat deja un program de hrănire. După aceea, pot adapta în foarte scurt timp programul de hrănire al bebeluşilor la primul program recomandat de mine.

Primul program de alăptare (aflat la pagina 144) nu vă ajută doar să vă stabilizaţi lactaţia, ci vă permite să învăţaţi care sunt diversele probleme cu care se confruntă sugarii, printre care foamea, oboseala, plictiseala şi suprastimularea.

Principalele motive pentru care metoda mea de alăptare are succes sunt următoarele:

- Alăptând bebelușul din trei în trei ore în primele zile, sânii se vor obișnui treptat cu suptul. Acest lucru previne apariția durerilor excesive la nivelul mameloanelor sau, mai rău, a fisurărilor și a sângerărilor. De asemenea, va ajuta la alinarea durerilor produse de întărirea și umflarea sânilor atunci când se va declanșa lactația.

- Alăptând bebelușul puțin și des, îl veți împiedica să sugă ore în șir dintr-un sân golit, în încercarea de a-și potoli foamea, lucru care se întâmplă frecvent atunci când sugarul este lăsat să aștepte mai mult de trei ore între alăptări în prima săptămână.

- Stomacul unui nou-născut este foarte mic, iar nevoile sale alimentare pot fi satisfăcute numai alăptându-l puțin și des. Dacă alăptați bebelușul din trei în trei ore, între ora șase dimineața și miezul nopții, n-ar trebui să se producă apariția „sindromului hrănirii pe tot parcursul nopții". Având în vedere că un sugar este capabil să reziste un interval mai lung de timp între alăptări, dacă veți urma recomandările mele, veți putea constata că toți bebelușii vor face acest lucru în timpul nopții, nu al zilei.

- O alăptare poate fi reușită numai dacă mama se simte relaxată și liniștită. Acest lucru va fi imposibil, dacă, la scurt timp după naștere, ajungeți să fiți epuizată din cauza lipsei de somn și a faptului că ați alăptat toată noaptea.

- Nou-născuții nu înțeleg diferența dintre noapte și zi. Bebelușul va învăța să facă această diferență mult mai repede, dacă veți trata diferit alăptările din timpul zilei de cele din timpul nopții și dacă nu-i veți permite să doarmă perioade lungi între alăptări, în intervalul orar 7–19.

Extragerea laptelui matern

Consider că extragerea laptelui matern în primele zile este extrem de importantă pentru o alăptare reușită, atunci când respectă un program. Sunt convinsă că unul dintre principalele motive pentru care majoritatea mamelor care-mi urmează metoda reuşesc să se descurce atât de bine în ceea ce priveşte alăptarea este faptul că le încurajez să folosească o pompă electrică pentru extragerea laptelui în primele zile.

Motivul pentru care le încurajez să facă acest lucru este acela că laptele matern este produs în funcţie de cerere şi ofertă. La început, majoritatea bebeluşilor sug până golesc primul sân, iar unii dintre ei pot suge o cantitate mică şi de la al doilea sân. În această etapă, foarte puţini bebeluşi sug până golesc ambii sâni. Până la sfârşitul celei de-a doua săptămâni, se stabilizează lactaţia, iar majoritatea mamelor produc exact cantitatea de lapte cerută de sugar. Între 3 şi 4 săptămâni, bebeluşul trece printr-o perioadă de creştere şi cere mai mult lapte ca de obicei. Adeseori, acesta este momentul când apar probleme, dacă încercaţi să deprindeţi bebeluşul cu un program şi aţi respectat recomandările conform cărora n-ar trebui să mulgeţi lapte înainte de săptămâna a şasea.

Pentru a satisface nevoile alimentare crescute ale bebeluşului, veţi fi nevoite, mai mult decât probabil, să începeţi din nou să-l alăptaţi o dată la două-trei ore în timpul zilei şi, adeseori, de două ori în timpul nopţii. Acest program de alăptare este reluat de fiecare dată când copilul trece printr-o perioadă de creştere şi, de multe ori, este hrănit exact înaintea orei de culcare. Acest lucru poate duce la asocierea adormirii cu stimuli greşiţi, îngreunând şi mai mult revenirea bebeluşului la programul anterior.

Mamele care mulg surplusul de lapte produs în primele zile vor avea mereu mai mult lapte decât cer bebeluşii. Atunci când aceştia trec printr-o perioadă de creştere, programul de alăptare nu este perturbat, pentru că simpla extragerea a unei cantităţi mai mici de lapte în timpul alăptărilor de la primele ore ale dimineţii poate satisface imediat pofta de mâncare crescută a sugarilor.

De asemenea, dacă veţi extrage lapte încă din primele zile, nu vă veţi confrunta cu problema unei lactaţii insuficiente. Totuşi, dacă bebeluşul are mai mult de o lună şi deja vă confruntaţi cu această problemă, puteţi urma programul de stimulare a lactaţiei (vezi pagina 297) şi ar trebui să observaţi o ameliorare considerabilă după şase zile. În cazul bebeluşilor care au mai puţin de o lună, ar trebui să fie suficient să respectaţi orele de extragere a laptelui specificate în cadrul programelor mele, pentru a vă stimula lactaţia.

Dacă, între săptămâna 1–4, vă hotărâţi să hrăniţi bebeluşul la orele târzii ale serii cu biberonul (vezi pagina 92), conţinând lapte matern sau lapte formulă, atunci altcineva poate face acest lucru şi înseamnă că vă puteţi culca mai devreme, dacă vă simţiţi epuizată din cauza alăptărilor din timpul nopţii. În cadrul programelor, vă recomand să extrageţi lapte la această oră *sau* să hrăniţi copilul. Dacă bebeluşul acceptă biberonul, puteţi extrage lapte între orele 21.30 şi 22, apoi să vă culcaţi. Această oră este importantă pentru menţinerea lactaţiei şi vă oferă garanţia că veţi avea suficient lapte pentru masa de noapte.

Dacă mai înainte aţi întâmpinat dificultăţi în ceea ce priveşte extragerea, nu vă lăsaţi demoralizate. Mulgerea laptelui la orele recomandate în program sau în planul din capitolul despre probleme întâlnite frecvent, alături de recomandările de mai jos, ar trebui să vă ajute să vă descurcaţi mai bine:

- Perioada cea mai potrivită pentru extragerea laptelui este dimineaţa, deoarece sânii sunt, de obicei, plini de lapte. De asemenea, acest lucru va fi mai uşor, dacă îl faceţi la începutul mesei. Începeţi de la un sân chiar înainte de a hrăni bebeluşul sau alăptaţi-l la primul sân şi apoi mulgeţi din al doilea sân înainte de a-l lăsa să-şi continue masa. Unor mame li se pare mai uşor să facă acest lucru în timp ce alăptează bebeluşul la celălalt sân. De asemenea, este important de observat că extragerea laptelui la începutul mesei face ca sânul respectiv să aibă nevoie de mai mult timp să producă lapte pentru următoarea alăptare.

  În programe, le recomand mamelor să extragă lapte la ora 6.45; cu toate acestea, dacă aveţi o lactaţie abundentă şi nu puteţi mulge tot laptele dis-de-dimineaţă, puteţi face acest lucru la doilea sân în jurul orei 7.30, după ce bebeluşul s-a hrănit la primul sân. Mamele care sunt îngrijorate în ceea ce priveşte lactaţia sau care urmează planul pentru stimularea lactaţiei (de la pagina 297) ar trebui să încerce să respecte orele recomandate.

- În primele zile, va trebui să alocaţi cel puţin 15 minute pentru a putea mulge 60–90 ml de lapte în timpul meselor de dimineaţă şi până la 30 de minute seara. Încercaţi să menţineţi o atmosferă liniştită şi relaxată în timp ce extrageţi laptele. Cu cât veţi exersa mai mult, cu atât va fi mai uşor. De obicei, constat că până la sfârşitul primei luni, majoritatea mamelor pot extrage cu uşurinţă 60–90 ml de lapte în decurs de zece minute, la ora 21.30, atunci când folosesc o pompă dublă.

- Folosirea unei pompe electrice de capacitate mare, de tipul celor utilizate în maternităţi, reprezintă de departe cea mai bună modalitate de extragere a laptelui în primele zile. Felul în care aceste aparate aspiră laptele este conceput să simuleze ritmul de supt al bebeluşilor, stimulând curgerea laptelui. De asemenea, dacă extrageţi de la ambii sâni la ora 21.30, atunci merită să investiţi într-un dispozitiv care permite extragerea de la ambii sâni în acelaşi timp, reducând astfel timpul petrecut pentru această activitate.

- Uneori, reflexul de scurgere a laptelui se declanşează mai lent seara, atunci când sânii produc mai puţin lapte; adeseori, o baie caldă sau un duş cald care să vă relaxeze face ca laptele să curgă mai uşor. De asemenea, vă va fi de ajutor să vă masaţi uşor sânii înainte şi în timpul extragerii laptelui.

- Unele mame constată că este util să aibă la îndemână o fotografie a bebeluşului pe care s-o privească din când în când, în timp ce altora li se pare că este mai bine să se uite la emisiunea TV preferată sau să stea de vorbă cu soţii sau partenerii de viaţă. Încercaţi mai multe variante până o găsiţi pe cea care dă cele mai bune rezultate în cazul dumneavoastră.

Pe măsură ce veţi trece de la un program la altul, vă voi arăta la ce etapă de extragere să renunţaţi mai întâi. Reduceţi cantitatea de lapte pe care o extrageţi, pe măsură ce vi se stabilizează lactaţia. După 3 luni, veţi mai extrage doar pentru masa de la orele târzii ale serii, iar între a patra şi a şasea lună, veţi putea să renunţaţi definitiv la acest lucru. Îndată ce lactaţia se stabilizează suficient de bine pentru a putea satisface nevoile bebeluşului, veţi putea avea mai multă libertate în ceea ce priveşte extragerea laptelui de la ora 21.30. Nu va fi nicio problemă, dacă nu veţi extrage lapte în anumite seri. Motivul pentru care vă recomand să continuaţi să extrageţi lapte până la 4–5 luni este acela că astfel veţi avea la dispoziţie o cantitate suplimentară de lapte cu care să hrăniți bebelușul, pe măsură ce începe să dea semne că are nevoie să i se diversifice alimentația. Dacă vă hotărâți să-i diversificați alimentația înaintea vârstei de 6 luni (după ce vi s-a recomandat acest lucru de către medic), atunci puteți să încetați să mai extrageți laptele.

Alăptarea și întoarcerea la serviciu

Dacă aveți de gând să vă întoarceți la serviciu și doriți să alăptați în continuare, este important să vă asigurați că s-a stabilizat lactația, mai ales dacă doriți ca bebelușul să primească în timpul zilei lapte matern. Un sugar în vârstă de 3 luni are nevoie de două mese a câte aproximativ 210–240 ml de lapte, dacă sunteți plecată de acasă între orele 9 și 17. Deoarece bebelușul va goli, probabil, ambii sâni la mesele de la orele 7 și 18, veți fi nevoită să extrageți lapte în timp ce sunteți la serviciu sau între orele 21 și 22 aproape toată cantitatea de lapte pentru mesele care îi vor fi date atunci când sunteți plecată.

Ar trebui să vă faceți timp pentru a extrage lapte în jurul orei 10 și, respectiv, 14.30. Dacă acest lucru se întâmplă mai târziu, este posibil să nu produceți suficient lapte pentru masa de la ora 18, mai ales dacă vă grăbiți să ajungeți acasă.

Următoarele recomandări vă arată cum să îmbinați mersul la serviciu cu alăptarea:

- Cu cât veți putea sta mai mult timp acasă pentru a vi se stabiliza lactația, cu atât va fi mai ușor s-o mențineți atunci când vă veți întoarce la serviciu. Majoritatea specialiștilor în domeniul alăptării recomandă o perioadă de 16 săptămâni.

- Dacă veți extrage lapte de la începutul săptămânii a doua, la orele recomandate, veți putea depozita în congelator o rezervă substanțială de lapte matern.

- Hrănind bebeluşul la orele târzii ale serii cu biberonul cu lapte matern, începând din a doua săptămână, veţi avea siguranţa că acesta nu va refuza biberonul atunci când vă veţi întoarce la serviciu.

- Întrebaţi-vă angajatorul cu mult timp înainte de a reveni la serviciu dacă veţi avea la dispoziţie un loc liniştit în care să puteţi extrage lapte. De asemenea, întrebaţi dacă vi se va permite să depozitaţi laptele în frigiderul de la serviciu.

- Odată ce v-aţi stabilit un program de mulgere cu ajutorul pompei electrice de capacitate mare, ar trebui să exersaţi cu o pompă care funcţionează pe bază de baterii. În cazul în care utilizaţi o pompă simplă, puteţi constata că, folosind-o când la un sân, când la celălalt, pe parcurs, veţi face ca laptele să curgă mai uşor. De asemenea, poate merită să luaţi în considerare varianta achiziţionării unei minipompe electrice, care să vă permită să extrageţi lapte de la ambii sâni în acelaşi timp.

- Asiguraţi-vă că angajaţii creşei sau, după caz, bona sau persoana care are grijă de copil, sunt familiarizaţi cu modalităţile de depozitare şi de manipulare a rezervelor de lapte matern, precum şi cu cele de dezgheţare.

- Stabiliţi un program de hrănire combinată a bebeluşului cu cel puţin două săptămâni înainte de a reveni la serviciu. Acest lucru vă permite să aveţi la dispoziţie suficient timp pentru a rezolva orice dificultate care se poate ivi.

- După ce reveniţi la serviciu, este important să acordaţi o atenţie deosebită alimentaţiei şi să vă odihniţi bine în timpul serii. Este recomandabil să continuaţi să extrageţi lapte la ora 21.30 pentru a vă menţine lactaţia. De asemenea, asiguraţi-vă că aveţi la serviciu o rezervă suficientă de pernuţe protectoare pentru sâni, precum şi o cămaşă sau o bluză de rezervă!

Trecerea de la alăptare la hrănirea cu biberonul

Indiferent cât timp aţi alăptat, este important să planificaţi aşa cum trebuie trecerea de la alăptare la hrănirea cu biberonul. Atunci când vă hotărâţi cât timp intenţionaţi să alăptaţi bebeluşul, ar trebui să luaţi în considerare faptul că, din momentul în care vi s-a stabilizat lactația, va trebui să alocați aproximativ o săptămână pentru a renunța la fiecare alăptare. De exemplu, poate dura până la 6 săptămâni să vi se stabilizeze lactația și, dacă vă hotărâți să renunțați la alăptare, atunci trebuie să alocați procesului încă cel puțin 5 săptămâni și să începeți hrănirea cu biberonul. Această informație este foarte importantă pentru mamele care intenționează să revină la serviciu. Dacă renunțați la alăptare înainte de a vi se fi stabilizat lactația, tot ar trebui să-i acordați bebelușului suficient timp pentru a se obișnui să se hrănească din biberon. Unii copii pot fi foarte afectați, dacă sunt lipsiți brusc de plăcerea și alinarea oferite de alăptare.

În general, mamelor care alăptează de mai puțin de o lună le recomand să renunțe la câte o repriză de alăptare o dată la trei-patru zile. În cazul celor care alăptează de mai mult de o lună, intervalul potrivit pentru renunțarea la următoarea repriză de alăptare este de cinci-șapte zile. Plecând de la premisa că bebelușul este deja hrănit cu biberonul la orele târzii ale serii, atunci următoarea repriză de alăptare la care ar trebui să se renunțe este cea de la ora 11. Cea mai bună modalitate de a face acest lucru este să reduceți treptat durata în care bebelușul stă la sân, cu câte cinci minute pe zi, și să-l hrăniți cu o porție suplimentară de lapte formulă. Îndată ce copilul se hrănește cu tot laptele din biberon, se poate renunța la repriza de alăptare. Dacă planificați cu atenție trecerea de la alăptare la hrănirea cu formule de lapte, bebelușul va avea timp să accepte biberonul, iar dumneavoastră veți evita riscul de a face mastită. Aceasta poate apărea dacă se blochează canalele galactofore, o problemă frecventă în rândul mamelor care renunță brusc la o repriză de alăptare.

Vă recomand să continuați să extrageți lapte la ora 21.30 pe parcursul întregului proces de înțărcare. Cantitatea de lapte extrasă va fi un indicator al rapidității cu care scade lactația.

Unele mame constată că, odată ce ajung la două alăptări pe zi, lactația le scade foarte repede. Ar trebui să aveți grijă la următoarele manifestări: bebelușul este irascibil și agitat după masă;

cere să fie hrănit cu mult timp înaintea orei de masă. Dacă bebeluşul prezintă oricare dintre aceste manifestări, atunci ar trebui hrănit imediat după alăptare cu o porţie suplimentară de 30–60 ml de lapte matern sau de lapte formulă. Acest lucru va face să nu-i fie perturbat programul de somn din cauza foamei.

Tabelul de mai jos vă arată la care dintre reprizele de alăptare să renunţaţi mai întâi. Fiecare etapă reprezintă perioada de timp care trebuie să treacă până la eliminarea următoarei reprize de alăptare: fie trei-patru zile, fie cinci-şapte zile, în funcţie de perioada de timp de când alăptaţi.

Orele de masă	*7*	*11*	*14.30*	*18.30*	*22*
Etapa unu	Alăptare	Formulă de lapte	Alăptare	Alăptare	Extragere*
Etapa a doua	Alăptare	Formulă de lapte	Formulă de lapte	Alăptare	Extragere
Etapa a treia	Alăptare	Formulă de lapte	Formulă de lapte	Formulă de lapte	Extragere
Etapa a patra	Alăptare	Formulă de lapte	Formulă de lapte	Formulă de lapte	
Etapa a cincea	Formulă de lapte	Formulă de lapte	Formulă de lapte	Formulă de lapte	

* Le recomand mamelor să continue să extragă lapte pentru masa de la orele târzii ale serii (cu condiţia ca bebeluşul să primească biberonul de la tată sau de la altă persoană care vă ajută) până când micuţul împlineşte 3 sau 4 luni. Acest lucru ajută la menţinerea lactaţiei şi poate fi folosit drept un indicator al cantităţii de lapte pe care o produc. Am observat că, de obicei, o mamă produce în timpul nopţii o cantitate de lapte de aproximativ două ori mai mare decât cea pe care a extras-o. Atunci când ajungeţi în a treia etapă a procesului de înţărcare, ar trebui să renunţaţi treptat la extragerea laptelui de la ora 21.30, reducând durata acesteia cu trei minute pe noapte. În momentul în care ajungeţi să extrageţi doar 60 ml şi vedeţi că nu apar probleme în timpul nopţii, puteţi renunţa definitiv. Odată ce aţi renunţat şi la ultima repriză de alăptare, ar trebui să aveţi grijă să nu stimulaţi sânii. Stând întinsă în cadă astfel încât sânii să fie acoperiţi cu apă caldă, veţi reuşi să eliminaţi şi cantitatea cea mai mică de lapte rămasă, fără a-i stimula să producă mai mult.

Hrănirea cu biberonul

Dacă v-aţi hotărât să hrăniţi bebeluşul cu biberonul, atunci ar trebui să respectaţi aceleaşi programe ca pentru alăptare. Singura

diferență este aceea că puteți constata faptul că bebelușul rezistă mai mult de trei ore după masa de la ora 7; în rest, orele de masă sunt exact aceleași. Puteți hrăni bebelușul cu biberonul exact așa cum îl și alăptați – adică îl hrăniți la un sân înainte de baie și la al doilea după baie. În mod normal, în această situație, eu aș pregăti două biberoane mai mici.

Cantitatea și frecvența

Conform autorităților sanitare, un bebeluș mai mic de 4 luni are nevoie de 160 ml de lapte pentru fiecare kilogram de masă corporală; prin urmare, un copil cu o greutate de aproximativ 3,2 kg are nevoie de aproximativ 510 ml de lapte pe zi. Acestea sunt doar recomandări orientative; un bebeluș mâncăcios poate avea nevoie de 30 ml în plus la unele mese. Dacă micuțul dumneavoastră face parte din această categorie, atunci încercați să vă organizați programul de masă astfel încât să primească porțiile mai mari de lapte la orele potrivite, adică la 7, la 10.30 sau la 22.30. Dacă îi veți permite bebelușului să se hrănească în timpul nopții cu porțiile mai mari de lapte, acest lucru va produce în cele din urmă un efect de domino, bebelușului nemaifiindu-i foame dimineața când se trezește. În acest fel se va crea un cerc vicios, iar copilul va avea nevoie să se hrănească în timpul nopții pentru că nu se hrănește suficient ziua.

Rămân valabile aceleași recomandări ca în cazul alăptării: faceți în așa fel încât bebelușul să primească cea mai mare parte din necesarul zilnic de lapte între orele 7 și 23. În acest fel, va avea nevoie doar de o porție mică de lapte în timpul nopții, pentru ca, în cele din urmă, să renunțe definitiv la masa de noapte.

Tabelul următor ilustrează programul de masă al unuia dintre bebelușii pe care i-am îngrijit, din timpul primei luni de viață. La naștere, copilul a cântărit 3,2 kg și, luând săptămânal în greutate 180–240 g, a ajuns să cântărească puțin peste 4 kg la vârsta de o lună. Organizându-i mesele (adică dându-i porțiile mai mari de lapte la orele potrivite), l-am ajutat să-i fie mai ușor în ceea ce privește

renunţarea la masa de noapte, iar la vârsta de 6 săptămâni dormea neîntrerupt până la ora 6.30.

Orele de masă	*7*	*10–10.30*	*14–14.30*	*17*	*18.15*	*22–23*	*2–3*	*Total*
Săptămâna 1	**90 ml**	**90 ml**	**90 ml**	**60 ml**	**60 ml**	**90 ml**	**90 ml**	**570 ml**
Săptămâna 2	**90 ml**	**120 ml**	**90 ml**	**90 ml**	**60 ml**	**120 ml**	**60 ml**	**630 ml**
Săptămâna 3	**120 ml**	**120 ml**	**90 ml**	**90 ml**	**90 ml**	**120 ml**	**90 ml**	**720 ml**
Săptămâna 4	**150 ml**	**120 ml**	**120 ml**	**90 ml**	**90 ml**	**150 ml**	**60 ml**	**780 ml**

N.B. Cantităţile zilnice de lapte din tabel au fost calculate în funcţie de nevoile individuale ale bebeluşului respectiv. Nu uitaţi să modificaţi cantitatea de lapte în funcţie de nevoile bebeluşului dumneavoastră, dar respectaţi în continuare orele de masă specificate în tabel. În timpul perioadelor de creştere, aveţi grijă ca porţiile de lapte de la orele 7, 10.30 şi 22–23 să fie primele pe care le măriţi.

Cum să hrăniţi bebeluşul cu biberonul fără probleme

La naşterea copilului, este posibil ca personalul maternităţii să vă pună la dispoziţie lapte formulă gata preparat. Probabil puteţi alege între două mărci diferite; ambele sunt aprobate de către autorităţile sanitare, iar compoziţia laptelui nu diferă prea mult de la o marcă la alta. Dacă nu aţi depozitat recipientele cu lapte în frigider, atunci nu este nevoie să le încălziţi înainte de a hrăni bebeluşul; puteţi să i le daţi la temperatura camerei. Însă, dacă, dintr-un motiv sau altul, vă hotărâţi să încălziţi laptele formulă, faceţi acest lucru fie cu ajutorul unui încălzitor electric pentru biberoane, fie aşezând recipientele într-un vas cu apă clocotită.

Nu încălziţi niciodată formulele de lapte în cuptorul cu microunde, pentru că este posibil să nu se distribuie uniform căldura şi aţi putea risca să opăriţi bebeluşul. Indiferent ce modalitate de încălzire folosiţi, verificaţi întotdeauna temperatura laptelui înainte de

a hrăni copilul. Acest lucru poate fi făcut lăsând să vă picure puțin lapte pe partea interioară a încheieturii mâinii; acesta ar trebui să fie călduț, niciodată fierbinte. Odată ce ați încălzit laptele formulă, nu este bine să-l reîncălziți, pentru că poate crește rapid numărul bacteriilor, iar aceasta este una dintre principalele cauze ale producerii deranjamentelor stomacale în rândul bebelușilor hrăniți cu formule de lapte.

Recomandările oferite în maternitate în ceea ce privește hrănirea cu formule de lapte par a fi foarte asemănătoare celor pentru alăptare: „Hrăniți bebelușul la cerere, ori de câte ori dorește și în orice cantitate solicitată". Deși nu vă veți confrunta cu problema stabilizării lactației, cum se întâmplă în cazul alăptării, probabil că vor apărea multe dintre celelalte probleme specifice acesteia. De exemplu, un bebeluș hrănit cu biberonul, care la naștere a cântărit 3,2 kg sau mai mult, poate trece direct la programul pentru prima și a doua săptămână. S-ar putea ca un copil cu o greutate mai mică să nu reușească să aștepte tot atât de mult timp între mese și să aibă nevoie să fie hrănit aproape din trei în trei ore.

Laptele formulă gata preparat este destul de scump, dacă îl folosiți tot timpul; majoritatea părinților îl folosesc doar când ies undeva sau în cazuri de urgență. Înainte de a fi externată din maternitate, aranjați să vă cumpere cineva cel puțin două cutii mari de lapte praf de la același producător cu cel al laptelui formulă cu care ați hrănit bebelușul în maternitate. Aveți grijă să fie adecvat pentru consumul nou-născuților.

Nu se mai recomandă ca biberoanele să fie pregătite dinainte. Conform recomandărilor Food Standards Agency (FSA) – Agenția britanică pentru Standarde Alimentare –, cea mai sigură metodă este de a pregăti câte un singur biberon odată, cu apă lăsată să se răcească până la o temperatură de maximum 70°C. Dacă trebuie să pregătiți dinainte biberoanele, de exemplu pentru o masă de noapte sau pentru a le lua cu dumneavoastră, atunci când plecați undeva, turnați apă clocotită într-un termos sterilizat. Atunci când plecați de acasă, luați termosul, alături de cantitatea potrivită de lapte praf, pe care o puneţi într-un recipient de plastic curat, uscat şi sterilizat, precum şi biberonul, care trebuie să fie curat şi sterilizat. Pregătiţi laptele şi răciţi biberonul înainte de a hrăni bebeluşul. De asemenea, puteţi să cumpăraţi cutii cu lapte formulă gata preparat pe care să le folosiţi ocazional, în cazuri de urgenţă, cu toate că acestea sunt o alternativă mai costisitoare.

Igienizarea şi sterilizarea

Trebuie să acordaţi extrem de multă atenţie păstrării igienei; este vorba despre sterilizarea obiectelor folosite pentru hrănirea bebeluşului şi despre condiţiile de pregătire şi depozitare a formulelor de lapte.

Trebuie să păstraţi o curăţenie impecabilă în zona în care sterilizaţi şi pregătiţi formulele de lapte ale bebeluşului. În fiecare dimineaţă, blatul de lucru din bucătărie trebuie spălat atent cu multă apă şi detergent, laveta pe care aţi folosit-o va fi apoi clătită bine cu apă şi folosită pentru a şterge din nou suprafaţa de lucru, pentru a îndepărta orice urmă de detergent. La sfârşit, mai curăţaţi o dată blatul, cu ajutorul un prosop din hârtie şi cu spray antiseptic.

Recomandările de mai jos, urmate cu stricteţe, vor reduce riscul apariţiei agenţilor patogeni, care reprezintă o cauză frecventă a producerii deranjamentelor stomacale în rândul bebeluşilor de vârstă foarte mică:

- Suprafeţele de lucru trebuie spălate cu atenţie în fiecare zi, conform tehnicii descrise mai sus.
- După fiecare masă, biberonul şi tetina trebuie clătite bine cu apă rece şi aşezate deoparte într-un recipient pentru a fi spălate şi sterilizate.
- Obişnuiţi-vă să sterilizaţi obiectele folosite. Alegeţi o perioadă când nu sunteţi foarte obosită şi vă puteţi concentra. Majoritatea mamelor care-mi urmează metoda constată că cea mai potrivită perioadă este prânzul, atunci când copilul doarme.

- Ar trebui să vă spălați întotdeauna bine pe mâini, cu săpun antibacterian și apă caldă de la robinet, iar după aceea să le ștergeți cu un prosop de bucătărie din hârtie, nu cu o cârpă de vase, care este un adevărat focar de microbi.

- Puteți folosi un alt fierbător pentru a încălzi apa pentru biberoane; în acest fel apa nu va fi fiartă din greșeală încă o dată, dacă cineva dorește să-și facă o cană de ceai.

- Goliți și clătiți bine fierbătorul în fiecare zi. Apa de la robinet ar trebui lăsată să curgă câteva minute înainte de a umple fierbătorul.

- Umpleți cu apă fierbinte și detergent vasul în care depozitați biberoanele murdare. Cu ajutorul unei perii mai lungi, curățați cu grijă toate biberoanele, gurile acestora, capacele și tetinele, atât pe dinăuntru, cât și pe dinafară. Ar trebui acordată o atenție deosebită curățării părții de sus a biberonului. Clătiți totul cu apă fierbinte de la robinet. Spălați și clătiți bine recipientul și apoi așezați toate obiectele în timp ce curge peste ele apă fierbinte. Acest lucru vă ajută să vă dați seama dacă totul este clătit bine – apa ar trebui să fie curată.

- Sterilizatorul trebuie clătit bine în fiecare zi, iar părțile componente trebuie verificate și, dacă este necesar, spălate și clătite. După aceea, biberoanele și tetinele trebuie așezate în sterilizator, conform instrucțiunilor producătorului.

- Accesați pagina web a FSA (vezi pagina 338) pentru a afla care sunt recomandările referitoare la pregătirea formulelor de lapte.

Cum să hrăniți bebelușul cu biberonul

Pregătiți dinainte toate cele necesare: scaunul, pernuțele, baveta și laveta de muselină. Ca și în cazul alăptării, este important să fiți așezată într-o poziție confortabilă (vezi pagina 24) și le recomand tuturor mamelor ca în primele zile să-și sprijine brațul cu care țin bebelușul de o pernă, ceea ce le va permite să-l țină cu partea superioară a corpului ușor ridicată și cu spatele drept. Ținând bebelușul așa cum este ilustrat în figura A (pagina 99), veți reduce posibilitatea ca el să acumuleze aer în stomac, lucru care s-ar putea întâmpla dacă este hrănit ca în figura B.

Înainte de a începe să hrăniţi bebeluşul, scoateţi şi apoi prindeţi la loc tetina; ar trebui să fie foarte uşor slăbită. Dacă este prinsă prea strâns, nu va permite pătrunderea aerului în biberon, iar bebeluşul va ajunge să sugă în gol, fără a trage laptele.

De asemenea, verificaţi ca laptele să nu fie prea cald. Dacă obişnuiţi copilul să primească lapte foarte cald, veţi constata că, pe măsură ce continuă hrănirea şi laptele începe să se răcească, va refuza să mai sugă. Întrucât este periculos să reîncălziţi laptele sau să aşezaţi biberonul într-un vas cu apă fierbinte, indiferent pentru cât timp, aţi putea fi nevoită să pregătiţi două biberoane pentru fiecare masă.

Odată ce aţi început să hrăniţi bebeluşul, aveţi grijă ca biberonul să fie ţinut aplecat suficient de mult pentru ca tetina să fie întotdeauna plină cu lapte, astfel încât bebeluşul să nu înghită prea mult aer. Lăsaţi-l să sugă atât cât doreşte înainte de a vă opri pentru a-l ajuta să eructeze. Dacă faceţi acest lucru mai devreme, nu veţi reuşi decât să-l indispuneţi foarte tare.

Unii bebeluşi se hrănesc cu aproape toată porţia de lapte, eructează şi apoi au nevoie de o pauză de 10–15 minute înainte de a termina laptele rămas. În primele zile, poate dura până la 40 de minute să hrăniţi bebeluşul cu biberonul, dacă luăm în considerare şi pauza. După ce micuţul împlineşte vârsta de 6–8 săptămâni, foarte probabil că va termina masa în aproximativ 20 de minute.

Dacă observaţi că bebeluşului îi ia foarte mult timp să se hrănească sau că adoarme în timpul mesei, s-ar putea ca orificiul tetinei să fie prea mic. Am constatat că mulţi dintre copiii crescuţi după metoda mea folosesc de la început o tetină cu debit mediu, pentru că prin cea cu debit scăzut trece prea puţin lapte.

Mai rar, există bebeluşi care termină laptele din biberon în 10–15 minute şi tot le este foame. Adeseori, despre aceştia se spune că ar fi mai mâncăcioşi; în realitate, le place foarte mult să sugă şi

Cum așezați bebelușul atunci când îl hrăniți cu biberonul

Figura A: Poziție corectă

Figura B: Poziție incorectă

de aceea termină foarte repede laptele din biberon. Pentru un bebeluş, suptul nu reprezintă doar o modalitate de hrănire, ci şi una dintre plăcerile fireşti din primele zile de viaţă. Dacă se hrăneşte foarte repede la fiecare masă cu cantitatea necesară de lapte formulă şi nu se satură, poate fi o idee bună să încercaţi să folosiţi o tetină cu orificiul mai mic. De asemenea, dându-i suzeta după mese, puteţi să-l ajutaţi să-şi satisfacă nevoia de supt.

Este foarte uşor ca bebeluşii hrăniţi cu biberonul să ia prea repede în greutate, dacă li se dau porţii de lapte care depăşesc cu mult cantitatea recomandată. Câteva zeci de mililitri în plus pe zi n-ar trebui să reprezinte o problemă, dar un bebeluş care se supraalimentează şi ia în greutate, în mod constant, mai mult de 240 g pe săptămână, va deveni în cele din urmă supraponderal şi va ajunge într-o etapă în care laptele nu va mai fi suficient pentru a-i satisface pofta de mâncare. Dacă acest lucru se întâmplă înaintea vârstei recomandate pentru introducerea hranei solide în alimentaţie, pot apărea probleme serioase.

Ar fi bine să respectaţi următoarele recomandări, pentru a nu întâmpina probleme atunci când hrăniţi bebeluşul cu biberonul:

- Înainte de a-i da să sugă din biberon, verificaţi ca inelul care prinde tetina de sticlă să fie foarte uşor slăbit; dacă este prea strâns, va reduce debitul de lapte.
- Verificaţi ca laptele să aibă temperatura potrivită; trebuie să fie călduţ, nu fierbinte.
- Pentru a evita acumularea gazelor intestinale, lucru frecvent în rândul bebeluşilor hrăniţi cu formule de lapte, aveţi întotdeauna grijă să fiţi aşezată confortabil şi să ţineţi corespunzător copilul înainte de a începe să-l hrăniţi.
- Unii bebeluşi de vârstă foarte mică au nevoie de o pauză în timpul mesei. Acordaţi-i copilului o perioadă de timp de până la 40 de minute pentru a bea tot laptele din biberon.

- Dacă observaţi că întotdeauna trebuie să treziţi bebeluşul pentru masa de la ora 7 şi constataţi mereu că nu prea îi este foame, reduceţi cu 30 ml porţia de lapte de la masa de noapte.
- În timpul perioadelor de creştere, aveţi grijă să respectaţi recomandările din subcapitolul următor. Astfel, veţi şti care sunt primele mese la care să reduceţi porţiile sau la care să renunţaţi definitiv.

Formulele de lapte: supraalimentarea

Spre deosebire de bebeluşii alăptaţi, problema cel mai des întâlnită în primele zile în rândul celor hrăniţi cu biberonul este supraalimentarea. Motivul pentru care consider că se poate întâmpla acest lucru este acela că termină atât de repede laptele din biberon, încât nu au timp să-şi satisfacă instinctul firesc de supt şi ajung să plângă atunci când le este luat biberonul. Multe mame interpretează plânsul drept un semn de foame şi le dă încă un biberon de lapte formulă. Poate apărea în scurt timp obiceiul de a supraalimenta copilul, acesta luând mult în greutate săptămână de săptămână. Dacă veţi continua în acest mod, bebeluşul va ajunge în scurt timp într-o etapă în care laptele nu-i mai satisface pofta de mâncare, fiind însă prea mic pentru a putea fi hrănit cu alimente solide (sub 6 luni).

Cu toate că este normal ca unii bebeluşi să aibă nevoie de o cantitate suplimentară de 30 ml la anumite mese, ar trebui să fiţi foarte atentă dacă micuţul se hrăneşte în plus cu o cantitate care depăşeşte 150 ml în fiecare zi şi ia sistematic în greutate mai mult de 240 g pe săptămână. Atunci când bebeluşii hrăniţi cu formule de lapte, crescuţi după metoda mea, dau semne că le place deosebit de mult să sugă, am constatat că dându-le între mese nişte apă fiartă şi răcită şi după aceea o suzetă, îi ajut să-şi satisfacă nevoia de supt.

Dacă vă îngrijorează faptul că micuţul dumneavoastră ar putea să se supraalimenteze, este esenţial să discutaţi despre această problemă cu asistentul medical sau cu medicul.

Răspunsuri la întrebările dumneavoastră

Î Sânii mei sunt foarte mici şi îmi este teamă că nu voi produce suficient lapte pentru a satisface nevoile alimentare ale bebeluşului.

- Mărimea sânilor n-are absolut nicio legătură cu producerea laptelui matern. Fiecare sân, indiferent de formă sau mărime, conţine 15–20 de canale galactofore, fiecare dintre acestea cu aglomerări proprii de celule care produc lapte. Acesta este produs în aceste celule şi împins prin canalele galactofore atunci când suge bebeluşul.

- Pe parcursul primelor zile, aveţi grijă ca bebeluşul să fie aşezat des la sân. Majoritatea copiilor au nevoie să fie alăptaţi de cel puţin opt ori pe zi pentru a stimula sânii şi pentru a ajuta la stabilizarea lactaţiei.

- Aveţi întotdeauna grijă ca micuţul să golească complet primul sân înainte de a-l aşeza la al doilea. Astfel, veţi transmite sânilor semnalul să producă mai mult lapte şi, de asemenea, veţi avea siguranţa că bebeluşul se hrăneşte cu laptele „de sfârşit", care este foarte important.

Î Prietena mea a trecut prin chinuri cumplite atunci când i s-a declanşat lactaţia. Ce pot face pentru a ajuta la alinarea durerilor?

- Aşezaţi des bebeluşul la sân şi nu-l lăsaţi să aştepte mai mult de trei ore între alăptările din timpul zilei sau patru-cinci ore între cele din timpul nopţii.

- O baie caldă sau acoperirea sânilor cu prosoape înmuiate în apă caldă înainte de alăptare va ajuta la stimularea debitului laptelui şi, dacă va fi nevoie, extragerea manuală, cu delicateţe, a unei mici cantităţi de lapte îl va ajuta pe bebeluş să prindă mai uşor sânul.

- Prosoapele umede răcite la frigider şi aşezate pe sâni după alăptare vor ajuta la contractarea vaselor de sânge şi la reducerea inflamaţiei sânilor.

- Luaţi foile de varză aflate imediat sub cele exterioare, ţineţi-le în frigider până se răcesc şi aşezaţi-le în sutien, peste sâni, între alăptări.

- Purtaţi un sutien pentru alăptare de mărime potrivită, care să vă susţină sânii. Aveţi grijă să nu vă strângă prea tare şi să nu apese pe mameloane.

Î Multe dintre prietenele mele au fost nevoite să renunţe la alăptare pentru că era foarte dureroasă.

- Principalul motiv pentru care femeile au dureri în primele zile este acela că bebeluşul nu este aşezat corect la sân. Acesta ajunge să molfăie mamelonul, producându-i mamei dureri mari, lucru care duce foarte des la fisurarea şi sângerarea mameloanelor şi îl împiedică pe bebeluş să se hrănească bine. În scurt timp, el are nevoie să se hrănească din nou, ceea ce îi va permite să lezeze iar sânul.

- Aveţi întotdeauna grijă să ţineţi bebeluşul cu burtica lângă a dumneavoastră şi ca gura să-i fie suficient de larg deschisă pentru a putea apuca tot mamelonul şi o porţiune cât mai mare din areolă. În afară de a avea grijă ca micuţul să fie aşezat corespunzător, este important să fiţi aşezată confortabil. Modelul ideal de scaun pentru alăptare este cel cu spătarul drept şi, preferabil, cu braţe, astfel încât să puteţi aşeza o pernă pentru a vă sprijini braţul cu care ţineţi bebeluşul (vezi pagina 24). Dacă nu vă sprijiniţi braţul de o pernă, va fi mult mai greu să aşezaţi şi să susţineţi copilul în mod corespunzător. Acest lucru îl poate face să tragă de sân, ceea ce vă va produce dureri.

Î Bebeluşul meu are 3 săptămâni şi încep să devin foarte îngrijorată din cauza sfaturilor contradictorii pe care le primesc. Anumite persoane spun că este bine să alăptez bebeluşul la ambii sâni la fiecare masă, pe când altele spun că este suficient la unul singur.

- Urmăriţi semnele transmise de bebeluş. Dacă se hrăneşte la un sân, poate rezista trei-patru ore între mese şi ia constant în greutate săptămână de săptămână (vezi pagina 174), este suficient să-l hrăniţi la un sân.

- Dacă i se face foame după două ore de la alăptare sau se trezeşte cel puţin o dată în timpul nopţii, este recomandabil să-l alăptaţi şi la al doilea sân.

Puteţi constata că micuţul are nevoie să se hrănească şi la al doilea sân numai în a doua parte a zilei, atunci când lactaţia atinge nivelul cel mai scăzut.

- Indiferent dacă bebeluşul este hrănit la un singur sân sau la ambii la o masă, aveţi întotdeauna grijă ca primul sân să fie golit complet înainte de a-l aşeza la al doilea. Acest lucru poate fi făcut presând uşor între degetul mare şi arătător zona din jurul mamelonului.

Este nevoie să evit anumite alimente atunci când alăptez?

- Ar trebui să continuaţi să urmaţi regimul alimentar variat şi sănătos pe care l-aţi respectat pe tot parcursul sarcinii. În plus, este bine să luaţi gustări sănătoase între mesele principale, pentru a vă menţine nivelul de energie ridicat.

- Aveţi grijă să mâncaţi cel puţin 180 g de carne de pasăre, carne roşie slabă sau peşte. Vegetarienele ar trebui să consume aceeaşi cantitate de fasole, alte plante leguminoase, orez etc. Am observat că în zilele în care unele dintre mamele pe care le-am ajutat, aflate în perioada de alăptare, n-au mâncat destule proteine, bebeluşii au fost mult mai agitaţi.

- Unele cercetări indică faptul că produsele lactate duc la apariţia colicilor la anumiţi sugari. Dacă observaţi că bebeluşul începe să aibă colici, ar fi înţelept să discutaţi cu asistentul medical sau cu pediatrul despre modalităţile de monitorizare a consumului dumneavoastră zilnic de produse lactate.

- Ar trebui să evitaţi alcoolul, îndulcitorii artificiali şi cofeina. Reţineţi că există cofeină şi în ceai, în băuturile răcoritoare şi în ciocolată, nu doar în cafea. Am observat că atunci când mamele consumă aceste produse copiii sunt mai agitaţi.

- Dacă mamele consumă în cantităţi mari căpşuni, roşii, ciuperci, ceapă şi suc de fructe bebeluşii devin irascibili. Cu toate că nu vă recomand să eliminaţi din regim toate aceste alimente, vă sugerez să ţineţi evidenţa tuturor mâncărurilor şi băuturilor consumate cu 12–16 ore înainte ca bebeluşul să dea semne că-l doare burtica, are scaune moi, gaze intestinale în exces şi crize de plâns.

- În timp ce lucram în Orientul Mijlociu şi Îndepărtat, am observat că mamele care alăptau urmau un regim alimentar mult mai fad ca de obicei, iar mâncărurile foarte condimentate erau evitate. Poate că în primele zile ar fi înţelept să evitaţi mâncărurile picante.

- Cu toate că atunci când alăptaţi este recomandabil să evitaţi alcoolul, mai ales băuturile spirtoase, unii specialişti ne sfătuiesc că un pahar mic de vin sau o bere pot fi benefice unei mame căreia îi este greu să se relaxeze seara.

Î Bebeluşul meu în vârstă de 2 săptămâni se trezeşte şi începe să plângă din toate puterile de foame, dar adoarme la cinci minute după ce-l aşez la sân. Două ore mai târziu, cere din nou să fie hrănit, ajungând să mă sleiască de puteri.

- Aveţi întotdeauna grijă ca bebeluşul să fie treaz înainte de masă. Desfăşaţi-l, scoateţi-i picioruşele din salopeta-pijama, lăsaţi aerul să-i răcorească pielea şi acordaţi-i timp pentru a se trezi singur. După aceea, puteţi să-i daţi să sugă.

- Este foarte important ca bebeluşilor somnoroşi să nu le fie cald atunci când se hrănesc. N-ar trebui să fie îmbrăcaţi gros, iar temperatura din cameră nu trebuie să fie prea ridicată. Aşezaţi o saltea de joacă în apropiere, pe podea, şi în momentul în care copilul devine somnoros, aşezaţi-l pe ea. Dacă este nevoie, scoateţi-i salopeta, pentru că acest lucru îl va încuraja să-şi întindă şi să-şi mişte picioruşele. Timp câteva minute probabil că va protesta pentru că a fost aşezat jos, aşa că luaţi-l în braţe şi mai alăptaţi-l câteva minute la acelaşi sân. Adeseori, această procedură trebuie repetată de două sau de trei ori. După ce bebeluşul s-a hrănit 20 de minute la primul sân, ajutaţi-l să eructeze şi apoi schimbaţi-i scutecul. După aceea, poate fi alăptat din nou la primul sân, dacă nu l-a golit, sau, în caz contrar, poate fi aşezat la al doilea sân.

- Dacă este posibil, rugaţi-vă soţul să hrănească bebeluşul cu lapte matern la orele târzii ale serii. În acest fel veţi reuşi să dormiţi neîntrerupt câteva ore, măcar în prima parte a nopţii.

Î Fiul meu are 16 săptămâni. În ultimele 2 săptămâni, a devenit tot mai dificil de hrănit. A renunţat la masa de noapte în jurul vârstei de 11 săptămâni însă, cu toate acestea, nu prea are

poftă de mâncare la masa de la ora 7, hrănindu-se doar cu 60 ml de lapte. După aceea, plânge la intervale neregulate până îi dau masa de la 11. Când îl hrănesc înaintea orei 11, nu mai doarme bine la prânz, trezindu-se înfometat după o oră. Dacă îl hrănesc atunci, îşi strică tot programul de masă din timpul după-amiezii.

- Pentru a vă determina băieţelul să aibă mai multă poftă de mâncare la ora 7, încercaţi să-i micşoraţi porţia de la orele târzii ale serii. Deşi va avea nevoie de o mică porţie de lapte la această oră, probabil până când va trece la alimentaţia solidă, încercaţi s-o micşoraţi treptat până la 90–120 ml şi vedeţi dacă are mai multă poftă de mâncare la ora 7. Dacă acest lucru îl ajută să mănânce mai bine la ora 7, atunci continuaţi să micşoraţi cantitatea de lapte, până la 90–120 ml.

- Până când micuţul va mânca mai bine la ora 7, va trebui să-l hrăniţi mai devreme de 11, poate cel târziu la 10.15, însă vă recomand să-i daţi o porţie suplimentară în jurul orei 11.15–11.30, pentru a vă asigura că s-a hrănit cu suficient lapte şi va dormi bine la prânz.

- De asemenea, puteţi constata că atunci când bebeluşul trece printr-o perioadă de creştere, termină mult mai repede biberonul de la masa de dimineaţă şi începe chiar să se trezească mai devreme, cerând să fie hrănit. Atunci când se întâmplă acest lucru, vă recomand să-i măriţi la loc porţia de la de la orele târzii ale serii, pentru a vă asigura că doarme până dimineaţa la ora 7. Este posibil să faceţi acest lucru timp de aproximativ o săptămână şi poate că va trebui să continuaţi să-l hrăniţi cu o porţie mai consistentă până când începe diversificarea alimentară. Cu toate acestea, dacă începe iarăşi să facă mofturi la masa de dimineaţă, atunci va trebui să micşoraţi iar porţia de la orele târzii ale serii.

4

Cum să înțelegeți somnul bebelușilor

Probabil că somnul reprezintă aspectul cel mai puțin înțeles și mai derutant al creșterii copiilor. Mulți părinți cred în mod greșit că, în primele câteva săptămâni de viață, bebelușul nu face altceva decât să doarmă și să mănânce. Cu toate că mulți chiar asta fac, faptul că în Marea Britanie există peste 126 de clinici specializate în tratarea problemelor de somn la bebeluși și copii dovedește că acest lucru nu este valabil în foarte multe cazuri. Dacă aveți un nou-născut sau un bebeluș ceva mai mare care face parte din această a doua categorie, adică este încordat, agitat și greu de adormit, vă rog să nu vă pierdeți curajul, pentru că acest lucru nu este neapărat o prefigurare a deprinderilor viitoare de somn ale copilului.

De obicei, majoritatea bebelușilor pe care i-am îngrijit începeau să doarmă până la ora 6/7 între 8 și 12 săptămâni. Câțiva au început să doarmă toată noaptea neîntrerupt înaintea acestei vârste, în timp ce alții au continuat să aibă nevoie să fie hrăniți noaptea o perioadă mult mai lungă de timp. Deoarece nu vă cunosc personal bebelușul, nu vă pot spune cu exactitate când va reuși să doarmă toată noaptea neîntrerupt, pentru că acest lucru depinde de mulți factori. De exemplu, dacă bebelușul s-a născut prematur sau ați început să urmați programele mele de-abia după ce a împlinit câteva săptămâni, este evident că poate avea nevoie de mai mult timp pentru a dormi toată noaptea neîntrerupt.

Nu trebuie să uitați că obiectivul dumneavoastră în primele zile este acela ca bebelușul să aibă un program regulat de somn, acest lucru presupunând să se odihnească bine seara, să mănânce la orele târzii ale serii și după aceea să adoarmă, apoi să se trezească numai o dată în timpul nopții pentru a se hrăni și să adoarmă repede la loc, până la ora 6/7.

Scopul programelor este de a vă ajuta să atingeți acest obiectiv fără a vă produce neplăceri nici dumneavoastră, nici bebelușului; programele nu presupun să forțați copilul să doarmă toată noaptea neîntrerupt, fără să-l hrăniți, de la cea mai fragedă vârstă. Respectând recomandările pe care le-am oferit în această carte și adaptând programele, dacă va fi nevoie, astfel încât să satisfacă nevoile individuale ale bebelușului dumneavoastră, îl veți face să doarmă noaptea cel mai mult, de îndată ce va capabil din punct de vedere fizic și psihic să facă acest lucru.

Soluția pentru atingerea acestui obiectiv este să aveți răbdare, să fiți consecventă și să alocați suficient timp realizării programelor. Odată ce se va întâmpla acest lucru, veți putea evita chinul nopților nedormite luni în șir de care au parte atât de mulți părinți. Metoda mea a dat roade în rândul a sute de mii de bebeluși și de părinți, așa că poate funcționa și în cazul dumneavoastră!

Dacă vreți ca bebelușul să doarmă toată noaptea neîntrerupt de la o vârstă fragedă și să aibă un program de somn sănătos pe termen lung, atunci regulile de aur pe care ar trebui să le respectați sunt următoarele: **să-l învățați care sunt stimulii corecți cu care să asocieze adormirea și să-i organizați programul de masă începând din ziua în care sosiți acasă de la maternitate.** Recomandările oferite în multe dintre cărțile despre creșterea copiilor de către unii angajați ai maternităților spun că nou-născuții ar trebui hrăniți la cerere, oricât de des vor și atât timp cât au nevoie. Vi se va spune să acceptați faptul că programul haotic de alimentație și de somn al bebelușului este ceva normal și că lucrurile se vor ameliora până la vârsta de 3 luni. De la publicarea primei mele cărţi, în anul 1999, am primit nenumărate telefoane, e-mailuri şi scrisori de la mame disperate, ai căror copii cu vârste cuprinse între 3 luni şi 3 ani au probleme grave de somn şi de alimentaţie. Acest lucru infirmă teoria conform căreia bebeluşii îşi creează singuri un program înainte de împlinirea vârstei de 3 luni. Chiar dacă bebeluşul reuşeşte să facă acest lucru, este puţin probabil să fie un program similar cu cel al restului familiei.

Cu toate că unii specialişti admit faptul că anumiţi copii dorm toată noaptea neîntrerupt la vârsta de 3 luni, ei nu scot în evidenţă cât de important este ca bebeluşii să primească îndrumare în acest scop. Mama neştiutoare şi frântă de oboseală crede şi speră într-o ameliorare miraculoasă la vârsta de 3 luni, dar este puţin probabil ca acest lucru să se întâmple, dacă bebeluşul n-a învăţat să facă diferenţa între noapte şi zi, între reprizele scurte de somn din timpul zilei şi perioada mai lungă de somn din timpul nopţii şi dacă părintele n-a învăţat cum să-i organizeze programul de masă, lucru care trebuie făcut din prima zi. Este esenţial să aveţi grijă ca bebeluşul să fie alăptat puţin şi des în timpul zilei, dacă vreţi să nu se trezească înfometat din două în două ore în timpul nopţii.

Atunci când ofeream servicii de consultanţă părinţilor fără experienţă, primeam zilnic telefoane disperate de la mamele aflate în maternitate. Problema era aceeaşi aproape de fiecare dată. Bebeluşul se hrănea câte o oră, de obicei la interval de două ore, între orele 18 şi 5. Mama era adeseori epuizată şi începea să sufere de ragade mamelonare.

Atunci când întrebam ce face bebeluşul în timpul zilei, primeam de obicei următorul răspuns: „Este atât de cuminte în timpul zilei; se hrăneşte, apoi doarme patru ore sau chiar mai mult."

Continuă să mă uluiască faptul că părinţilor fără experienţă încă le sunt date sfaturi atât de contradictorii. Li se spune că este normal ca un nou-născut să aibă nevoie să se hrănească de 8-12 ori pe zi, dar că ar trebui să-l lase să doarmă ore în şir între mesele din timpul zilei. Nu este deloc surprinzător faptul că un bebeluş care s-a hrănit doar de patru ori sau chiar mai puţin între orele 6 şi 18 se va trezi de multe ori în timpul nopţii pentru a-şi satisface nevoile alimentare zilnice. Acesta este unul dintre principalele motive pentru care mă opun recomandării de a hrăni bebeluşii la cerere. Această recomandare nu ia în considerare faptul că mulţi bebeluşi nu cer să fie hrăniţi în primele zile.

Somnul şi hrănirea la cerere

Expresia „hrănire la cerere" este folosită fără încetare, făcându-le pe mame să creadă în mod eronat că orice fel de program în primele zile de viaţă ale bebeluşului ar putea să-l priveze pe acesta de satisfacerea nevoilor alimentare, dar şi, conform anumitor specialişti, a celor emoţionale. Cu toate că sunt complet de acord cu faptul că programul demodat de hrănire din patru în patru ore, fie la sân, fie cu biberonul, n-are nimic de-a face cu nevoile fireşti ale nou-născuţilor, consider că termenul „hrănire la cerere" este folosit într-un sens prea larg.

Din nefericire, problema nopţilor nedormite apare adeseori înainte ca mama şi copilul să părăsească maternitatea. Pentru că a fost lăsat să doarmă perioade lungi între mesele din timpul zilei, bebeluşul are cu adevărat nevoie să se hrănească la intervale neregulate toată seara şi o dată la două ore în timpul nopţii. În scurt timp se creează un cerc vicios, iar bebeluşul doarme toată ziua, pentru că a stat treaz aproape toată noaptea. Acest gen de program alimentar şi de somn este încurajat de către mulţi specialişti, care sunt de părere că bebeluşul ar trebui să „preia controlul" în ceea ce priveşte alimentaţia. În acest fel a apărut termenul „hrănire la cerere". Unii specialişti merg până acolo încât afirmă că este „vătămător" să trezeşti din somn un bebeluş şi privesc cu foarte multă ostilitate recomandarea mea de a face acest lucru. Experienţa pe care am acumulat-o îngrijind multe perechi de gemeni şi bebeluşi unici născuţi prematur a fost cea care m-a ajutat să înţeleg că afirmaţia lor este complet absurdă. Am observat faptul că, atunci când mergeam să am grijă de acești copii, cei din maternitate le făcuseră deja un program de alimentație. Deoarece viața acelor bebeluși foarte mici și somnoroși depindea de un program alimentar care presupunea să fie hrăniți puțin și des, angajații maternității n-ar fi îndrăznit să-și asume riscul de a-i lăsa să aștepte intervale lungi de timp între mese. Această experiență a contribuit în mare măsură la conceperea programelor „Bebelușul fericit". În ciuda a ceea ce încearcă să insinueze anumite persoane, programele mele nu sunt menite să vă priveze bebelușul de hrană, ci dimpotrivă, să vă ofere garanția că este hrănit suficient. După cum am precizat, am contribuit personal la îngrijirea unor bebeluși care erau să-și piardă viața din cauza deshidratării, pentru că nu cereau suficient de des să fie hrăniți. Acest lucru m-a convins încă o dată că hrănirea la cerere expune copiii la mult mai multe riscuri decât trezirea și hrănirea lor la intervale regulate.

Întrucât laptele matern este produs în funcție de cerere și ofertă – sânii produc cantitatea de lapte cerută de bebeluș –, în câteva săptămâni, copilul alăptat la cerere începe adeseori să vrea să fie alăptat din două în două ore nu doar în timpul nopții, ci și al zilei. Acest lucru se întâmplă pentru că programul de alăptare din cele două–trei săptămâni de mai înainte a avut un efect dăunător asupra lactației mamei. Deoarece bebelușul se hrănește atât de des, este inevitabil ca el să fie hrănit de cele mai multe ori până adoarme. Acest lucru poate duce frecvent la apariția unor probleme de somn pe termen lung în cazul multor bebeluși.

După ce luni în șir au parte de nopți nedormite și de zile istovitoare, deoarece bebelușul încă se hrănește o dată la două-trei ore, mulți părinți solicită medicului de familie să le dea o trimitere la o clinică specializată în problemele de somn ale bebelușilor. Alteori, cumpără una sau mai multe dintre numeroasele cărți despre îngrijirea bebelușilor, care descriu modalitățile prin care aceștia ar trebui să doarmă toată noaptea, doar ca să afle că au înțeles greșit totul de la început. Adevăratul motiv pentru care copilul nu poate dormi bine este acela că a învăţat să asocieze adormirea cu stimuli nepotriviţi, adică hrănirea, legănatul, loviturile uşoare cu palma pe spate etc.

Calitatea somnului bebeluşului este foarte strâns legată de calitatea alimentaţiei şi de stimulii cu care asociază adormirea. Pentru a încuraja formarea deprinderilor sănătoase de somn în cazul copilului dumneavoastră, este important nu doar să-i organizaţi programul de masă, ci şi să-i înţelegeţi ritmul de somn, astfel încât să-l învăţaţi de la o vârstă foarte fragedă care sunt stimulii corecţi cu care să asocieze adormirea.

De asemenea, înţelegerea ritmului de somn vă ajută să adaptaţi programele pentru a se potrivi nevoilor individuale ale bebeluşului, precum şi, ocazional, în acele situaţii când n-a fost posibil să le urmaţi cu stricteţe.

Ritmul de somn

Majoritatea specialiştilor renumiţi admit faptul că un nou-născut doarme aproximativ 16 ore pe zi în primele câteva săptămâni. Somnul nou-născutului este alcătuit din mai multe reprize de somn mai lungi sau mai scurte. În primele zile, somnul este foarte strâns legat de nevoia micuţului de a se hrăni puţin şi des. Poate dura până la o oră să-l hrăniţi, să-l ajutaţi să eructeze şi să-i schimbaţi scutecul, după care cade imediat într-un somn adânc. Dacă s-a hrănit consistent, atunci va dormi de obicei fără întreruperi până la următoarea masă. Prin urmare, într-o perioadă de 24 de ore, dacă se hrăneşte de şase-opt ori pe zi, iar mesele durează între 45 de minute şi o oră, bebeluşul ajunge să doarmă aproximativ 16 ore pe zi.

Însă, între a treia şi a patra săptămână, devine mai vioi şi nu mai adoarme imediat după ce se hrăneşte. Adeseori, acesta este momentul în care lucrurile încep să nu mai meargă bine şi se produce asocierea adormirii cu stimuli greşiţi. Părinţii îngrijoraţi, crezând că bebelușul ar trebui să adoarmă imediat după ce mănâncă, încep să recurgă la diverse procedee, cum ar fi să-l hrănească din nou, să-l legene sau să-i dea o suzetă pentru a-l face să adoarmă. Nu-și dau seama că aceasta este vârsta în jurul căreia încep să se contureze diferitele faze ale somnului.

Asemenea adulților, bebelușii trec din faza somnului superficial în faza de somn în care se produc visele, cunoscută sub numele de somn REM, și apoi în faza somnului profund. Ciclul lor de somn este mult mai scurt decât cel al adulților și durează, aproximativ, între 45 de minute și o oră. În timp ce unii bebeluși doar tresar atunci când sunt în faza somnului superficial, alții se trezesc de-a binelea. Dacă se apropie ora de masă, atunci aceasta nu reprezintă o problemă. Însă, dacă a trecut doar o oră de când a mâncat bebelușul și el nu învață să adoarmă singur la loc, atunci poate apărea o problemă serioasă în decursul lunilor următoare, dacă va fi ajutat în permanență să adoarmă la loc prin una sau mai multe dintre metodele pe care tocmai le-am enumerat. Cercetări recente au arătat că toți bebelușii intră în faza somnului superficial și se trezesc de aproximativ același număr de în cursul nopții. Doar cei cu probleme de somn sunt incapabili să intre din nou în faza somnului profund, pentru că sunt obișnuiți să fie ajutați să adoarmă.

Dacă vreți ca bebelușul dumneavoastră să-și creeze deprinderi sănătoase de somn de la o vârstă fragedă, este important să-l împiedicați să asocieze adormirea cu stimuli greșiți. Programele mele sunt structurate astfel încât copilul să se hrănească bine, să nu sufere de epuizare și să nu învețe să asocieze adormirea cu stimuli greșiți.

Ritualul dinaintea culcării

Odată ce bebelușul și-a recăpătat greutatea de la naștere și ia constant în greutate, puteți începe să stabiliți o oră de culcare, la 18.30/19, și să-l lăsați să doarmă până după ora 21, atunci când ar fi trebuit să mănânce, hrănindu-l în schimb în jurul orei 22 şi mutând încet-încet această masă la ora 22.30. De asemenea, aceasta este etapa în care bebeluşul ar trebui să doarmă ceva mai mult în timpul nopţii. Dacă mănâncă bine la această masă şi adoarme pe la 23/23.30, ar trebui să doarmă până la orele 2/3. Dacă se hrăneşte bine atunci şi izbuteşte să adoarmă la loc în decurs de o oră, atunci ar trebui să doarmă până pe la 6/7, cu condiţia să fi fost treaz pentru a se hrăni cu o porţie întreagă de lapte la orele târzii ale serii. Pe parcursul primelor zile, cât de devreme se trezesc bebeluşii după miezul nopţii depinde foarte mult de cât de treji au fost în timpul ultimei mese a zilei şi de cantitatea cu care s-au hrănit. Este bine să alocaţi mai mult timp acestei mese pentru a vă asigura că bebeluşul începe să doarmă o perioadă mai lungă noaptea.

Stabilirea unui ritual înainte de culcare şi grija ca micuţul să doarmă bine între orele 19 şi 22 contribuie substanţial la cât de repede va dormi toată noaptea. Un bebeluş care se hrăneşte bine la ora 18 şi doarme bine între 19 şi 22 se va trezi odihnit şi pregătit să mănânce o porţie întreagă de lapte. Totuşi există şi alţi factori care contribuie la stabilirea unui ritual înainte de culcare. Cei mai importanţi se referă la organizarea programului de masă şi de somn de pe parcursul zilei, astfel încât bebeluşul să fie suficient de flămând pentru a se hrăni cu o porţie întreagă de lapte la 17, respectiv 18.15, şi la necesitatea ca el să rămână treaz suficient de mult timp ziua pentru a fi pregătit să se culce la ora 19.

Primesc multe telefoane şi e-mailuri de la părinţi care nu reuşesc să-şi facă bebeluşii să adoarmă seara. Atunci când se creează un program de masă la intervale neregulate pe parcursul serii, în majoritatea cazurilor se produce un efect de domino, bebeluşului nemaifiindu-i suficient de foame la orele târzii ale serii. Apoi copilul ajunge să se trezească în jurul orei 1 şi, de obicei, încă o dată, în jurul orelor 4-5, pentru că este cu adevărat flămând.

Stabilirea unui ritual înainte de culcare va fi posibilă doar dacă micuţul este bine hrănit şi pregătit să adoarmă cel târziu la 18.30/19.

De exemplu, dacă îl lăsați să doarmă perioade lungi spre sfârșitul după-amiezii, atunci probabil că nu va adormi ușor la 19, chiar dacă s-a hrănit bine.

Posibilitatea ca bebelușul să doarmă bine noaptea depinde foarte mult de ceea ce face în timpul zilei. Deoarece ia constant în greutate, înseamnă că se dezvoltă așa cum trebuie. Pe măsură ce crește, ar trebui să crească și cantitatea de lapte de la fiecare masă și încet-încet să poată rezista mai mult timp între anumite mese. În mod ideal, ar trebui ca acest interval mai lung să se suprapună peste cel dintre orele 19 și 22, peste cel de după masa de la orele târzii ale serii și peste cel de după mesele de noapte.

Acest lucru nu se va întâmpla de la sine, ceea ce ne face să revenim la, probabil, cel mai dificil aspect al programelor, acela de a trezi copilul pentru mesele din timpul zilei la orele recomandate pentru vârsta lui. Este însă cât se poate de logic faptul că, dacă s-a hrănit regulat în timpul zilei, atunci ar trebui, pe măsură ce crește, să simtă nevoia de a mânca mai puțin în timpul nopții, pe măsură ce crește cantitatea de lapte cu care se hrănește pe parcursul zilei.

Ori de câte ori este posibil, încercați să vă începeți ziua la ora 7, să respectați orele de masă pe care le recomand și să aveți grijă ca bebelușul să mănânce o porție întreagă la aceste ore și să rămână treaz perioade scurte de timp după mesele zilei. Aceste lucruri vă ajută să stabiliți un ritual înainte de culcare, iar copilul să adoarmă ușor la ora 19. Nu uitați că, dacă bebelușul se hrănește și adoarme la 19 și doarme profund până la masa de la orele târzii ale serii, atunci probabilitatea de a începe să doarmă o perioadă mai lungă de timp noaptea după această masă va fi mult mai mare, cu condiția să fi fost suficient de treaz pentru a mânca o porție întreagă de lapte.

Întrucât bebelușii de vârstă foarte mică obosesc mult prea repede, nu începeți ritualul dinainte de culcare mai târziu de 18. Dacă micuțul nu s-a odihnit bine în timpul zilei, puteți fi nevoită să începeţi mai devreme. Încercaţi să menţineţi o atmosferă foarte calmă şi liniştită când îi faceţi baie, după care evitaţi să stabiliţi frecvent un contact vizual şi să vorbiţi mult, pentru a nu-l suprastimula. Întotdeauna încercaţi să încheiaţi masa într-o cameră liniştită şi slab luminată pentru a putea să-l aşezaţi repede în pătuţ înainte de a adormi profund.

Desigur că va fi greu, dar toţi părinţii cu care am vorbit spun că a meritat să depună multe eforturi în primele zile, pentru că bebeluşii au început să doarmă din ce în ce mai mult noaptea, până când au reuşit, în cele din urmă, să nu se mai trezească decât la mult visata oră 7.

Trezirile matinale

Am fost întotdeauna de părere că posibilitatea ca un copil să devină o persoană matinală depinde foarte mult de evenimentele din primul an de viaţă. Pentru a evita această problemă, este vital ca bebeluşul să doarmă noaptea într-o cameră foarte întunecoasă, iar mama să considere toate mesele dinaintea orei 7 ca şi cum ar fi mese de noapte. Ar trebui ca în timpul acestor mese să nu se vorbească şi să nu se stabilească un contact vizual, iar bebeluşul să fie culcat la loc, pentru a dormi până la 7. Dacă bebeluşul s-a trezit între 6 şi 6.30, atunci lăsaţi-l să doarmă până la ora 7.30.

Această abordare a funcţionat în cazul sutelor de bebeluşi la îngrijirea cărora am contribuit şi niciunul nu s-a trezit vreodată mai devreme de 7, din momentul în care au început să doarmă toată noaptea. Desigur că unii dintre ei se trezeau pe la 5/6 şi poate mai gângureau sau scoteau câteva sunete o scurtă perioadă de timp înainte de a adormi la loc.

De la publicarea primei ediţii a acestei cărţi, am discutat cu mii de părinţi care s-au confruntat cu problema trezirilor matinale şi a devenit foarte clar că există încă o cauză a acestora. Ceea ce aveau în comun aproape toţi aceşti părinţi este faptul că nu au ţinut seama de recomandarea de a lăsa copiii să se trezească singuri. Cei mai mulţi dintre ei au recunoscut că-şi luau bebeluşii în braţe în clipa în care începeau să se trezească în timpul zilei. Nu este surprinzător faptul că, după o perioadă de timp, micuţii aşteptau să se întâmple acelaşi lucru şi când se trezeau dimineaţa devreme.

Între 8 şi 12 săptămâni, majoritatea bebeluşilor nu se mai trezesc după reprizele de somn din timpul zilei cerând imediat să fie hrăniţi. Acum este momentul potrivit să-i încurajaţi să stea în pătuţ o scurtă perioadă de timp după ce se trezesc. Sunt convinsă că făcând acest lucru şi respectând recomandările prezentate mai jos, vor exista mai puţine posibilităţi ca bebeluşul dumneavoastră să devină o persoană matinală:

- Cercetările au demonstrat că substanţele chimice din creier acţionează diferit la întuneric, pregătind creierul pentru somn. Începând cu vârsta de 6 luni, atunci când copilul poate fi culcat în camera lui, aveţi grijă să nu existe spaţii prin care să poată pătrunde lumina deasupra sau în lateralul perdelelor ori în jurul cadrului uşii. Chiar şi cea mai slabă rază de lumină poate fi suficientă pentru a-l trezi complet pe bebeluş, atunci când intră în faza somnului superficial. Ar fi o idee bună să cumpăraţi o căptuşeală care să împiedice pătrunderea luminii, pentru draperiile din camera copilului, dar şi pentru cele din dormitorul dumneavoastră, în care bebeluşul va dormi noaptea în primele 6 luni de viaţă.

- Până la împlinirea vârstei de 6 luni, reflexul Moro se poate manifesta destul de accentuat la anumiţi bebeluşi şi este evident în primele zile. Bebeluşul îşi întinde brusc mâinile şi picioarele, cu mişcări spasmodice, de obicei dacă suferă un şoc, este speriat de un zgomot puternic sau este aşezat prea brutal sau prea brusc. Iată motivul pentru care este denumit adesea „reflex de tresărire".

  Pe măsură ce trec săptămânile şi bebeluşul începe să fie mai relaxat, reflexul Moro se manifestă mai rar. Cu toate acestea, poate dura până la şapte sau 8 luni până să dispară complet. Am observat cum mulţi bebeluşi intră în faza somnului superficial în timpul nopţii şi încep să dea isteric din picioare pentru că au azvârlit de pe ei lenjeria de pat cu care erau înveliţi.

Din acest motiv, cred că este foarte important ca micuţul să fie învelit foarte strâns cu păturile până când dispare complet reflexul Moro. Cearşaful şi păturile ar trebui aşezate cu partea mai lungă de-a curmezişul pătuţului, iar după aceea două prosoape de şters mâinile, rulate, ar trebui aşezate între stinghii şi saltea. În cazul bebeluşilor care reuşesc totuşi să se mişte către partea opusă a pătuţului în timpul somnului, poate fi folosit un sac de dormit foarte subţire, învelindu-i şi cu un cearşaf de bumbac.

- Nu încercaţi să forţaţi bebeluşul să doarmă toată noaptea micşorând porţia de lapte de la masa de noapte. Continuaţi să-l hrăniţi oricât doreşte la masa de noapte pentru a vă asigura că doarme adânc până la 7. Numai atunci când doarme cu regularitate până la ora 7 o perioadă de timp, iar când se trezeşte refuză să mănânce este momentul potrivit să luaţi în considerare posibilitatea de a micşora porţia din timpul nopţii.

- Dacă bebeluşul se hrăneşte între 5 şi 6, purtaţi-vă ca şi cum ar fi o masă de noapte. Ar trebui să dureze cât mai puţin posibil, să se desfăşoare într-o cameră slab luminată, fără ca dumneavoastră să stabiliţi contact vizual sau să-i vorbiţi. Schimbaţi scutecul bebeluşului doar dacă este absolut necesar.

- Nu renunţaţi la masa de lapte de la orele târzii ale serii până când copilul nu mănâncă alimente solide. Dacă trece printr-o perioadă de creştere înainte de a începe să mănânce alimente solide, poate primi o cantitate suplimentară de lapte la această masă. Astfel nu se va trezi devreme din cauza foamei.

Răspunsuri la întrebările dumneavoastră

Î De câte ore de somn pe zi are nevoie copilul meu abia născut?

- În funcţie de greutate şi de faptul dacă s-au născut prematur sau nu, majoritatea bebeluşilor au nevoie de aproximativ 16 ore pe zi de somn, în reprize mai lungi sau mai scurte.

- Bebeluşii cu greutate mică şi cei născuţi prematur au tendinţa să doarmă mai mult, iar probabilitatea de a aţipi la intervale neregulate între mese este mai mare.

- Cei cu o greutate mai mare pot rămâne treji timp de aproximativ o oră după mese şi să doarmă o perioadă mai lungă de timp, de patru-cinci ore, cel puţin o dată în decursul a 24 de ore.

- La vârsta de o lună, majoritatea bebeluşilor care se hrănesc bine şi iau constant în greutate pot dormi între mese o perioadă mai lungă de timp, cuprinsă între cinci şi şase ore.

Î Cum mă asigur că perioada cea mai lungă de somn a bebeluşului va coincide întotdeauna cu orele nopţii, nu ale zilei?

- Respectaţi programele mele şi începeţi-vă ziua nu mai târziu de 7, astfel încât să aveţi suficient timp pentru toate mesele înainte de ora 23.

- Încercaţi să ţineţi copilul treaz cel puţin şase-opt ore, între 7 şi 19.

- Aveţi grijă ca bebeluşul să rămână treaz cât mai mult timp pe parcursul celor două ore de activitate socială. Odată ce va rămâne treaz timp de opt ore în total, în intervalul 7–19, va creşte probabilitatea ca el să doarmă mai mult noaptea.

- Întotdeauna trataţi diferit perioada de somn faţă de cea de veghe. În primele câteva săptămâni, aveţi grijă ca zona în care doarme bebeluşul să fie cât mai liniştită cu putinţă.

- Nu suprastimulaţi copilul vorbind mult sau stabilind frecvent un contact vizual pe durata meselor dintre 19 şi 7.

Î Mă străduiesc să-ţi urmez programele, dar copilul meu în vârstă de 4 săptămâni poate sta treaz cel mult o oră după mese. Ar trebui să-l fac să rămână treaz mai mult timp?

- Dacă bebeluşul se hrăneşte bine şi ia constant în greutate, odihnindu-se bine între mesele din timpul nopţii, şi este vioi pe durata unora dintre perioadele de veghe din timpul zilei, atunci înseamnă că este pur şi simplu unul dintre acei bebeluşi care au nevoie să doarmă mai mult decât alţii.

- Dacă se trezeşte mai des de două ori în timpul nopţii sau rămâne treaz mai mult de o oră, deşi se hrăneşte bine la orele târzii ale serii, încercaţi să-l stimulaţi puţin mai mult în timpul zilei.

- Cu toate că masa de lapte de la orele târzii ale serii ar trebui să se desfăşoare întotdeauna în linişte, un bebeluş mai mic de 3 luni trebuie să rămână treaz cel puţin 45 de minute în timpul acesteia. Dacă este somnoros în timpul mesei, atunci mai mult ca sigur se va trezi pe la orele 2/3.

- Dacă organizaţi orele de masă şi de somn ale bebeluşului conform programelor mele din intervalul 7–23, atunci, în momentul în care copilul va începe să doarmă mai puţin, o va face la orele potrivite.

Î Metoda ta pare foarte restrictivă. Dacă ies din casă cu bebeluşul meu în vârstă de 4 săptămâni în timpul perioadei de veghe, adoarme imediat în cărucior, ceea ce înseamnă că va dormi prea mult.

- Indiferent dacă bebeluşul este crescut după metoda mea sau nu, viaţa dumneavoastră este restrictivă oricum în primele 2 luni, din cauza perioadelor de timp pe care le petreceţi alăptând.

- La vârsta de 2 luni, majoritatea bebeluşilor pot rezista intervale mai lungi de timp între mese şi sug mai repede. Astfel, devine mai uşor să ieşiţi împreună din casă.

- Dacă în primele 2 luni veţi organiza ieşirile în funcţie de programul de somn al bebeluşului, atunci când va împlini 8 săptămâni va putea rămâne treaz mai mult timp când îl scoateţi la plimbare cu maşina sau în cărucior.

Î Copilul meu în vârstă de 4 săptămâni a început brusc să se trezească la ora 21. Dacă îl hrănesc la această oră, se trezeşte de două ori în timpul nopţii, la 1 şi la ora 5. Am încercat să-l încurajez să rămână treaz până la 22.30, dar ajunge să fie atât de obosit, încât nu mai mănâncă aşa cum trebuie, ceea ce îl face să se trezească în continuare în timpul nopţii.

- În jurul vârstei de o lună, faza somnului superficial şi cea a somnului profund încep să se contureze mai clar. Am observat că mulţi copii intră în faza somnului superficial în jurul orei 21, aşa că aveţi grijă ca zona în care doarme bebeluşul să fie cât mai liniştită cu putinţă.

- Este posibil ca bebeluşii alăptaţi să aibă nevoie de o porţie suplimentară de lapte după masa de la ora 18.

- Dacă sunteţi nevoită să-l hrăniţi la 21, încercaţi să-l faceţi să adoarmă la loc alăptându-l la un sân sau hrănindu-l cu 60 ml de lapte din biberon şi apoi mutaţi masa de la ora 22.30 la ora 23.30. Să sperăm că va mânca atunci o porţie întreagă de lapte, ceea ce îl va ajuta să doarmă până la 3.30.

- Ca alternativă, puteţi încerca hrănirea în două reprize. Hrăniţi copilul la 21.30 şi apoi ţineţi-l treaz până când îl hrăniţi din nou, la ora 22.30.

Î Sunt întotdeauna nevoită să-mi trezesc copilul în vârstă de 10 săptămâni pentru a-l hrăni la orele târzii ale serii, când mănâncă numai 90–120 ml şi apoi se trezeşte din nou la 4. Aş putea să renunţ pur şi simplu la masa de lapte de la orele târzii ale serii şi să văd dacă rezistă până la 4 dimineaţa?

- Nu v-aş recomanda să renunţaţi încă la această masă, deoarece copilul s-ar putea trezi la 1 şi apoi la ora 5, ceea ce practic înseamnă două treziri în timpul nopţii. Am considerat întotdeauna că este mai bine ca bebeluşul să doarmă toată noaptea până la 7 şi să înceapă să mănânce alimente solide înainte de a renunţa la masa de lapte de la orele târzii ale serii. De obicei, acest lucru se întâmplă în jurul vârstei de 6 luni.

- Aveţi grijă ca bebeluşul să fie învelit corespunzător; adeseori, este suficient să se dezvelească şi să se răsucească de pe-o parte pe alta în faza somnului superficial pentru a se trezi de-a binelea. (Vezi recomandările de la pagina 23 referitoare la învelirea corectă a bebeluşilor.) Dacă nu se dezveleşte, atunci vă recomand să aşteptaţi cinci-zece minute înainte de a merge la el şi apoi să încercaţi să-l faceţi să adoarmă la loc dându-i puţină apă. Dacă acceptă apa, atunci va compensa masa pierdută din timpul zilei, iar la vârsta lui, creşterea raţiei zilnice de lapte are drept urmare faptul că nu mai are nevoie să mănânce în timpul nopţii. Dacă nu adoarme după ce bea apa, vă recomand să-l faceţi să adoarmă la loc hrănindu-l cu o porţie întreagă de lapte şi să încercaţi din nou să-i oferiţi apă în loc de lapte la această masă, peste câteva săptămâni.

- Pentru a încuraja bebeluşul să mănânce mai consistent la orele târzii ale serii şi să doarmă mai mult în timpul nopţii, poate fi o idee bună să-l hrăniţi în două reprize la orele târzii ale serii. Pentru acest lucru să dea rezultate, ar trebui să începeţi să-l treziţi pe la 21.45, astfel încât să se trezească şi să înceapă să mănânce până în ora 22. Daţi-i să sugă atât cât doreşte şi apoi lăsaţi-l să-şi mişte picioruşele pe salteaua de joacă aşezată pe jos. La ora 23, ar trebui să-l duceţi în dormitor pentru a-i schimba scutecul şi să-l hrăniţi din nou. Dacă îi daţi formule de lapte, vă recomand să pregătiţi un alt biberon pentru a doua masă.

5

Programele „Bebeluşul fericit"

Orele de masă şi de somn se modifică de zece ori pe parcursul primului an în care urmaţi programele „Bebeluşul fericit", pentru a putea satisface corespunzător nevoile individuale ale fiecărui copil. Este foarte important să citiţi cu atenţie recomandările şi informaţiile din capitolele despre alimentaţie şi somn înainte de a încerca să urmaţi programele. Aceste capitole vă ajută să înţelegeţi cum să folosiţi cât mai bine programele, astfel încât copilul dumneavoastră să fie fericit, mulţumit, să doarmă şi să se hrănească bine.

După naştere, respectaţi recomandările oferite pentru îngrijirea nou-născuţilor, până când copilul îşi recapătă greutatea de la naştere şi se hrăneşte la intervale mai mari de timp. După ceea, puteţi începe primul program. Treptat, pe măsură ce bebeluşul dă semne că se poate hrăni la intervale mai mari de timp şi poate rămâne treaz o perioadă mai lungă, puteţi trece la următorul program. Nu vă îngrijoraţi dacă micuţul nu face faţă programului recomandat pentru vârsta lui. Respectaţi programul în care îi merge bine şi continuaţi să urmăriţi semnele care vă arată că este mulţumit, mănâncă la intervale mai mari de timp şi rămâne treaz o perioadă mai lungă, înainte de a trece la programul următor.

Dacă începeţi programele cu un bebeluş de vârstă mai mare, care şi-a creat obişnuinţa de a fi hrănit şi de a dormi la cerere, analizaţi programele şi alegeţi-l pe cel care seamănă cel mai mult cu cel pe care bebeluşul şi l-a creat deja. Urmaţi programul respectiv o scurtă perioadă şi apoi, după ce micuţul se hrăneşte şi doarme la orele recomandate, puteţi trece la următorul, parcurgând treptat diversele programe până când ajungeţi la cel potrivit pentru vârsta lui.

Alimentaţia

Bebeluşii de vârstă foarte mică îşi petrec mare parte din perioada de veghe hrănindu-se. Pentru a evita hrănirea în exces în timpul nopţii, este important să alcătuiţi şi să urmaţi un program de masă corespunzător în timpul zilei. După cum am explicat, pentru a vi se stabiliza lactaţia, consider că este necesar ca bebeluşul să fie alăptat puţin şi des după naştere. Reuşita programelor „Bebeluşul fericit" este condiţionată de trezirea copilului pentru a fi hrănit şi de necesitatea de a nu-l lăsa să aştepte intervale lungi între mese. Vă recomand ca în primele zile să vă stabiliţi un program de alăptare din trei în trei ore. Perioada de trei ore se calculează de la începutul unei alăptări până la începutul alăptării următoare. Dacă bebeluşul cere să fie hrănit înaintea orei recomandate, desigur că am susţinut întotdeauna ca el să fie hrănit. Însă, dacă acest lucru continuă multă vreme după instalarea lactaţiei, este important să aflaţi motivele pentru care copilul nu face faţă unor intervale mai lungi de timp între mese.

Vă sfătuiesc să măriţi intervalele de timp dintre mese numai după ce bebeluşul şi-a recăpătat greutatea de la naştere şi continuă să ia constant în greutate (vezi pagina 174), şi asta numai dacă poate rezista mai mult timp între mese. Organizând de la început programul de masă al bebeluşului, n-ar trebui să se ajungă în situaţia în care să fie nevoit să plângă pentru a vă da de ştire că-i este foame, întrucât dumneavoastră îi veţi anticipa deja nevoile alimentare.

Încă de la început, este important să trataţi în mod diferit orele de masă, orele de somn şi cele de activităţi sociale. Dacă vorbiţi prea mult sau suprastimulaţi bebeluşul în timp ce-l hrăniţi, ar putea să-şi piardă pofta de mâncare după ce a supt numai câteva zeci de mililitri de lapte, după care este posibil să nu adoarmă uşor, ceea ce vă determină să-l hrăniţi pentru a-l adormi, lucru care, pe termen lung, poate duce la apariţia tulburărilor de somn. De asemenea, evitaţi să vorbiţi mult la telefon în timp ce-i daţi să sugă.

În primele zile, este important să vă concentraţi asupra modului în care aşezaţi bebeluşul la sân, pentru a vă asigura că se hrăneşte bine. Vă rog să cereţi ajutorul unei persoane cu experienţă în domeniul alăptării, pentru a vă asigura că aşezaţi bebeluşul în poziţia corectă. Dacă hrăniţi copilul în timp ce staţi într-un balansoar, nu vă lăsaţi ispitite să-l legănaţi, căci va crede că a sosit ora de culcare şi, dacă este somnoros în timpul mesei, nu va mânca prea bine şi va avea nevoie să fie hrănit din nou la scurt timp. De asemenea, bebeluşii care sunt somnoroşi în timpul mesei sunt adeseori mai predispuşi să regurgiteze o parte din lapte.

Scopul programelor de masă „Bebeluşul fericit" este de a vă ajuta să organizaţi orele de masă şi pe cele de somn din timpul zilei, atunci când va fi pregătit pentru creşterea porţiilor de lapte. Acest lucru înseamnă că, îndată ce bebeluşul va deveni apt din punct de vedere fizic şi psihic, cea mai lungă perioadă de somn va coincide cu orele nopţii, nu ale zilei.

Somnul

Este esenţial pentru dezvoltarea psihică şi fizică a bebeluşului ca el să doarmă suficient; dacă nu va dormi atât cât trebuie, va deveni irascibil, agitat şi imposibil de liniştit. Un copil care este permanent obosit nu se va hrăni suficient şi, în consecinţă, nu va dormi aşa cum trebuie. După cum am precizat deja, unul dintre cele mai importante aspecte pe care este bine să nu le uitaţi în primele zile este acela că bebeluşii de vârstă foarte mică pot rămâne treji până la două ore înainte de a începe să obosească. Dacă micuţul dumneavoastră va rămâne treaz mai mult de două ore, ar putea ajunge atât de obosit încât va avea nevoie să doarmă mult mai mult timp la următoarea repriză de somn. Acest lucru va crea un efect de domino, modificându-i restul programului şi ducând la un somn nesatisfăcător în timpul serii şi al nopţii. De aceea, este esenţial să organizaţi corespunzător perioada celor două ore de veghe, pentru ca orele de masă şi de somn să poată fi respectate. În primele zile, unii copii pot rămâne treji doar o oră după masă; acesta este un lucru cât se poate de normal în cazul celor care au nevoie de mai mult somn decât alţii.

Pentru a afla dacă bebeluşul dumneavoastră are nevoie sau nu de mai mult somn, observaţi felul în care doarme noaptea. Dacă poate rămâne treaz doar câte o oră în timpul zilei, dar adoarme uşor seara, iar în timpul nopţii se hrăneşte puţin şi adoarme repede la loc, atunci este unul dintre acei bebeluşi care au nevoie de mai mult somn. Va reuşi, în cele din urmă, să rămână treaz perioade mai lungi de timp, dacă îi veţi permite. Puteţi face asta încercând, ori de câte ori este posibil, să-l culcaţi într-o cameră liniştită ziua, iar în perioadele de veghe să-l duceţi într-o ambianţă luminoasă, mai însufleţită şi mai zgomotoasă. Creaţi un contrast între perioadele de somn din timpul zilei şi cele de activitate socială, pentru a-l ajuta să înveţe când a sosit ora de culcare şi când este vremea să se joace.

Dacă bebeluşul poate rămâne treaz numai câte o oră în timpul zilei, dar mai multe ore în timpul nopţii, atunci este posibil să confunde noaptea cu ziua şi este o idee bună să-l încurajaţi să rămână treaz o perioadă mai lungă în timpul zilei. Bebeluşii învaţă prin asociere. Este foarte important ca micuţul să înveţe încă din prima zi care sunt stimulii corecţi cu care să asocieze adormirea şi să înţeleagă diferenţa dintre orele de masă, orele de joacă, cele în care îl alintaţi şi cele de somn.

De asemenea, veţi observa că există anumite perioade din zi când rămâne cu uşurinţă treaz timp de două ore şi alte perioade în care oboseşte după o oră. Acest lucru este cât se poate de normal în primele zile, iată de ce am afirmat că bebeluşii pot rămâne treji *până la* două ore – nu că *trebuie* să rămână treji timp de două ore.

Alături de programe, următoarele recomandări vă vor ajuta copilul să dobândească deprinderi sănătoase de somn:

- Încercaţi să-l ţineţi treaz scurte perioade după mesele din timpul zilei.
- Nu-l lăsaţi să doarmă prea mult spre sfârşitul după-amiezii.
- Nu-l hrăniţi după ora 15.15, pentru că nu-i va mai fi foame la masa următoare.
- Respectaţi acelaşi program seară de seară; nu lăsaţi musafirii să stea în preajma copilului atunci când el ar trebui să se liniştească înainte de culcare.
- Nu-l lăsaţi să devină epuizat; alocaţi cel puţin o oră pentru baie, masă şi perioada de linişte.
- Nu-l suprastimulaţi şi nu vă jucaţi cu el după baie.
- Nu-l legănaţi în braţe până adoarme; aşezaţi-l în pătuţ înainte de a adormi profund.
- Dacă folosiţi o suzetă pentru a-l linişti, luaţi-o înainte de a-l aşeza în pătuţ.
- Dacă adoarme în timp ce este alăptat sau hrănit cu biberonul, treziţi-l puţin înainte de a-l aşeza în pătuţ.

Orele de joacă

Toţi copiii adoră să fie îmbrăţişaţi, să li se vorbească şi să li se cânte. De asemenea, cercetările au demonstrat că până şi bebeluşilor de vârstă foarte mică le place să se uite la cărţi cu imagini simple şi la jucării interesante. Pentru ca bebeluşul să se poată bucura de toate acestea, este important să le faceţi la momentul potrivit. De obicei, momentul cel mai potrivit este la aproximativ o oră după ce s-a trezit şi a fost hrănit. N-ar trebui să vă jucaţi cu el sau să-l suprastimulaţi cu 20 minute înaintea reprizelor de somn. Încercaţi să vă închipuiţi cum v-aţi simţi dumneavoastră, dacă aţi fi pe cale să adormiţi şi ar intra în cameră cineva care ar vrea să râdă şi să se distreze împreună cu dumneavoastră. Mă îndoiesc că v-ar încânta ideea, aşadar încercaţi să respectaţi faptul că şi copilul are nevoie de o perioadă de linişte înainte de a adormi.

Fiţi deosebit de atentă cu ce jucării îl obişnuiţi pe cel mic în timp ce stă în pătuţ. Mi se pare foarte util să împart jucăriile şi cărţile în două categorii: cele care îl ajută să se trezească şi cele care îl ajută să se liniştească. Saltelele de joacă viu colorate cu jucării suspendate, caruselul muzical pentru pătuţ, precum şi cărţile din material textil imprimate cu imagini alb-negru, care pot fi prinse de pătuţ, sunt foarte recomandate pentru a menţine interesul bebeluşilor de vârste mici pentru scurte perioade de timp pe durata orelor de activitate socială. La fel de utile sunt cărţile poştale ilustrate şi posterele care înfăţişează un singur obiect sau chip. Folosiţi jucăriile enumerate mai sus doar în timpul orelor de activitate, iar pentru perioadele de liniştire folosiţi două sau trei jucării diferite de acestea, care să-l stimuleze mai puţin.

Capacitatea de atenţie a bebeluşilor este foarte scăzută; adeseori, dacă-i vorbiţi şi îl luaţi în braţe permanent pe durata perioadei de activitate socială, îl puteţi suprastimula. Este important să ţineţi cont de indiciile transmise de copil referitor la gradul de stimulare căruia îi poate face faţă. Încă de la o vârstă foarte fragedă, bebeluşii trebuie încurajaţi să-şi găsească o preocupare pentru scurte perioade de timp, precum şi să aibă libertate de mişcare. Este mult mai probabil să se întâmple aceste lucruri, dacă bebeluşului i se va permite să stea întins pe salteaua de joacă sau sub caruselul muzical pentru pătuţ, deoarece în acest fel va putea să dea din picioruşe şi să facă mişcare mai mult decât atunci când este ţinut în braţe.

Îmbrăţişările

Copiii au nevoie de multe îmbrăţişări, dar ar trebui să faceţi întotdeauna acest lucru atunci când au ei nevoie, nu când aveţi dumneavoastră nevoie. Bebeluşul are nevoie de energie pentru a creşte, aşadar este important să nu-l luaţi în braţe prea des, pentru că-l puteţi epuiza. Chiar dacă toţi bebeluşii au nevoie să fie îngrijiţi, aceasta nu înseamnă că pot fi trataţi ca nişte jucării. Îmbrăţişaţi-vă copilul într-un anumit fel în timpul orelor de joacă şi în alt fel atunci când îl liniştiţi înainte de culcare. Îmbrăţişările dinainte de culcare ar trebui să aibă în vedere apropierea fizică. Este important ca bebeluşul să nu fie adormit cu ajutorul îmbrăţişărilor în timp ce mănâncă. La o oră după ce s-a trezit şi s-a hrănit, ar trebui să-i facă plăcere să petreacă puţin timp distrându-se; dacă-l îmbrăţişaţi întruna în timpul orelor de joacă, va scădea probabilitatea de a reacţiona la îmbrăţişările care-l ajută de obicei să adoarmă la orele recomandate. Atunci când îl îmbrăţişaţi în timpul perioadelor de liniştire dinaintea culcării, nu vorbiţi şi evitaţi contactul vizual, întrucât aceste lucruri îl pot suprastimula şi-l pot face să nu mai adoarmă. Mai bine bucuraţi-vă pur şi simplu de legătura şi de apropierea dătătoare de linişte dintre dumneavoastră şi el.

Cum să-i organizaţi programul meselor de lapte pe durata primului an de viaţă

Pe parcursul primelor câteva săptămâni, indiferent dacă bebeluşii sunt alăptaţi sau hrăniţi cu formule de lapte, foarte puţini pot face faţă unui program rigid de hrănire din patru în patru ore, iar scopul programelor de masă „Bebeluşul fericit” este tocmai de a garanta că pot fi satisfăcute nevoile individuale ale tuturor copiilor. Iată de ce recomand ca bebeluşii să fie hrăniţi din trei în trei ore în primele zile şi să nu fie lăsaţi să aştepte intervale mai mari între mese până nu şi-au recăpătat greutatea de la naştere şi nu iau constant în greutate (vezi pagina 174). La vârsta de 2 săptămâni, dacă bebeluşul şi-a recăpătat greutatea de la naştere şi cântăreşte peste 3,2 kg, ar trebui să reziste trei-patru ore între anumite mese, cu condiţia să fie hrănit cu o porţie întreagă de lapte la orele indicate în program. Organizând programul de masă al bebeluşului în primele zile, veţi avea mai multe perioade în care să-l hrăniţi din trei în trei ore şi câteva perioade în care să-l hrăniţi din patru în patru ore. Dacă organizaţi programul meselor de lapte conform recomandărilor mele, intervalele de patru ore dintre mese ar trebui să fie întotdeauna între 10 şi 14 şi între 19 şi 7. Acest lucru înseamnă că un sugar care s-a hrănit la 18 ar trebui să reziste până la 22, apoi să mănânce din nou pe la 2/3 şi să reziste până în intervalul orar 5/6–7.

Nu uitaţi că intervalul de trei ore dintre mese se calculează de la începutul unei mese până la începutul mesei următoare; aşadar, un copil care mănâncă la 7 va trebui să înceapă masa următoare la 10. Cu toate acestea, dacă sunteţi de părere că bebeluşului îi este cu adevărat foame mai devreme de ora programată, atunci, după cum am precizat, trebuie să-l hrăniţi, însă este de asemenea recomandabil să investigaţi adevărata problemă – de ce nu se hrăneşte cu porţii întregi de lapte la orele de masă indicate în program. Dacă alăptaţi, atunci poate are nevoie să fie lăsat mai mult timp la al doilea sân; dacă îl hrăniţi cu biberonul, este posibil să aibă nevoie de o cantitate suplimentară de 30 ml de lapte la unele mese.

Între 2 şi 4 săptămâni, majoritatea bebeluşilor care iau constant în greutate (vezi pagina 165) pot rezista ceva mai mult timp după o anumită masă – de obicei, este vorba despre un interval cuprins între patru ore şi jumătate şi cinci ore. Dacă veţi organiza programul de masă al bebeluşului, el va rezista patru-cinci ore atunci când trebuie, adică între 23 şi 7.

Dacă bebeluşul a fost hrănit la cerere, iar acum încercaţi să-l obişnuiţi cu un program, vă recomand să analizaţi primele programe şi să-l alegeţi pe cel care pare a semăna cel mai mult cu programul de hrănire pe care şi l-a creat deja. De exemplu, un bebeluş în vârstă de 9 săptămâni poate începe să urmeze programul pentru săptămânile 2–4. După ce se adaptează la acesta, ar trebui să puteţi parcurge următoarele două programe în decursul a şapte-zece zile. Atunci când împlineşte 12 săptămâni, ar trebui să mănânce la orele indicate în programul potrivit pentru vârsta lui. În orice caz, cu toate că îi poate lua mai mult timp până să doarmă toată noaptea, ceea ce contează este că se hrăneşte o singură dată în timpul nopţii şi că începe treptat să doarmă tot mai mult după ultima masă de lapte a zilei, de-a lungul unei perioade de câteva săptămâni. Odată ce bebeluşul începe să doarmă mai mult în timpul nopţii, este important să urmăriţi îndeaproape felul în care îi organizaţi programul de masă, căci lucrurile o pot lua uşor într-o direcţie greşită, îndeosebi dacă aţi fost *prea* rigide. Nu uitaţi că principala caracteristică a programelor de masă „Bebeluşul fericit" este faptul că sunt flexibile şi că niciun sugar n-ar trebui forţat să aştepte între mese mai mult decât este capabil din punct de vedere fizic s-o facă.

Mai jos puteţi vedea un fragment din jurnalul unei mame, al cărei bebeluş de 5 săptămâni este hrănit la intervale de aproximativ patru ore. Acest fragment demonstrează cât de repede o pot lua lucrurile într-o direcţie greşită, atunci când este respectat un program rigid de masă din patru în patru ore.

M	Ora 3	Ora 7	Ora 11	Ora 15	Ora 19	Ora 23
M	Ora 3	Ora 7	Ora 11	Ora 15	Ora 19	Ora 23
J	Ora 4	Ora 8	Ora 12	Ora 16	Ora 20	Ora 24
V	Ora 5	Ora 9	Ora 13	Ora 17	Ora 21	Ora 23
S	Ora 2	Ora 6	Ora 10	Ora 14	Ora 18	Ora 22
D	Ora 2	Ora 6	Ora 10	Ora 14	Ora 18	Ora 22

Conştientă că programul de masă nu funcţionează cum trebuie, mama a încercat să revină pe drumul cel bun vineri noaptea, trezindu-şi copilul la ora 23. Acest lucru nu a dat rezultate, pentru că bebeluşul se hrănise cu o porţie întreagă de lapte la ora 21 şi nu-i era foame. Consecinţa a fost că a mâncat atât de prost încât s-a trezit la ora 2 având nevoie de o porţie întreagă, ceea ce a dus la reluarea programului greşit de masă din timpul nopţii. Chiar dacă mama ar fi reuşit să-l sature cu o porţie mai mică de lapte la ora 21, era improbabil ca el să mănânce mai bine la ora 23. Copilul dormise doar o oră, aşa că ar fi fost foarte greu să fie ţinut treaz suficient de mult pentru a se hrăni cum trebuie.

După cum am precizat, cea mai uşoară metodă prin care puteţi face copilul să respecte programul este să-l treziţi la ora 7. Odată ce reuşeşte să doarmă până la ora 5 sau 6, ar trebui să primească o porţie suplimentară de lapte la ora 7 sau 7.30. Prin această metodă veţi reuşi nu numai să nu-i perturbaţi restul programului de masă, ci şi să vă asiguraţi că nu-i va fi dat peste cap programul de somn şi că va fi pregătit să se culce la ora 19.

De asemenea, următoarele recomandări vă oferă garanţia că bebeluşul va dormi toată noaptea de îndată ce va fi apt din punct de vedere fizic să facă acest lucru şi îl vor ajuta să fie pregătit pentru introducerea hranei solide în alimentaţie şi pentru micşorarea, în cele din urmă, a porţiilor de lapte.

Cum trebuie înţeles programul de masă

Masa de la ora 6/7

- În funcţie de ora la care s-a hrănit în timpul nopţii, probabil că bebeluşul se va trezi între orele 6 şi 7, dar ar trebui oricum trezit întotdeauna la ora 7. Nu uitaţi că una dintre principalele modalităţi prin care faceţi copilul să doarmă toată noaptea este să vă asiguraţi că, îndată ce se poate hrăni cu porţii mai mari, îşi ia raţia zilnică de lapte între orele 7 şi 23.

- Indiferent dacă este alăptat sau hrănit cu biberonul, singura modalitate prin care puteţi face copilul să respecte programul este să începeţi ziua la ora 7.

Odată ce doarme toată noaptea, copilul ar trebui să fie cel mai flămând la această oră.

- Pe durata perioadelor de creştere, bebeluşii alăptaţi trebuie lăsaţi mai mult timp la sân pentru a vă asigura că le sunt satisfăcute nevoile alimentare crescute. Dacă extrageţi lapte, atunci puteţi reduce cu 30 ml cantitatea pentru a vă asigura că nevoile sale sunt imediat satisfăcute. Dacă nu, atunci puteţi să respectaţi în continuare orele de masă din programul adecvat vârstei bebeluşului, dar va trebui să-l alăptaţi cu o porţie suplimentară înaintea reprizelor de somn. Dacă veţi face acest lucru timp de aproximativ o săptămână, atunci ar trebui ca lactaţia să fie stimulată. Semnele care vă arată că lactaţia a fost stimulată sunt următoarele: bebeluşul se odihneşte bine în timpul reprizelor de somn şi nu prea îi este foame la masa următoare. Odată ce se întâmplă acest lucru, puteţi micşora treptat perioada în care îl hrăniţi suplimentar, până când reveniţi la programul de alăptare iniţial. Un bebeluş hrănit cu formule de lapte ar trebui să primească porţii de lapte mai mari cu 30 ml, atunci când se hrăneşte în mod regulat cu tot laptele din biberon.

La 7 luni

- Dacă bebeluşul mănâncă un mic dejun complet, alcătuit din cereale, fructe şi, poate, bucăţele de pâine prăjită, ar trebui să micşoraţi cantitatea de lapte cu care-l hrăniţi la sân sau din biberon. Încercaţi să-i daţi o parte din lapte amestecat cu cereale şi întotdeauna să-l încurajaţi să bea cel puţin 150–180 ml de lapte înainte de a primi alimentele solide.

- Dacă alăptaţi, reduceţi treptat perioada în care-l alăptaţi la primul sân, apoi hrăniţi-l cu alimentele solide şi, la sfârşit, alăptaţi-l încă puţin la al doilea sân. Aveţi foarte mare grijă să nu-l lăsaţi să mănânce atât de multe alimente solide încât să sugă prea puţin la sân.

- Bebeluşul încă are nevoie de minimum 600 ml de lapte pe zi, cu tot cu cel folosit la gătit sau amestecat cu cereale, cantitate fracţionată în trei-patru mese de lapte.

La 10 luni

- Dacă bebeluşul este hrănit cu formule de lapte, încurajaţi-l să bea tot laptele dintr-o cană pentru bebeluşi. Asiguraţi-vă că-l hrăniţi cu lapte la începutul mesei. Dacă a băut 150–180 ml de lapte, daţi-i cereale. După aceea, hrăniţi-l cu restul de lapte.

- Este important ca el să bea cel puţin 180–240 ml de lapte, o parte din cană, cealaltă parte cu cerealele pentru micul dejun.

- Dacă încă alăptaţi, mai întâi hrăniţi-l la sân, apoi cu alimentele solide şi după aceea alăptaţi-l din nou.

- Bebeluşul are nevoie de minimum 500 ml de lapte pe zi, inclusiv laptele folosit pentru gătit sau cel amestecat cu cereale, această cantitate fiind fracţionată în două-trei mese de lapte.

Masa de la ora 10/11

- Pe parcursul primelor câteva săptămâni, majoritatea bebeluşilor care obişnuiau să mănânce între orele 6 şi 7 se trezesc şi cer să fie hrăniţi în jurul orei 10. Chiar dacă acest lucru nu se întâmplă în cazul copilului dumneavoastră, este important să-l treziţi la această oră. Nu uitaţi că scopul este de a vă asigura că bebeluşul se hrăneşte regulat în timpul zilei, astfel încât să aibă nevoie să se trezească o singură dată între orele 23 şi 6/7 pentru a mânca.

- În primele zile, mulţi bebeluşi au tendinţa să doarmă patru-cinci ore între mesele din timpul zilei. Indiferent dacă micuţul este alăptat sau hrănit cu biberonul, în foarte scurt timp el va ajunge să se hrănească de mai multe ori în timpul nopţii, pentru că încearcă să-şi satisfacă nevoile nutriţionale zilnice. De asemenea, acest lucru expune bebeluşul la riscul de a se deshidrata.

- Prea puţine alăptări în cursul zilei în primele săptămâni nu ajută la stabilizarea lactaţiei în cazul mamelor care alăptează, iar faptul că alăptează de mai multe ori pe noapte ajunge în scurt timp să le obosească atât de tare încât lactaţia le scade şi mai mult.

- În jurul vârstei de 6 săptămâni, bebeluşul poate rezista mai mult după masa de la ora 7, iar cea de la ora 10 poate fi mutată treptat la 10.30. Cu toate acestea, probabil că un copil care se hrăneşte la ora 5 sau 6 şi care primeşte o porţie suplimentară de lapte la ora 7.30 are totuşi nevoie să mănânce la ora 10, lucru valabil şi în cazul celor care se hrănesc cu o porţie prea mică la 7.

- Îndată ce bebeluşul doarme toată noaptea sau se hrăneşte numai cu o porţie mică în timpul nopţii, ar trebui să primească masa cea mai consistentă a zilei la ora 6.45/7. Dacă se hrăneşte bine, n-ar trebui să mai vrea să mănânce mai devreme de ora 11. Cu toate acestea, dacă-l hrăniţi înainte de a-i fi cu adevărat foame, atunci poate să nu mănânce bine şi, în consecinţă, poate dormi prost în timpul reprizei de somn de la prânz. Acest lucru va produce un efect de domino, astfel încât fiecare masă şi repriză de somn de după aceea vor trebui devansate, ceea ce poate avea drept consecinţă faptul că bebeluşul se va trezi a doua zi dimineaţa la ora 6 sau chiar mai devreme.

- Porţia de lapte de la masa dintre orele 10 şi 11 este următoarea care ar trebui mărită pe durata perioadelor de creştere.

Între 6 şi 7 luni

- Atunci când copilul ia micul dejun, puteţi să-i daţi mai târziu masa de lapte de la ora 10/11, ajungând în cele din urmă să-l hrăniţi între 11.30 şi 12. Aceasta va fi ora la care-l veţi hrăni atunci când va primi trei mese de alimente solide pe zi, în apropierea acestei vârste, etapă în care masa de lapte va fi înlocuită cu o cantitate mică de suc foarte diluat sau de apă dintr-o cană pentru bebeluşi.

- Este important să folosiţi o metodă combinată de hrănire (lapte, alimente solide, lapte), astfel încât bebeluşul să bea o porţie de lapte tot mai mică şi să mănânce tot mai multe alimente solide.

- Unii copii refuză să bea o porţie mai mică de lapte la această masă. Dacă observaţi că bebeluşul dumneavoastră face parte din această categorie, atunci vă rog să consultaţi recomandările de la pagina 309, referitoare la modalităţile de rezolvare a acestei probleme.

La 7 luni

- Atunci când bebeluşul are o alimentaţie solidă adecvată şi echilibrată, ceea ce presupune să mănânce la prânz alimente care conţin proteine, este important ca această masă să fie înlocuită cu o cantitate mică de apă sau de suc foarte diluat. Laptele formulă consumat în timpul unei mese care conţine proteine poate reduce asimilarea fierului cu până la 50%.

- Hrăniţi bebeluşul cu aproape toată mâncarea solidă înainte de a-i da să bea lichide, pentru a-l împiedica să se sature doar cu acestea din urmă.

Masa de la ora 14.30

- Pe parcursul primelor câteva luni, micşoraţi porţia de lapte de la această oră, astfel încât bebeluşul să mănânce foarte consistent la ora 17, respectiv, 18.15; excepţie face situaţia în care micuţul nu se odihneşte bine la prânz şi are nevoie să fie hrănit mai devreme şi să primească o porţie suplimentară de lapte la ora 14.30. Dacă, dintr-un motiv sau altul, copilul nu mănâncă bine la ora 10 sau a fost hrănit mai devreme, măriţi în mod corespunzător porţia de la ora 14.30, astfel încât să-şi ia raţia zilnică de lapte.

- Dacă bebeluşul este foarte mâncăcios şi goleşte regulat biberonul la această masă, atunci puteţi să-l hrăniţi cu toată cantitatea de lapte din biberon, cu condiţia să nu mănânce mai puţin la masa următoare.

- În cazul bebeluşilor alăptaţi, măriţi perioada în care stau la sân, dacă nu reuşesc să reziste cu uşurinţă până la masa următoare.

La 8 luni

- Atunci când bebeluşul ia trei mese complete pe zi alcătuite din alimente solide, iar masa de lapte de la ora prânzului a fost înlocuită cu apă sau cu suc foarte diluat, probabil că va trebui să măriţi porţia de lapte de la ora 14.30, astfel încât să-şi ia raţia zilnică de lapte repartizată în trei mese.

- Cu toate acestea, dacă se hrăneşte mai puţin la ultima masă de lapte a zilei, atunci ar trebui să-l hrăniţi în continuare cu o porţie mai mică la ora 14.30 şi să-i completaţi raţia zilnică dându-i cereale cu lapte şi folosind lapte la gătit.

- Copilul are nevoie de 500–600 ml de lapte pe zi, inclusiv laptele folosit la gătit şi cel amestecat cu cereale.

Între 9 şi 12 luni

- În această etapă, bebeluşii hrăniţi cu biberonul ar trebui să primească lapte dintr-o cană pentru bebeluşi, ceea ce duce automat la scăderea cantităţii pe care o beau.

- Dacă nu se întâmplă acest lucru, iar copilul începe să-şi piardă pofta de mâncare la masa de lapte de dimineaţă sau la cea de seară, puteţi să micşoraţi porţia de lapte de la ora 14.30. Dacă bebeluşul primeşte 500–600 ml de lapte pe zi (inclusiv cel folosit la gătit şi cel amestecat cu cereale) şi are o alimentaţie solidă completă şi echilibrată, atunci puteţi renunţa definitiv la această masă de lapte.

- La vârsta de un an, copilul are nevoie de minimum 350 ml de lapte pe zi, inclusiv laptele folosit la gătit şi cel amestecat cu cereale.

Masa de la ora 18/19

- Este important ca bebeluşul să se hrănească întotdeauna consistent la această masă, dacă vreţi să doarmă bine între orele 19 şi 22.

- N-ar trebui să fie hrănit cu lapte după ora 15.15, pentru că ar putea să nu mai mănânce foarte consistent la această masă.

- În primele săptămâni, această masă este împărţită în două, prima parte la ora 17 şi cealaltă la 18.15, astfel încât bebeluşul să nu devină prea agitat în timpul băii. Puteţi renunţa la repriza de hrănire de la ora 17 după ce, timp de două săptămâni, bebeluşul doarme toată noaptea. Nu vă recomand să renunţaţi la hrănirea în două reprize înainte de a se întâmpla acest lucru, pentru că o masă mai substanţială la ora 18.15 ar putea să-l facă să mănânce şi mai puţin la ultima masă de lapte a zilei, având drept consecinţă o oră de trezire mai matinală. În cazul multor bebeluşi pe care i-am îngrijit, am continuat hrănirea în două reprize până la introducerea hranei solide în alimentaţie, pentru a mă asigura că primesc o cantitate suficientă de lapte în timpul zilei. Dacă renunţaţi la repriza de hrănire de la ora 17, iar copilul primeşte o porţie întreagă de lapte după baie, atunci s-ar putea să mănânce extrem de puţin la ultima masă a zilei, ceea înseamnă că se va trezi foarte devreme.

- Bebeluşii alăptaţi care nu adorm la ora 19 ar trebui să primească o porţie suplimentară de lapte extras. La această oră, lactaţia poate fi foarte scăzută.

Între 4 şi 5 luni

- Dacă bebeluşul a început să mănânce devreme alimente solide, ar trebui să primească aproape tot laptele înaintea hranei solide, deoarece laptele încă este cel mai important aliment pentru el.

- La această vârstă, majoritatea bebeluşilor se hrănesc de la ambii sâni sau cu un biberon întreg.

- Dacă bebeluşul mănâncă alimente solide, este foarte obosit la această oră şi nu-l puteţi face să mănânce toată porţia de lapte, dar nici alimentele solide pe care aţi fost sfătuită să i le daţi, modificaţi programul de masă. Încercaţi să-l hrăniţi cu două treimi din porţia de lapte în jurul orei 17.30 şi apoi cu alimentele solide, iar după aceea amânaţi-i baia până în jurul orei 18.25. După baie, poate primi restul de lapte. Dacă hrăniţi bebeluşul cu formule de lapte, atunci este recomandabil să pregătiţi pentru fiecare repriză câte un biberon, pentru a vă asigura că laptele este proaspăt.

- Un bebeluş alăptat care a împlinit 5 luni, a început diversificarea alimentară şi acum se trezeşte înaintea orei 22.30 poate să nu primească suficient lapte la masa de la ora 18/19. Încercaţi să-l alăptaţi la ambii sâni la ora 17.30 şi apoi să-l hrăniţi cu alimentele solide, faceţi-i baie la 18.15 şi apoi daţi-i o porţie suplimentară de lapte. Mai mult decât probabil, un copil care nu a început să mănânce alimente solide are nevoie să continue să fie hrănit în două reprize, la 17 şi 18.15, până când îi este introdusă hrana solidă în alimentaţie.

Între 6 şi 7 luni

- La această vârstă, majoritatea copiilor iau cina la ora 17 şi apoi se hrănesc cu lapte de la ambii sâni sau cu un biberon întreg. Îndată ce bebeluşul mănâncă regulat alimente solide şi a renunţat la masa de lapte de la orele târzii ale serii, puteţi constata că, dacă alăptaţi, va începe să se trezească mai devreme. Dacă se întâmplă acest lucru, vă recomand să-i daţi o porţie suplimentară de lapte pentru a vă asigura că adoarme uşor la ora 19 şi doarme neîntrerupt până dimineaţa.

Între 10 şi 12 luni

- Bebeluşii hrăniţi cu biberonul ar trebui să-şi bea tot laptele din cana pentru bebeluşi la vârsta de un an. Cei care continuă să bea din biberon după această vârstă sunt mai predispuşi la apariţia tulburărilor de alimentaţie, întrucât continuă să bea o cantitate mare de lapte, ceea ce le taie pofta de alimente solide.

- Încurajaţi bebeluşul să bea o parte din lapte dintr-o cană pentru bebeluşi la vârsta de 10 luni, astfel încât la un an să bea din cană tot laptele de la ultima masă a zilei.

Masa de la orele târzii ale serii

- Le recomand insistent părinţilor copiilor alăptaţi să înceapă să-i hrănească la această masă cu un biberon conţinând fie lapte matern, fie lapte formulă, nu mai târziu de săptămâna a doua. Procedând astfel, mama va putea împărţi responsabilitatea hrănirii bebeluşului cu tatăl sau cu altă persoană care o ajută să-l crească.

- De asemenea, acest lucru împiedică apariţia unei probleme frecvente – refuzul bebeluşului de a se hrăni din biberon într-o etapă ulterioară.

- Un bebeluş alăptat exclusiv, mai mic de 3 luni, care continuă să se trezească între orele 2 şi 3 şi nu dă semne că poate dormi o perioadă mai lungă în timpul nopţii poate să nu primească suficient lapte acum, deoarece lactaţia atinge cel mai scăzut nivel la această oră.

- Dacă alegeţi să hrăniţi bebeluşul cu o porţie suplimentară de lapte matern sau de lapte formulă în loc să înlocuiţi repriza de alăptare cu un biberon întreg, este esenţial să vă asiguraţi că micuţul a golit complet sânul înainte de a-l hrăni cu porţia suplimentară de lapte.

- Este mai uşor să vă daţi seama dacă bebeluşii hrăniţi cu formule de lapte se satură sau nu la această masă. Dacă veţi mări întotdeauna porţiile de lapte din timpul zilei pe durata perioadelor de creştere ale copilului, probabil că el nu va cere niciodată mai mult de 180 ml la această masă. Cu toate acestea, anumiţi bebeluşi care au cântărit peste 4,5 kg la naştere pot ajunge într-o etapă în care să aibă nevoie de mai mult de 180 ml, până când vor mânca regulat alimente solide.

- Pentru a calcula cantitatea de lapte formulă de care are nevoie copilul dumneavoastră pe zi citiţi pagina 93, apoi studiaţi exemplul de la pagina 94 pentru a învăţa cum să-i organizaţi programul meselor de lapte.

Între 3 şi 4 luni

- Dacă bebeluşul doarme toată noaptea, până la ora 7, de cel puţin 2 săptămâni, atunci puteţi devansa această masă cu câte zece minute o dată la trei zile, până când ajunge să doarmă de la ora 22 până la ora 6.45/7.

- Dacă micuţul este alăptat exclusiv şi încă se trezeşte în timpul nopţii, în ciuda faptului că este hrănit la orele târzii ale serii cu o porţie suplimentară de lapte, atunci ar fi o idee bună să discutaţi cu asistentul medical sau cu medicul despre înlocuirea ultimei reprize de alăptare cu formule de lapte. Majoritatea bebeluşilor hrăniţi cu formule de lapte au nevoie de 210–240 ml la fiecare masă, de patru-cinci ori pe zi.

- Dacă bebeluşul hrănit cu formule de lapte nu doarme toată noaptea la această vârstă, cauza poate fi faptul că are nevoie de mai mult lapte şi chiar dacă acest lucru îl va face să mănânce mai puţin la masa de dimineaţă, poate fi o idee bună să-i daţi 30–60 ml în plus.

- Unii copii refuză pur şi simplu să se hrănească la această masă la vârsta de 3–4 luni. Dacă bebeluşul dumneavoastră se hrăneşte consistent la sân de patru ori pe zi, iar medicul este mulţumit de sporul ponderal, atunci puteţi pur şi simplu să renunţaţi la ea. Însă, dacă observaţi că micuţul se trezeşte din nou mai devreme şi refuză să adoarmă la loc în decurs de aproximativ zece minute, va trebui să ştiţi că ar putea să-i fie foame şi să-i daţi să sugă. În acest caz, poate e bine să luaţi în considerare reintroducerea ultimei mese în program până când copilului îi va fi diversificată alimentaţia şi se va hrăni regulat cu alimente solide.

- Dacă bebeluşul se trezeşte de două ori în timpul nopţii (la ora 2 şi la ora 5) sau nu mai doarme după ora 5, puteţi încerca să-l treziţi la ora 21.45 pentru a-l hrăni. Asiguraţi-vă vă este complet treaz fie schimbându-i scutecul, fie lăsându-l să stea pe salteaua de joacă pentru a-şi mişca picioruşele. Aprindeţi toate luminile. Copilul ar trebui să mănânce până în ora 22. După aceea, încercaţi să-l faceţi să rămână treaz până la ora 23 schimbându-i scutecul sau jucându-vă cu el (dacă i-aţi schimbat scutecul la 21.45, atunci jucaţi-vă cu el la această oră şi invers). Daţi-i o porţie suplimentară de lapte chiar înainte de a se culca, la ora 23. Având grijă ca micuţul să rămână treaz mai mult timp la această masă şi hrănindu-l în două reprize, ar trebui să se trezească o singură dată în timpul nopţii. Odată ce face acest lucru în mod regulat şi doarme o perioadă mai lungă noaptea, puteţi să-i mutaţi masa din nou, la ora 22/22.15, încetul cu încetul, şi să-i daţi atunci toată porţia de lapte.

Între 4 şi 7 luni

- La această vârstă, majoritatea bebeluşilor ar trebui să doarmă toată noaptea, după ultima masă de lapte a zilei, cu condiţia să-şi ia raţia zilnică de lapte între orele 7 şi 23.

- Poate că un bebeluş care este alăptat exclusiv va reuşi să doarmă numai până pe la 5 până când îi va fi diversificată alimentaţia.

- Îndată ce alimentaţia bebeluşului a fost diversificată şi mănâncă regulat trei mese pe zi alcătuite din alimente solide, ar trebui să se hrănească mai puţin la ultima masă de lapte a zilei. Acest lucru va depinde de cantitatea de alimente solide pe care o va mânca atunci când va avea între 6 şi 7 luni. Dacă vi s-a recomandat să începeţi diversificarea înaintea vârstei de 6 luni, atunci puteţi renunţa destul de uşor la această masă după ce bebeluşul împlineşte 6 luni. Poate că un copil care n-a început să mănânce alimente solide înaintea vârstei recomandate, de 6 luni, va avea în continuare nevoie de această masă până când va împlini 7 luni. Până atunci ar trebui să puteţi reduce treptat porţia de lapte de la această masă şi apoi să renunţaţi definitiv la ea, cu condiţia ca micuţul să primească suficient lapte şi alimente solide în timpul zilei.

Masa de la ora 2/3

- Nou-născuţii au nevoie să se hrănească puţin şi des în prima săptămână, aşadar, atunci când se trezesc, trebuie să ştiţi că le este foame şi să-i hrăniţi.

- Un nou-născut n-ar trebui să fie lăsat să aştepte mai mult de trei ore între mesele din timpul zilei şi mai mult de patru ore între cele din timpul nopţii. Acest interval înseamnă trei ore de la începutul unei mese până la începutul mesei următoare.

- Odată ce bebeluşul şi-a recăpătat greutatea de la naştere, ar trebui să înceapă să se acomodeze cu programul pentru săptămânile 2–4. Micuţul ar trebui să reuşească să doarmă până în jurul orei 2, cu condiţia să se hrănească bine între orele 22 şi 23.

Între 4 şi 6 săptămâni

- Majoritatea bebeluşilor care iau corespunzător în greutate săptămână de săptămână (vezi pagina 174) pot rezista un interval mai mare de timp între mese pe parcursul nopţii numai dacă:

  a) Îşi iau raţia zilnică de lapte fracţionată în cele cinci mese dintre orele 7 şi 23;

  b) Nu dorm mai mult de patru ore şi jumătate în intervalul orar 7–19.

Între 6 şi 8 săptămâni

- Dacă bebeluşul ia corespunzător în greutate săptămână de săptămână, dar tot se trezeşte între orele 2 şi 3, în ciuda faptului că se hrăneşte consistent la orele târzii ale serii, atunci încercaţi să-l faceţi să adoarmă dându-i nişte apă fiartă şi răcită. Dacă nici aşa nu adoarme, atunci va trebui să-l hrăniţi, dar ar fi recomandabil să consultaţi capitolul 16, pentru a afla care sunt posibilele motive pentru care nu doarme mai mult în timpul nopţii.

- Dacă bebeluşul adoarme, probabil că se va trezi din nou în jurul orei 5, oră la care îl veţi putea hrăni cu o porţie întreagă de lapte, urmată de o porţie suplimentară la ora 7/7.30. Acest lucru îl va ajuta să nu-şi perturbe programul de masă şi de somn din restul zilei.

- Timp de o săptămână, bebeluşii dorm de obicei până în jurul orei 5, ajungând treptat să se trezească la 7. Pe parcursul acestei etape, în care primeşte o porţie mai mică de lapte, nu una întreagă la ora 7/7.30, poate că micuţul nu va reuşi să aştepte până la ora 10.45/11 pentru masa următoare. Îi puteţi da jumătate de porţie la ora 10, urmată de cealaltă jumătate între orele 10.45 şi 11 şi de o porţie suplimentară chiar înainte de somnul de la prânz, pentru a fi sigură că nu se trezeşte din somn.

Între 3 şi 4 luni

- La această vârstă, atât copiii alăptaţi, cât şi cei hrăniţi cu biberonul ar trebui să doarmă o unică perioadă de timp pe durata nopţii, cu condiţia să-şi ia raţia zilnică de lapte între orele 6/7 şi 22/23.

- Bebeluşul n-ar trebui să doarmă mai mult de trei ore în intervalul orar 7–19.

- Dacă bebeluşul continuă să se trezească înainte de 4/5, refuză să bea apă fiartă şi răcită şi nu vrea să adoarmă decât dacă este hrănit, atunci este bine să ţineţi un jurnal foarte detaliat în care să notaţi cu precizie orele de masă şi cantităţile consumate, precum şi orele reprizelor de somn din timpul zilei. Copilul care se hrăneşte puţin la masa de la ora 7 ar putea să se trezească din obişnuinţă, nu de foame.

- Unii bebeluşi alăptaţi pot avea cu adevărat nevoie să se mănânce în timpul nopţii, dacă nu se satură în timpul mesei de lapte de la orele târzii ale serii. Dacă nu procedaţi astfel, atunci merită să luaţi în considerare hrănirea copilului la orele târzii ale serii cu o porţie suplimentară de lapte matern sau/şi cu lapte formulă ori înlocuirea acestei reprizei de alăptare cu formule de lapte.

- Indiferent dacă alăptaţi sau hrăniţi bebeluşul cu biberonul, dacă sporul ponderal este bun, fiind convinsă că se trezeşte din obişnuinţă şi refuză să bea apă fiartă şi răcită, aşteptaţi 15–20 minute înainte de a merge la el. Unii bebeluşi vor plânge la intervale neregulate, arătându-şi astfel nemulţumirea, şi apoi vor adormi la loc.

- Un copil de această vârstă se poate trezi în timpul nopţii pentru că se dezveleşte. Înveliţi-l folosind două prosoape rulate aşezate între salteaua şi stinghiile pătuţului, pentru ca cearşaful să rămână întins.

Între 4 şi 5 luni

Dacă bebeluşul împlineşte 5 luni şi tot se trezeşte noaptea, probabil trebuie să continuaţi să respectaţi programul, acordând însă mai multă atenţie distribuirii în timp a meselor şi numărului de ore de somn din timpul zilei. Dacă sunteţi de părere că bebeluşul este pregătit pentru diversificarea alimentaţiei, atunci întrebaţi asistentul medical sau medicul de familie dacă ar trebui sau nu să înceapă diversificarea mai devreme decât vârsta recomandată, de 6 luni (consultaţi capitolul 15 pentru a afla mai multe detalii).

Tabelul meselor de lapte din primul an de viaţă

Vârsta	Orele de masă						
2–4 săpt.	2/3	6/7	10/10.30	14/14.30	17	18/18.30	22/23
4–6 săpt.	3/4	6/7	10.30/11	14/14.30	17	18/18.30	22/23
6–8 săpt.	4/5	7.30	10.45/11	14/14.30	18/18.30	22/23	
8–10 săpt.	5/6	7.30	11	14/14.30	18/18.30	22/23	
10–12 săpt.	7	11	14/14.30	18/18.30	22/23		
3–4 luni	7	11	14/14.30	18/18.30	22/22.30		
4–5 luni	7	11	14/4.30	18/18.30	22		
5–6 luni	7	11.30	14/14.30	18/18.30			
6–7 luni	7	14/14.30	18/18.30				
7–8 luni	7	14/14.30	18/18.30				
8–9 luni	7	14/14.30	18/18.30				
9–10 luni	7	17	18.30/19				
10–12 luni	7	17	18.30/19				

Cum să-i organizaţi bebeluşului programul de somn din timpul zilei pe durata primului an de viaţă

Principalul scop al programelor „Bebeluşul fericit" este acela de a garanta faptul că distribuirea în timp a meselor asigură respectarea necesităţilor zilnice de somn ale copilului. Un copil care nu se hrăneşte bine în timpul zilei nici nu va dormi bine; pentru a-i asigura bebeluşului un somn bun în timpul nopţii, este esenţial să-i organizaţi programul de somn din timpul zilei. Prea mult somn ziua poate duce la treziri în timpul nopţii, iar prea puţin îl poate face să fie extenuat şi irascibil, să-i fie greu să adoarmă singur şi să se culce doar atunci când este complet epuizat.

Atunci când urmaţi programele, este important să nu uitaţi că acestea reprezintă recomandări care să vă ajute să hotărâţi cât timp poate rămâne treaz bebeluşul înainte de a avea nevoie să tragă un pui de somn. Subliniez în cadrul programelor faptul că în primele zile majoritatea bebeluşilor pot rămâne treji fără probleme **până la**

două ore înainte de a avea nevoie somn. Nu afirm că bebeluşii *trebuie* să rămână treji întreaga perioadă de două ore, ci doar că este important ca ei să nu rămână treji mai mult de două ore, dacă vreţi să nu fie epuizaţi. Aşadar, dacă pe parcursul primelor zile observaţi că bebeluşul rămâne treaz numai o oră, o oră şi jumătate, nu trebuie să vă îngrijoraţi, deoarece este evident faptul că micuţul dumneavoastră are nevoie de mai mult somn decât alţii şi, pe măsură ce va creşte, va rămâne treaz mai multă vreme.

Desigur, dacă aveţi un copil care rămâne treaz numai câte o oră în timpul zilei, în vreme ce noaptea e treaz mai multe ore, atunci discutăm despre cu totul altceva şi va trebui să faceţi şi mai multe eforturi pentru a-l încuraja să rămână treaz o perioadă mai lungă ziua, dacă vreţi să evitaţi problema trezirilor frecvente din timpul nopţii. Vezi pagina 119, pentru a afla detalii referitoare la rezolvarea acestei probleme.

Importanţa reprizelor de somn

Marc Weissbluth, un specialist în problemele de somn ale sugarilor (vezi pagina 279), a efectuat cercetări de amploare în ceea ce priveşte programul de somn din timpul zilei asupra a peste 200 de copii. El spune că aţipitul în timpul zilei reprezintă unul dintre obiceiurile sănătoase care asigură condiţiile preliminare pentru un somn bun per ansamblu şi explică faptul că un pui de somn îl ajută pe bebeluş să se detaşeze de stimuli şi îi permite să prindă forţe noi pentru activităţile ulterioare. Aceste afirmaţii sunt susţinute de dr. Charles Schaefer, profesor de psihologie la Fairleigh Dickinson University, din Teaneck, New Jersey, care adaugă următoarele: „Reprizele scurte de somn ajută la organizarea programului zilnic, îmbunătăţesc atât dispoziţia mamei, cât şi pe cea a bebeluşului şi îi oferă mamei unica ocazie de a se relaxa sau de a face câteva treburi".

Mai mulţi specialişti de marcă din domeniul îngrijirii copiilor consimt asupra faptului că reprizele scurte de somn sunt esenţiale pentru dezvoltarea creierului copiilor. John Herman, un alt specialist în problemele de somn ale sugarilor şi conferenţiar universitar doctor, disciplinele psihologie şi psihiatrie, la University of Texas, spune: „Este o greşeală ca activităţile să fie programate astfel încât să prejudicieze somnul. Timpul petrecut cu părinţii ar trebui să fie pe locul doi, după masă şi somn". Subscriu în totalitate acestui punct de vedere.

La vârsta de 3–4 luni, majoritatea bebeluşilor pot dormi 12 ore pe noapte (fiind hrăniţi la ora 22 fără a fi complet treji), cu condiţia ca somnul din timpul zilei să nu depăşească o perioadă cuprinsă între trei ore şi trei ore şi jumătate, fracţionată în două-trei reprize de somn pe zi. Dacă vreţi ca bebeluşul să doarmă de la ora 19/19.30 până la ora 7/7.30, atunci este foarte important să organizaţi reprizele de somn astfel încât copilul să doarmă cel mai mult la amiază şi să mai aibă două reprize de somn mai scurte dimineaţa şi spre sfârşitul după-amiezii. Cu toate că poate fi mai convenabil să-l lăsaţi să tragă un pui de somn mai lung dimineaţa, urmat de unul mai scurt după-amiaza, acest lucru poate duce la apariţia unor probleme, pe măsură ce va creşte.

După ce micuţul va simţi nevoia firească de a dormi mai puţin în timpul zilei, foarte probabil că va dormi mai puţin spre sfârşitul după-amiezii. În acel moment, cea mai lungă repriză de somn din timpul zilei va fi cea din decursul dimineţii. Până spre sfârşitul după-amiezii va fi extenuat şi va adormi cel târziu la ora 18.30. Acest lucru l-ar putea face să se trezească la 6. Dacă veţi reuşi să-l faceţi să tragă un pui de somn spre sfârşitul după-amiezii, atunci s-ar putea să vă confruntaţi cu altă problemă: va adormi greu la ora 19/19.30.

Cum trebuie înţeles programul de somn

Somnul de dimineaţă

Majoritatea bebeluşilor sunt pregătiţi să tragă un pui de somn la aproximativ două ore după ce se trezesc dimineaţa. Repriza de somn ar trebui să dureze întotdeauna puţin, între 45 de minute şi o oră. Între 6 şi 9 luni, aceasta poate fi scurtată până la 30 de minute şi poate avea loc în jur de ora 10. La 9–12 luni, majoritatea bebeluşilor dorm mai puţin în timpul acestei reprize sau renunţă definitiv la ea. În cazul unora dintre copii, acest lucru se poate întâmpla încă de la vârsta de 8 luni, pe când în cazul altora, de-abia la 18 luni. Veţi şti că bebeluşul este pregătit să renunţe la repriza de somn atunci când începe să-i ia mult timp să adoarmă şi doarme numai 10–15 minute din perioada alocată de 30–45 de minute. Alt indiciu elocvent care vă arată că poate fi nevoie ca repriza de somn să fie scurtată sau poate chiar eliminată este faptul că bebeluşul se trezeşte de la prânz, în timpul nopţii sau dis-de-dimineaţă, deşi înainte obişnuia să doarmă bine la aceste ore. Dacă micuţul refuză să adoarmă la ora de somn de dimineaţă şi vreme de 2 săptămâni reuşeşte să reziste cu uşurinţă până la ora de somn de la prânz, atunci renunţaţi definitiv la repriza de dimineaţă. Este foarte important să începeţi întotdeauna să treziţi copilul după ce au trecut cele 30–45 de minute alocate, chiar dacă a dormit doar zece minute. Dacă îl veţi lăsa să doarmă mai mult, nu veţi şti dacă este pregătit sau nu să renunţe la repriza de somn. De asemenea, acest lucru ar putea să-l facă să doarmă prea puţin la prânz şi va duce la apariţia problemelor pe care le-am discutat mai sus.

Începând cu 6 săptămâni

Până când veţi stabili un program de somn corespunzător, asiguraţi-vă că repriza de somn de dimineaţă are loc într-o cameră liniştită, dacă este posibil. După ce a fost stabilit un program adecvat de somn în timpul zilei, repriza de somn ar putea avea loc din când în când în cărucior sau în scaunul auto, dacă sunteţi nevoită să plecaţi undeva, dar vă rog să nu uitaţi să treziţi copilul după 45 de minute.

Dacă bebeluşul se trezeşte la ora 7, atunci poate avea nevoie în continuare de o scurtă repriză de somn, de 30 de minute, la ora 9.30. Dacă observaţi că doarme numai 10–15 minute şi poate rezista cu uşurinţă până la prânz, atunci puteţi renunţa definitiv la somnul de dimineaţă. Dacă micuţul doarme până la ora 8, atunci ar trebui să poată rezista până la somnul de la prânz fără să mai doarmă dimineaţa.

Somnul de la prânz

Aceasta ar trebui să fie întotdeauna cea mai lungă repriză de somn din timpul zilei. Stabilind o oră de culcare şi o oră de trezire potrivite la prânz, aveţi grijă ca bebeluşul să nu fie prea obosit pentru a se bucura de activităţile din timpul după-amiezii şi să fie relaxat şi binedispus seara la culcare. Cercetări recente au demonstrat că o repriză de somn între amiază şi ora 14 este mai profundă şi mai odihnitoare decât la o oră mai târzie, pentru că se suprapune perioadei din zi în care organismul bebeluşului îşi pierde energia. După cum am explicat mai devreme, o repriză mai lungă de somn dimineaţa, urmată de una mai scurtă la prânz, va perturba restul programului de somn al copilului, ceea ce poate duce la apariţia trezirilor matinale.

Majoritatea bebeluşilor au nevoie să doarmă la prânz o perioadă cuprinsă între două ore şi două ore şi jumătate până când împlinesc un an şi jumătate, doi ani, atunci când durata reprizei de somn va descreşte treptat până la o oră, o oră şi jumătate. La vârsta de 3 ani, copiii pot să nu mai aibă nevoie să doarmă după masa de prânz, dar ar trebui întotdeauna încurajaţi să petreacă o perioadă de timp în linişte în camera lor. Altminteri, probabil că vor deveni hiperactivi spre sfârşitul după-amiezii, lucru care le poate afecta somnul din timpul nopţii.

Începând cu 6 săptămâni

Dacă bebeluşul doarme cele 45 de minute alocate dimineaţa, atunci ar trebui să fie trezit după două ore la prânz. Dacă, dintr-un motiv sau altul, repriza de dimineaţă a fost mult mai scurtă, atunci îl puteţi lăsa să doarmă două ore şi jumătate la prânz. Dacă începe să aibă probleme legate de somnul din timpul nopţii, nu faceţi greşeala de a-l lăsa să doarmă o perioadă mai lungă în timpul zilei.

În primele zile, pot apărea uneori probleme în timpul somnului de la prânz, bebeluşul refuzând să adoarmă la loc. Evident că nu poate rămâne treaz de la ora 13 până la ora 16. Am observat că cea mai bună modalitate de rezolvare a acestei probleme este să-l lăsaţi să doarmă 30 de minute după masa de la ora 14.30 şi încă 30 de minute la ora 16.30. Astfel el nu va fi extenuat şi irascibil şi lucrurile vor decurge conform planului, astfel încât să adoarmă uşor la ora 19. Vezi pagina 324 pentru soluţii mai detaliate pentru rezolvarea problemelor legate somnul de la prânz.

Începând cu 6 luni

Dacă bebeluşul ia trei mese pe zi alcătuite din alimente solide, atunci ar trebui să-i mutaţi repriza de somn de dimineaţă de la ora 9 la 9.30 şi foarte probabil că va trebui să mutaţi repriza de somn de la prânz în intervalul orar 12.30–14.30. Dacă micuţul doarme mai puţin de două ore la prânz, aveţi grijă ca repriza de somn de dimineaţă, dintre orele 7 şi 12, să nu depăşească 30 de minute.

Începând cu 12 luni

Dacă micuţul adoarme cu dificultate la prânz sau se trezeşte după o oră, o oră şi jumătate, atunci ar trebui să-i scurtaţi repriza de somn de dimineaţa sau să renunţaţi definitiv la ea. Nu lăsaţi copilul să doarmă după ora 14.30, dacă vreţi să adoarmă la 19.

Somnul de la sfârşitul după-amiezii

Aceasta este cea mai scurtă dintre cele trei reprize de somn şi prima la care ar trebui să renunţe bebeluşul. Este esenţial ca el să înveţe să doarmă şi în alte locuri în afară de pătuţ, pentru că astfel vă veţi putea bucura de libertatea de a ieşi din casă pentru a vă ocupa de diverse treburi.

Este important ca repriza de somn de la sfârşitul după-amiezii să aibă loc cât mai aproape de ora 17, pentru ca bebeluşul să fie odihnit la ora de baie şi la cea a ritualului dinaintea culcării. De asemenea, acest lucru va avea drept urmare faptul că micuţul va adormi uşor la ora 19 (deoarece nu va fi extenuat), iar dumneavoastră vă va fi mai uşor să-l treziţi şi să-l hrăniţi consistent la orele târzii ale serii. În primele zile, dacă bebeluşul este foarte somnoros după masa de la ora 14, atunci lăsaţi-l să tragă un pui de somn de 20 de minute la această oră şi apoi încurajaţi-l să mai aţipească o dată, în landou, în cărucior sau în scaunul pentru bebeluşi, între 16.40 şi 17.

Începând cu 3 luni

Dacă vreţi ca micuţul să adoarmă la ora 19, atunci repriza de somn de la sfârşitul după-amiezii nu trebuie să depăşească 45 de minute şi copilul ar trebui trezit până la ora 17, indiferent cât de mult sau de puţin a dormit. Majoritatea bebeluşilor care dorm bine în timpul celorlalte două reprize de somn dorm tot mai puţin acum, până când renunţă definitiv. Dacă, dintr-un motiv sau altul, a fost întreruptă repriza de somn de la prânz, atunci ar trebui să-l lăsaţi să doarmă spre sfârşitul după-amiezii, dar asiguraţi-vă că nu depăşeşte numărul orelor de somn necesare pe zi în funcţie de vârstă.

Cum să adaptaţi programul

De la naştere până la 6 luni

De-a lungul anilor, am testat numeroase tipuri de program şi am constat că acela care presupune trezirea la ora 7 şi culcatul la ora 19 este, fără excepţie, cel mai prielnic pentru bebeluşii cu greutate mică şi sugarii de vârstă mică. Acesta se potriveşte cu ritmul lor firesc de somn şi cu nevoia de a se hrăni puţin şi des. Le recomand insistent părinţilor să-şi dea silinţa să respecte programul iniţial ori de câte ori este posibil. Atunci când copilul dumneavoastră împlineşte 6 luni, ia patru sau cinci mese pe zi şi are nevoie de mai puţin somn, este posibil să modificaţi programul fără a afecta nevoia firească a copilului de a dormi un anumit număr de ore şi de a lua un anumit număr de mese.

Până la împlinirea vârstei de 6 luni, ar trebui să ţineţi cont de următoarele aspecte atunci când faceţi un program pentru bebeluş:

- În primele săptămâni, trebuie să faceţi loc în program pentru cel puţin cinci mese înainte de miezul nopţii, pentru ca micuţul să nu se trezească mai mult de o dată în timpul nopţii. Puteţi face acest lucru numai dacă acesta îşi începe ziua la ora 6 sau 7.
- Un program care presupune trezirea la ora 8 şi culcatul la ora 20 în primele câteva săptămâni ar putea avea drept consecinţă faptul că bebeluşul ajunge să se hrănească de două ori între miezul nopţii şi ora 7.

Începând cu 6 luni

Începând cu vârsta de 6 luni, după ce bebeluşul a început să mănânce alimente solide şi aţi renunţat la masa de lapte de la orele târzii ale serii, devine mai uşor să adaptaţi programele. Dacă bebeluşul doarme cu regularitate până la ora 7, atunci puteţi începe ziua la ora 7.30 sau 8 şi să decalaţi tot restul programului. Este evident că bebeluşul va trebui să se culce mai târziu seara. Dacă vreţi să se trezească mai târziu dimineaţa, dar să se culce tot la ora 19, atunci încercaţi să faceţi următoarele lucruri:

- Scurtaţi repriza de somn de dimineaţă, astfel încât copilul să fie pregătit să se culce la ora 12–12.30.
- Aveţi grijă ca repriza de somn de la prânz să nu depăşească două ore şi renunţaţi la somnul de după-amiază.

Atunci când plecaţi de acasă

În primele câteva săptămâni, majoritatea bebeluşilor de vârstă mică adorm în clipa în care sunt aşezaţi în maşină sau în cărucior. Dacă este posibil, încercaţi să programaţi mersul la cumpărături în timpul orelor de somn ale bebeluşului, pentru ca programul să nu fie perturbat prea tare. Odată ce programul este urmat în mod regulat şi bebeluşul a împlinit 8 săptămâni, veţi constata că puteţi ieşi mai des fără ca el să adoarmă de fiecare dată.

Dacă intenţionaţi să faceţi o vizită prietenilor în timpul zilei, puteţi să vă faceţi timp pentru acest lucru, dacă plecaţi de acasă între orele 9 şi 10 sau între 13 şi 14, în funcţie de durata vizitei. Până când veţi ajunge la destinaţie, se va face ora de masă a copilului şi veţi putea să-l ţineţi treaz. În mod asemănător, întorcându-vă acasă între 16 şi 17 sau după ora 19, ar trebui ca programul să se desfăşoare normal.

Ghidul orelor de somn necesare pe durata primului an de viaţă

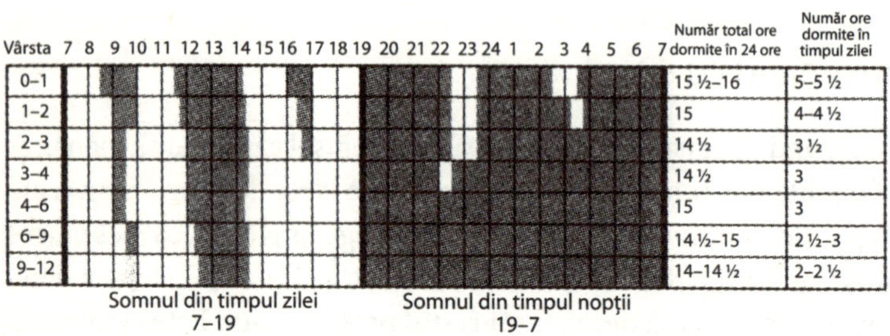

Recomandări importante

Cele mai recente recomandări formulate de către Fundaţia pentru Studiul Morţii Subite la Sugari (FSMSS) şi de către Ministerul Sănătăţii din Marea Britanie sunt de a culca bebeluşii în camera în care vă aflaţi dumneavoastră în timpul tuturor perioadelor de somn din cursul zilei, al serii şi al nopţii, până la împlinirea vârstei de 6 luni. Aceste instituții recomandă ca bebelușii să doarmă în pătuț sau în coșulețul împletit, acestea fiind cele mai sigure locuri, și ca micuții să fie verificați cu regularitate atunci când dorm. Cel mai sigur este ca în pătuțul bebelușului să se afle numai așternuturile de pat și niciun obiect de tipul jucăriilor, al lavetelor de muselină sau al etichetelor. De asemenea, acestea avertizează că scaunul auto pentru copii nu este locul ideal în care să doarmă bebelușii foarte mici atunci când sunt acasă și că în timpul călătoriilor lungi cu mașina aceștia trebuie să fie atent supravegheați atunci când stau în scaunul auto, fiind necesare opriri dese pentru ca ei să ia aer și să fie hrăniți.

De asemenea, este important de reținut că aceste recomandări sunt valabile numai pentru primele 6 luni de viață și că după aceea puteți să culcați copilul în camera lui atât în timpul zilei, cât și noaptea. Până când copilul împlinește 6 luni, va trebui să modificați, după baie, ritualul culcării, astfel încât să-l puteți încheia în camera în care este culcat seara. Încercați să creați în camera de zi aceeași atmosferă ca și dormitor, având grijă ca totul să se desfășoare în liniște. Este puțin probabil să aveți două pătuțuri, unul în dormitor și altul în camera de zi, de aceea, conform FSMSS, un landou prevăzut cu o saltea corespunzătoare reprezintă o opțiune acceptabilă. (Pe parcursul întregii cărți, în toate programele destinate bebelușilor cu vârsta până în 6 luni, voi denumi „pătuț" locul în care doarme bebelușul, indiferent dacă este vorba despre un landou, un cărucior, un pătuț sau orice altceva.)

Este important să respectați recomandările referitoare la modul în care trebuie culcat copilul în pătuț și atunci când îl culcați în landou. Bebelușul trebuie așezat în landou cu picioarele spre partea dinapoi a acestuia și este vital ca toate cearșafurile și păturile să fie prinse bine sub saltea, pentru ca micuțul să nu poată ieși de sub ele. Citiți pagina 23 din carte, priviți imaginile de pe site-ul FSMSS sau accesați site-ul www.contentedbaby.com, pentru a învăța cum să faceți aceste lucruri în mod corect.

Cei de la FSMSS îşi dau seama că în timpul zilei şi al serii vor apărea situaţii în care bebeluşul doarme în camera de zi, iar părinţii sunt nevoiţi să iasă din cameră pentru scurt timp. Ei afirmă că acest lucru este acceptabil câtă vreme copilul nu este lăsat singur perioade lungi în timp ce doarme. Dacă aveţi orice neclaritate legată de această recomandare, este important să luaţi legătura cu FSMSS sau să discutaţi cu asistentul medical sau cu medicul de familie.

Cu toate că respectarea noilor recomandări poate avea drept rezultat faptul că realizarea programelor va dura puţin mai mult, vă rog să nu vă pierdeţi speranţa că bebeluşul va reuşi să aibă în cele din urmă intervale adecvate de somn şi să doarmă toată noaptea neîntrerupt.

6

Săptămânile 1–2

Când se începe programul pentru săptămânile 1–2

Atunci când parcurgeţi programele, este important să reţineţi faptul că nevoile alimentare şi de somn ale bebeluşului pot să nu corespundă cu orele de masă şi de somn din programul următor. Nu începeţi programul următor până când bebeluşul nu-l respectă pe cel actual. Cu toate acestea, unii bebeluşi trec printr-o etapă în care au nevoie de un anumit program pentru masă şi de un program diferit pentru somn.

Lista de verificare de mai jos vă ajută să stabiliţi dacă bebeluşul este pregătit să treacă de la programul de hrănire din trei în trei ore la cel pentru săptămânile 1 şi 2:

- Şi-a recăpătat greutatea de la naştere.
- Poate să aştepte cu uşurinţă trei ore între mese, intervalul de trei ore fiind calculat de la începutul unei mese până la începutul mesei următoare. Aceasta înseamnă că, dacă o masă durează în jur de o oră, există numai un interval de două ore între mese.
- Dă semne că are nevoie să se hrănească la intervale mai mari între unele mese, întrucât sunteţi nevoită să-l treziţi când se apropie ora anumitor mese.
- Rămâne treaz cu uşurinţă o scurtă perioadă de timp după anumite mese.

Dacă bebeluşul prezintă toate aceste manifestări, atunci puteţi începe cu încredere programul pentru săptămânile 1–2. Acesta nu este foarte diferit de cel de hrănire din trei în trei ore, cu excepţia faptului că începe să stabilească orele propriu-zise ale reprizelor de somn, îndeosebi ale celei de la prânz. De asemenea, acesta este momentul când începeţi să stabiliţi un ritual propriu-zis înainte de culcare şi să obişnuiţi copilul să doarmă o perioadă mai lungă după baia de seară.

Bebeluşul încă va avea nevoie să fie hrănit din trei în trei ore în anumite perioade din zi, dar în programul pentru săptămânile 1–2 există şi o masă împărţită în două, o repriză la ora 10 şi cealaltă la ora 11.15, masă care ajută la stabilirea orei de somn de la prânz. De asemenea, programul mai conţine o masă împărţită în două reprize, prima la ora 17 şi cealaltă la ora 18.15, care îl va stimula să doarmă o perioadă mai lungă între orele 19 şi 22.

Programul pentru săptămânile 1–2

Orele de masă	**Orele reprizelor de somn din intervalul 7–19**
7	8.30–10
10	11.30–14
11/11.15	15.30–17
14	
17	
18/18.15	
22–23.15	**Numărul maxim de ore de somn în timpul zilei:** 5 ½

Orele reprizelor de extragere a laptelui: 6.45 şi 10.45

Ora 7

- Bebeluşul ar trebui să fie treaz, să aibă scutecul schimbat şi să fie hrănit cel târziu la ora 7.

- Copilul are nevoie să fie alăptat aproximativ 25–35 de minute la sânul plin, după care 10–15 minute la sânul de la care aţi extras 90 ml de lapte.
- Dacă s-a hrănit la ora 5 sau 6, atunci alăptaţi-l până la 20–25 de minute la al doilea sân, după ce extrageţi 90 ml de lapte.
- Nu hrăniţi bebeluşul după ora 8, deoarece nu-i va mai fi foame la masa următoare.
- Copilul poate rămâne treaz până la o oră şi jumătate.
- Aveţi grijă să luaţi micul dejun – încercaţi să mâncaţi cereale, pâine prăjită şi să beţi ceva nu mai târziu de ora 8, în timp ce bebeluşul stă pe salteaua de joacă.

Ora 8.15

- La această oră, ar trebui să i se facă somn. Chiar dacă nu se manifestă în acest sens, va începe să obosească, aşa că verificaţi-i scutecul şi aleza şi încercaţi să-l liniştiţi.

Ora 8.30

- Atunci când bebeluşul este somnoros, aşezaţi-l în pătuţ, înfăşat complet (vezi pagina 46), nu mai târziu de ora 8.30. El are nevoie de somn cel mult o oră şi jumătate.
- Spălaţi şi sterilizaţi toate biberoanele şi toată aparatura pentru extragerea laptelui matern.

Ora 9.45

- Desfăşaţi bebeluşul, astfel încât să se poată trezi singur.
- Pregătiţi cele necesare pentru baia parţială şi pentru îmbrăcat.

Ora 10

- Acum bebeluşul trebuie să fie complet treaz, indiferent cât timp a dormit.

- Ar trebui să fie alăptat aproximativ 25–35 de minute la sânul de unde s-a hrănit ultima oară, în timp ce beţi un pahar mare de apă.

- Aşezaţi-l pe salteaua de joacă, astfel încât să-şi poată mişca picioruşele, iar între timp pregătiţi aparatura necesară pentru extragerea laptelui matern.

Ora 10.45

- Extrageţi 60 ml de lapte de la al doilea sân.

- Spălaţi şi îmbrăcaţi bebeluşul şi nu uitaţi să-l ungeţi cu cremă în zonele cu pliuri şi cu piele uscată.

Ora 11/11.15

- La această oră, copilului ar trebui să i se facă somn. Chiar dacă nu se manifestă în acest sens, va începe să obosească, aşa că verificaţi-i aleza, schimbaţi-i scutecul şi încercaţi să-l liniştiţi.

- Alăptaţi-l aproximativ 15–20 de minute la sânul de la care aţi extras lapte ultima oară.

- Atunci când bebeluşul este somnoros, aşezaţi-l în pătuţ, înfăşat complet, nu mai târziu de ora 11.30.

- Dacă nu adoarme repede, alăptaţi-l până la 10 minute la sânul mai plin. Faceţi acest lucru fără să-i vorbiţi sau să stabiliţi un contact vizual.

Între 11.30 şi 14

- Copilul are nevoie să doarmă cel mult două ore şi jumătate din momentul în care s-a culcat.

- Dacă se trezeşte după 45 de minute, verificaţi pătura în care este înfăşat, dar nu-l suprastimulaţi vorbind mult şi stabilind un contact vizual.

- Acordaţi-i 10 minute pentru a adormi singur la loc; dacă este încă treaz, hrăniţi-l cu jumătate din porţia de lapte pentru ora 14 şi încercaţi să-l faceţi să doarmă până la această oră.

Ora 12

- Spălaţi şi sterilizaţi aparatura pentru extragerea laptelui; după aceea ar trebui să luaţi masa de prânz şi să vă odihniţi înaintea alăptării următoare.

Ora 14

- Bebeluşul trebuie să fie treaz şi să mănânce cel târziu la ora 14, indiferent cât a dormit.
- Desfăşaţi-l şi lăsaţi-l să se trezească singur. Schimbaţi-i scutecul.
- Alăptaţi-l până la 25–35 de minute la sânul la care l-aţi hrănit ultima oară. Dacă nu se satură, alăptaţi-l până la 10–15 minute la celălalt sân, în timp ce beţi un pahar mare de apă.
- Nu-i daţi să sugă după ora 15.15, deoarece nu-i va mai fi foame la masa următoare.
- Este foarte important ca bebeluşul să fie complet treaz la această oră şi să rămână astfel până la 15.30, pentru a adormi uşor la ora 19; dacă a fost foarte vioi dimineaţa, atunci poate fi mai somnoros acum. Nu-l îmbrăcaţi prea gros, deoarece căldura în exces îl va moleşi.

Ora 15.30

- Schimbaţi-i scutecul.
- Bebeluşul are nevoie să doarmă aproximativ o oră şi jumătate. Acesta este momentul potrivit pentru a-l scoate la plimbare, pentru a vă asigura că se va odihni bine şi va fi revigorat la masa următoare şi la ora de baie.
- N-ar trebui să doarmă după ora 17, dacă vreţi să adoarmă uşor la ora 19.

Ora 17

- Bebeluşul trebuie să fie complet treaz şi să fie hrănit cel târziu la ora 17.

- Alăptaţi-l aproximativ 25–30 de minute la sânul la care s-a hrănit ultima oară, în timp ce beţi un pahar mare cu apă.

- Este foarte important să nu fie somnoros în timp ce mănâncă (vezi pagina 301) şi să aştepte până după baie pentru a fi alăptat la celălalt sân.

Ora 17.45

- Dacă bebeluşul a stat treaz foarte mult timp în cursul zilei sau nu s-a odihnit bine între orele 15.30 şi 17, atunci poate să înceapă baia şi masa mai devreme.

- Lăsaţi copilul să-şi mişte picioruşele pe salteaua de joacă fără să poarte scutec, în timp ce pregătiţi lucrurile necesare pentru baie şi culcare.

- Micuţul trebuie să-şi înceapă baia nu mai târziu de 17.45 şi să fie masat şi îmbrăcat până în ora 18/18.15.

Ora 18/18.15

- Bebeluşul trebuie să fie hrănit cel târziu la ora 18.15; acest lucru ar trebui făcut într-o cameră liniştită şi slab luminată, având grijă să nu-l suprastimulaţi vorbind mult sau stabilind frecvent un contact vizual.

- Dacă n-a golit primul sân la ora 17, atunci alăptaţi-l până la 5–10 minute la acesta, înainte de a-l aşeza la celălalt. Alăptaţi-l până la 20-25 de minute la al doilea sân.

- Este foarte important ca bebeluşul să fie aşezat în pătuţ la două ore după ce s-a trezit ultima oară.

Ora 19/19.15

- Atunci când bebeluşul este somnoros, aşezaţi-l în pătuţ, înfăşat complet, nu mai târziu de ora 19.

- Dacă micuţul nu reuşeşte să adoarmă, atunci alăptaţi-l până la 10 minute la sânul mai plin. Faceţi acest lucru fără să-l suprastimulaţi vorbind mult sau stabilind frecvent un contact vizual.

Ora 20

- Este foarte important să luaţi o masă foarte consistentă şi să vă odihniţi înaintea următoarei alăptări.

Ora 21.45

- Reglaţi lumina la intensitate maximă şi desfăşaţi bebeluşul, astfel încât să se poată trezi singur. Aşteptaţi cel puţin 10 minute înainte de a-l hrăni, pentru a vă asigura că este complet treaz şi poate mânca bine.
- Pregătiţi lucrurile necesare pentru schimbarea scutecului, precum şi o aleză, o lavetă de muselină şi o pătură pentru înfăşat de rezervă, în caz că va fi nevoie de acestea în timpul nopţii.

Ora 22

- Alăptaţi bebeluşul până la 25–35 de minute la sânul la care s-a hrănit ultima oară, daţi-i aproape tot laptele din biberon, schimbaţi-i scutecul şi înfăşaţi-l din nou.
- Micşoraţi intensitatea luminii şi, fără să vorbiţi sau să stabiliţi un contact vizual, alăptaţi-l 20–25 de minute la al doilea sân sau hrăniţi-l cu restul de lapte din biberon.

În timpul nopţii

- În cursul acestei săptămâni, este important ca bebeluşii alăptaţi să nu fie lăsaţi să aştepte intervale prea mari între mese pe durata nopţii.
- Un copil care a cântărit la naştere sub 3,2 kg ar trebui trezit în jurul orei 2.30 pentru a mânca, în timp ce un bebeluş care a cântărit între 3,2 şi 3,6 kg la naştere ar trebui trezit nu mai târziu de ora 3.30.
- Un copil hrănit cu formule de lapte, care cântăreşte peste 3,6 kg, sau un bebeluş care a cântărit peste 3,6 kg la naştere şi care a mâncat consistent în

timpul zilei poate aştepta un timp mai îndelungat între mese, dar nu mai mult de cinci ore.

- Dacă nu sunteţi sigură cât timp să lăsaţi copilul să doarmă între mesele din timpul nopţii, atunci vă rog să cereţi sfatul medicului de familie sau al asistentului medical.

Modificările care ar trebui făcute pe durata programului pentru săptămânile 1–2

Modificări legate de somn

În funcţie de cât timp doarme copilul după masa de lapte de la orele târzii ale serii, aveţi la dispoziţie una dintre următoarele opţiuni:

- Dacă bebeluşul mănâncă bine, adoarme uşor şi doarme până după ora 2, iar după aceea se hrăneşte bine în timpul nopţii şi doarme până în jurul orei 6, atunci este în regulă să urmeze programul pentru săptămânile 1–2 şi să fie ţinut treaz timp de o oră la masa de lapte de la orele târzii ale serii.

- Dacă se hrăneşte bine şi adoarme uşor după ce a rămas treaz o oră în timpul ultimei mese de lapte a zilei, dar se trezeşte înaintea orei 2 şi, din nou, înaintea orei 6, atunci vă recomand să-l hrăniţi în două reprize la orele târzii ale serii, pentru a nu se mai trezi de două ori în timpul nopţii. Poate dura cel puţin o săptămână să-l obişnuiţi cu asta, dar nu vă lăsaţi descurajată, dacă nu obţineţi rezultate imediate. Pentru ca hrănirea în două reprize să funcţioneze aşa cum trebuie, treziţi copilul în jurul orei 21.45 şi, până în ora 22, începeţi să-l hrăniţi. Permiteţi-i să mănânce atât cât doreşte, apoi lăsaţi-l să stea pe salteaua de joacă. În jurul orei 23, duceţi-l în dormitor, schimbaţi-i scutecul şi începeţi a doua repriză de hrănire. Dacă îi daţi formule de lapte, atunci vă recomand să pregătiţi două biberoane.

În primele zile, majoritatea bebeluşilor pot rămâne treji fără probleme până la două ore înainte de a avea nevoie să doarmă din nou. Acest lucru nu înseamnă că trebuie să rămână treji două ore, ci numai că este important să nu rămână treji mai mult timp, dacă vreţi să evitaţi apariţia epuizării. Aşadar, dacă în cursul primelor zile observaţi că bebeluşul dumneavoastră rămâne treaz doar câte o oră sau câte o oră şi jumătate, nu trebuie să vă faceţi griji, întrucât este în mod evident un copil care are nevoie de mai mult somn decât alţii şi, pe măsură ce va creşte, va rămâne treaz mai mult timp (vezi pagina 125).

Modificări legate de alimentaţie

Atunci când copilul se trezeşte în timpul nopţii, este foarte important să mănânce o porţie suficient de consistentă astfel încât să doarmă până la 6 sau 7. N-ar trebui să limitaţi cantitatea de lapte în această etapă; făcând acest lucru, puteţi risca să se trezească la ora 5, fiindu-i foame. Acum, scopul dumneavoastră este să hrăniţi bebeluşul suficient de consistent astfel încât să mănânce numai de două ori între orele 19 şi 6/7.

În funcţie de ora la care a mâncat în timpul nopţii, probabil că bebeluşul se va trezi dimineaţa între 6 şi 7, dacă nu, ar trebui trezit întotdeauna la ora 7. Dacă se trezeşte la 6, înseamnă că îi puteţi da aproape toată porţia de lapte de la prima masă din cursul dimineţii (purtaţi-vă ca şi cum ar fi vorba despre o masă de noapte) şi apoi daţi-i o porţie suplimentară la ora 7. După aceea, poate avea nevoie de o porţie mică de lapte la ora 8.30, înaintea reprizei de somn de dimineaţă.

Pe durata programului pentru săptămânile 1–2, vă recomand să-i daţi întotdeauna o porţie suplimentară de lapte la ora 11 sau 11.15 sau chiar înainte de a-l culca la prânz. Să sperăm că acest lucru îl va împiedica să se trezească flămând la mijlocul reprizei de somn. Cu toate acestea, dacă se trezeşte înaintea orei 14, atunci consider că motivul real al trezirii este foamea şi îi puteţi da o porţie de lapte înainte de a-l culca la loc. Dacă refuză să adoarmă, atunci este bine să-l lăsaţi să rămână treaz şi după aceea să-i permiteţi să doarmă două perioade mai scurte, în jurul orei 14.30 şi pe la 16 sau 16.30.

Când se trece la programul pentru săptămânile 2–4

Până la sfârşitul celei de-a doua săptămâni, ar trebui să puteţi trece la programul pentru săptămânile 2–4.

Următoarele indicii vă ajută să stabiliţi dacă bebeluşul este pregătit sau nu să treacă la programul următor:

- Copilul ar trebui să aibă peste 3,2 kg, să-şi fi recăpătat greutatea de la naştere şi să ia constant în greutate.
- Doarme bine şi de cele mai multe ori sunteţi nevoită să-l treziţi pentru a-i da să mănânce.
- Suge mai repede, golind adeseori sânul în 25–30 de minute.
- Este mai vioi şi reuşeşte să rămână treaz câte o oră şi jumătate.

Dacă observaţi că bebeluşul poate aştepta cu uşurinţă intervale mai mari între mese, dar încă are nevoie să doarmă mai mult decât este recomandat în programul pentru săptămânile 2–4, atunci puteţi urma acest program în ceea ce priveşte orele de masă şi să continuaţi să urmaţi programul pentru săptămânile 1–2 în ceea ce priveşte orele de somn, până când copilul va avea nevoie de mai puţin somn. Nu uitaţi că un bebeluş care are nevoie de mai mult somn decât alţii se odihneşte bine atât noaptea, cât şi ziua. Dacă micuţul dumneavoastră doarme bine în timpul zilei, dar nu mai poate dormi noaptea, atunci este posibil ca acesta să fie un semn că trebuie să rămână treaz o perioadă mai lungă în timpul zilei.

7

Săptămânile 2–4

Programul pentru săptămânile 2–4

Orele de masă	**Orele reprizelor de somn din intervalul 7–19**
7	8.30/9–10
10	11.30/12–14
11.30/11.45	16-17
14	
17	
18/18.15	
22/22.30	**Numărul maxim de ore de somn în timpul zilei:** 5

Orele reprizelor de extragere a laptelui: 6.45, 10.30 şi 21.30

Ora 7

- Bebeluşul ar trebui să fie treaz, să aibă scutecul schimbat şi să fie hrănit cel târziu la ora 7.

- Dacă a mâncat înaintea orei 5, atunci are nevoie să fie alăptat până la 20–25 de minute la sânul plin şi încă 10–15 minute la sânul de la care aţi extras aproximativ 60–90 ml de lapte.

- Dacă a mâncat la 5 sau 6, atunci alăptaţi-l aproximativ 20–25 de minute la al doilea sân, după ce extrageţi 90 ml de lapte.

- Nu hrăniţi bebeluşul după ora 7.45, pentru că nu-i va mai fi foame la masa următoare.

- Poate rămâne treaz până la două ore.

- Încercaţi să mâncaţi cereale, pâine prăjită şi să beţi ceva nu mai târziu de ora 8, în timp ce micuţul se află pe salteaua de joacă.

Ora 8.30/8.45

- La această oră, bebeluşului ar trebui să-i fie somn. Chiar dacă nu se manifestă în acest sens, va începe să obosească, aşa că verificaţi-i scutecul şi aleza şi încercaţi să-l liniştiţi.

- Atunci când bebeluşul este somnoros, aşezaţi-l în pătuţ, înfăşat complet, nu mai târziu de ora 9. El are nevoie să doarmă cel mult o oră şi jumătate.

- Spălaţi şi sterilizaţi biberoanele şi aparatura pentru extragerea laptelui.

Ora 9.45

- Desfăşaţi bebeluşul, astfel încât să se poată trezi singur.

- Pregătiţi cele necesare pentru baia parţială şi pentru îmbrăcat.

Ora 10

- Acum bebeluşul trebuie să fie complet treaz, indiferent cât timp a dormit.

- Ar trebui alăptat până la 20–25 de minute la sânul de unde a supt ultima oară, în timp ce beţi un pahar mare de apă.

- Spălaţi-l şi îmbrăcaţi-l şi nu uitaţi să-l ungeţi cu cremă în zonele cu pliuri şi cu piele uscată.

Ora 10.30

- Aşezaţi bebeluşul pe salteaua de joacă astfel încât să-şi poată mişca picioruşele, în timp ce extrageţi 60 ml de lapte de la al doilea sân.

Ora 11.15/11.30

- Dacă bebeluşul a fost foarte vioi şi energic în decursul ultimelor două ore, atunci poate obosi cel târziu la 11.15 şi va trebui să fie culcat până în ora 11.30.

- Alăptaţi copilul aproximativ 15 minute la sânul de unde aţi extras lapte ultima oară, chiar înainte de a adormi.

Ora 11.45

- Indiferent ce a făcut copilul mai devreme, acum ar trebui să-l liniştiţi înaintea reprizei de somn.

- Verificaţi-i aleza şi schimbaţi-i scutecul.

- Atunci când copilul este somnoros, aşezaţi-l în pat, înfăşat complet, nu mai târziu de ora 12.

Între 11.30/12 şi 14

- Copilul are nevoie să doarmă cel mult două ore şi jumătate din momentul în care s-a culcat.

- Dacă a dormit o oră şi jumătate mai devreme, atunci lăsaţi-l să doarmă doar două ore acum.

- Dacă se trezeşte după 45 de minute, atunci verificaţi pătura în care este înfăşat, dar nu-l suprastimulaţi vorbind mult sau stabilind frecvent un contact vizual.

- Acordaţi-i 10–20 de minute pentru a adormi singur la loc; dacă este încă treaz, daţi-i jumătate din porţia de lapte de la ora 14 şi încercaţi să-l faceţi să doarmă până la această oră.

Ora 12/12.30

- Spălaţi şi sterilizaţi aparatura pentru extragerea laptelui matern; după aceea, ar trebui să luaţi masa de prânz şi să vă odihniţi înaintea următoarei alăptări.

Ora 14

- Bebeluşul trebuie să fie treaz şi hrănit cel târziu la ora 14, indiferent cât timp a dormit.
- Desfăşaţi-l şi lăsaţi-l să se trezească singur. Schimbaţi-i scutecul.
- Alăptaţi-l 25–35 de minute la sânul la care a supt ultima oară. Dacă nu se satură, alăptaţi-l până la 10–15 minute la celălalt sân, în timp ce beţi un pahar mare de apă.
- Nu hrăniţi copilul după ora 15.15, întrucât nu-i va mai fi foame la masa următoare.
- Este foarte important ca bebeluşul să fie complet treaz la această oră şi să rămână aşa până la ora 16, pentru a adormi uşor la 19; dacă a fost foarte vioi dimineaţa, poate fi mai somnoros acum. Nu-l îmbrăcaţi prea gros, deoarece căldura în exces îl va moleşi.
- Aşezaţi bebeluşul pe salteaua de joacă şi încurajaţi-l să-şi mişte picioruşele.

Între 15.45 şi 16

- Schimbaţi-i scutecul.
- Acesta este momentul potrivit să-l scoateţi la plimbare, pentru a vă asigura că doarme bine şi că va fi revigorat la masa următoare şi în timpul băii.
- Copilul n-ar trebui să doarmă după ora 17, dacă vreţi să adoarmă uşor la ora 19.

Ora 17

- Bebeluşul trebuie să fie complet treaz şi hrănit cel târziu la ora 17.
- Alăptaţi-l până la 20 de minute la sânul la care a supt ultima oară, în timp ce beţi un pahar mare cu apă.
- Este foarte important ca bebeluşul să aştepte până după baie pentru a fi alăptat la celălalt sân.

Ora 17.45

- Dacă micuţul a rămas treaz foarte mult timp în cursul zilei sau nu s-a odihnit bine între orele 16 şi 17, atunci poate avea nevoie să înceapă devreme baia şi masa următoare.

- Lăsaţi copilul să-şi mişte picioruşele pe salteaua de joacă fără să poarte scutec, în timp ce pregătiţi lucrurile necesare pentru baie şi culcare.

- Bebeluşul trebuie să înceapă baia nu mai târziu de 18 şi să fie masat şi îmbrăcat până în ora 18.15.

Ora 18/18.15

- Copilul trebuie să fie hrănit cel târziu la ora 18.15; acest lucru trebuie făcut într-o cameră liniştită şi slab luminată, având grijă să nu-l suprastimulaţi vorbind mult sau stabilind frecvent un contactul vizual.

- Dacă n-a golit primul sân la ora 17, atunci alăptaţi-l până la 5–10 minute la acesta înainte de a-l aşeza la celălalt. Alăptaţi-l aproximativ 20–25 de minute la al doilea sân.

- Este foarte important ca bebeluşul să fie aşezat în pătuţ la două ore după ce s-a trezit ultima oară.

Ora 19/19.15

- Atunci când micuţul este somnoros, aşezaţi-l în pătuţ, înfăşat complet, nu mai târziu de ora 19.

- Dacă bebeluşul nu reuşeşte să adoarmă, alăptaţi-l 10–15 minute la sânul mai plin. Faceţi acest lucru fără să-l suprastimulaţi.

Ora 20

- Este foarte important să luaţi o masă foarte consistentă şi să vă odihniţi înaintea alăptării.

Ora 21.30

- Dacă aţi ales să înlocuiţi ultima repriză de alăptare a zilei cu un biberon, atunci extrageţi lapte de la ambii sâni la această oră.

Ora 22/22.30

- Reglaţi lumina la intensitate maximă şi desfăşaţi bebeluşul, astfel încât să se poată trezi singur. Aşteptaţi cel puţin 10 minute înainte de a-i da să sugă, pentru a vă asigura că este complet treaz, astfel încât să poată mânca bine.

- Pregătiţi lucrurile necesare pentru schimbarea scutecului, precum şi o aleză, o lavetă de muselină şi o pătură pentru înfăşat de rezervă, în caz că va fi nevoie de acestea în timpul nopţii.

- Alăptaţi copilul până la 20 de minute la sânul la care a supt ultima oară sau daţi-i aproape tot laptele din biberon, schimbaţi-i scutecul şi înfăşaţi-l din nou.

- Micşoraţi intensitatea luminii şi, fără să vorbiţi sau să stabiliţi un contact vizual, alăptaţi-l aproximativ 20 de minute la al doilea sân sau daţi-i restul de lapte din biberon.

În timpul nopţii

- Dacă micuţul se trezeşte înaintea orei 4, atunci este important să-i daţi o porţie de lapte pentru a-l ajuta să doarmă până în jur de 7. Dacă adoarme după ce a supt la un sân şi apoi se trezeşte din nou, la ora 5, atunci este o idee bună să încercaţi să-l ţineţi treaz, astfel încât să sugă de la ambii sâni.

- Dacă se trezeşte între orele 4 şi 5, alăptaţi-l la un sân, apoi începeţi să-l alăptaţi la sânul mai plin la masa de la ora 7.

- Dacă se trezeşte la 6, atunci alăptaţi-l la un sân, iar la ora 7.30 alăptaţi-l la al doilea, după ce aţi extras lapte.

- Menţineţi lumina la o intensitate scăzută şi nu-l suprastimulaţi vorbind mult sau stabilind frecvent un contactul vizual. Schimbaţi-i scutecul doar dacă este neapărat necesar sau dacă este prea somnoros pentru a se hrăni cu o porţie întreagă de lapte.

Modificările care ar trebui făcute pe durata programului pentru săptămânile 2–4

De obicei, programul pentru săptămânile 2–4 se suprapune peste prima perioadă de creştere a copilului. Mulţi bebeluşi devin uşor agitaţi sau neliniştiţi în timpul perioadelor de creştere şi este bine ca soţul să se întoarcă de la serviciu mai devreme decât de obicei, dacă este posibil, astfel încât să vă poată ajuta cu ritualul dinaintea culcării. Majoritatea bebeluşilor devin uşor irascibili în jurul orei 17, iar aceasta este probabil perioada cea mai dificilă din zi pentru toate mamele, aşa că nu rămâneţi cu impresia că aţi greşit cu ceva, dacă situaţia devine încordată în această perioadă din zi.

Modificări legate de somn

Între 3 şi 4 săptămâni, bebeluşul ar trebui să fie mai vioi şi să rămână treaz perioade mai lungi. Asiguraţi-vă că-l încurajaţi să fie mai vioi în timpul zilei, astfel încât să nu-i fie afectat somnul din timpul nopţii. La vârsta de 4 săptămâni, dimineaţa n-ar trebui să doarmă mai mult o oră, pentru a vă asigura că va dormi bine la prânz.

Treptat, urmăriţi să-l ţineţi treaz mai mult timp în cursul dimineţii, până când ajunge să se culce la ora 9. Dacă observaţi că adoarme la 8.30 şi se trezeşte între 9.15 şi 9.30, lucru care are un efect negativ asupra restului programului, atunci o baie parţială în jurul orei 8.20 este de obicei suficientă pentru a-l înviora îndeajuns de mult ca să reziste până la 9. Repriza de somn din cursul după-amiezii n-ar trebui să depăşească o oră; uneori, aceasta este împărţită în două reprize mai scurte, între orele 16 şi 17.

La 5 săptămâni, copilul ar trebui înfăşat pe jumătate, cu mânuţele lăsate afară (vezi pagina 29), în timpul reprizei de somn din cursul dimineţii şi al celei de la sfârşitul după-amiezii. În jurul vârstei de 4 săptămâni, devine mai evident momentul în care bebeluşul intră în faza somnului superficial: în mod normal, acest lucru se întâmplă o dată la 45 de minute, deşi se poate întâmpla o dată la 30 de minute în cazul anumitor bebeluşi. Dacă nu se apropie ora de masă, atunci majoritatea bebeluşilor adorm singuri la loc, dacă li se oferă posibilitatea de a face acest lucru. Ducându-vă prea repede la el sau legănându-l pentru a-l ajuta să adoarmă la loc, l-aţi putea face să asocieze adormirea cu stimuli greşiţi pe termen lung. Acest lucru înseamnă că atunci când bebeluşul va intra în faza somnului superficial în cursul nopţii, veţi fi nevoită să vă treziţi de mai multe ori pentru a-l ajuta să adoarmă la loc mult timp după ce nu va mai avea nevoie de mesele din timpul nopţii.

Modificări legate de alimentaţie

Majoritatea bebeluşilor trec printr-o perioadă de creştere în jurul celei de-a treia săptămâni. Atunci când copilul dumneavoastră trece printr-o perioadă de creştere, reduceţi cu 30 ml cantitatea de lapte extrasă la ora 6.45, iar până la sfârşitul celei de-a patra săptămâni, reduceţi cu 30 ml cantitatea de lapte de la ora 10.30. Acest lucru vă garantează faptul că bebeluşul va primi cantitatea suplimentară de lapte de care are nevoie. Dacă nu mulgeţi lapte, atunci va trebui să lăsaţi bebeluşul să sugă mai des la sân, pentru a beneficia de cantitatea de lapte de care are nevoie. În cursul acestei perioade, încercaţi să vă odihniţi mai mult, pentru ca nevoile alimentare crescute ale bebeluşului să nu aibă un efect negativ asupra dumneavoastră, epuizându-vă atât de tare încât să vă scadă şi mai mult lactaţia. Dacă nu doriţi ca programul de somn al copilului să fie perturbat, atunci puteţi încerca să urmaţi recomandările de la pagina 297, care vă ajută să vă stimulaţi lactaţia fără să-i perturbaţi somnul. După ce a fost stimulată lactaţia, puteţi urma mai departe programul corespunzător vârstei copilului.

Continuând să împărţiţi în două masa de la mijlocul dimineţii şi hrănind bebeluşul cu o porţie suplimentară de lapte chiar înainte de somnul de la prânz, ar trebui să doarmă bine la această oră.

Dacă alăptaţi şi v-aţi hotărât să hrăniţi copilul o dată pe zi şi cu biberonul, atunci aceasta este vârsta potrivită. Dacă veţi lăsa acest lucru pe mai târziu, este foarte posibil ca bebeluşul să refuze complet biberonul, ceea ce poate crea probleme extrem de mari mai târziu, mai ales dacă veţi începe serviciul. Este recomandabil să extrageţi lapte, cât mai mult posibil, între orele 21.30 şi 22 pentru că acest lucru vă ajută să vă menţineţi lactaţia. Laptele poate fi folosit fie la orele târzii ale serii, fie congelat şi folosit în situaţiile în care trebuie să vă lăsaţi copilul în grija unei bone. De asemenea, hrănirea bebeluşului la orele târzii ale serii cu un biberon de lapte îi va permite soţului să se implice în creşterea acestuia, iar dumneavoastră vă puteţi culca mai devreme, având astfel parte de orele suplimentare de somn de care au nevoie toate mamele pe durata primelor săptămâni. Dacă doriţi să alăptaţi mai mult de 6 săptămâni, atunci evitaţi să hrăniţi bebeluşul cu lapte formulă şi la alte mese, dacă nu aţi fost sfătuită să procedaţi astfel de către asistentul medical sau de către medicul de familie.

În timpul perioadelor de creştere, bebeluşii hrăniţi cu biberonul ar trebui să primească porţii mai mari de lapte mai întâi la mesele de la ora 7, de la 10 şi de la orele târzii ale serii. Unii copii hrăniţi cu biberonul sunt pregătiţi că schimbe tetina pentru nou-născuţi cu una cu debit scăzut (vezi mai jos).

De obicei, sporul ponderal scăzut în rândul bebeluşilor alăptaţi este cauzat de o lactaţie scăzută sau de aşezarea incorectă la sân; adeseori, cele două cauze merg mână în mână. Dacă vă confruntaţi cu această problemă, atunci este o idee bună să urmaţi programul pentru stimularea lactaţiei de la pagina 297. De asemenea, vă recomand să solicitaţi o vizită la domiciliu unui consultant în alăptare, pentru a verifica dacă aşezaţi corect copilul la sân.

Dacă bebeluşul este hrănit cu formule de lapte şi nu ia suficient în greutate, încercaţi să-i schimbaţi tetina pentru nou-născuţi, prevăzută cu un singur orificiu, cu o tetină cu debit scăzut, cu două orificii. Discutaţi întotdeauna cu asistentul medical sau cu medicul de familie despre orice problemă legată de sporul ponderal scăzut al copilului.

Dacă observaţi că bebeluşul încă se trezeşte în timpul nopţii, în jurul orei 2, şi din nou, în jurul orei 5, atunci vă recomand să-l hrăniţi în două reprize la orele târzii ale serii. Încercaţi să-l treziţi la 21.45, astfel încât să se trezească complet până în ora 22. Daţi-i aproape toată porţia de lapte şi ţineţi-l treaz mai mult decât perioada recomandată de o oră. La 23.15, ar trebui să-i schimbaţi scutecul şi să-l hrăniţi cu o mică porţie suplimentară de lapte. Hrănind bebeluşul în două reprize şi ţinându-l treaz mai mult la această oră, veţi reuşi să-l faceţi să doarmă mai mult de ora 3, cu condiţia să nu iasă de sub pătura cu care este înfăşat.

După ce bebeluşul împlineşte 4 săptămâni, probabil că îi va fi mai uşor să aştepte mai mult între mese şi să puteţi trece la programul de masă pentru săptămânile 4–6, cu condiţia să ia constant în greutate. Copiii care nu iau suficient în greutate ar trebui să urmeze în continuare programul pentru săptămânile 2–4, până când li se ameliorează sporul ponderal.

Din experienţă, bebeluşii care iau regulat în greutate între 170 şi 226 g pe săptămână în primele câteva luni sunt de obicei mai mulţumiţi şi dorm mai bine decât cei care iau în greutate mai puţin de 170 g pe săptămână. Cu toate acestea, trebuie să recunosc faptul că am îngrijit şi bebeluşi foarte fericiţi şi mulţumiţi, cărora le mergea bine, deşi aveau un spor ponderal de numai 113–142 g pe săptămână. În orice caz, dacă observaţi că bebeluşul este în permanenţă irascibil între mese, nu doarme bine noaptea şi ia în greutate mai puţin de 170 g pe săptămână, atunci este posibil să nu se sature cu cât îl hrăniţi şi în acest caz este recomandabil să discutaţi despre sporul lui ponderal cu medicul de familie.

8

Săptămânile 4–6

Programul pentru săptămânile 4–6

Orele de masă	Orele reprizelor de somn din intervalul 7/19
7	9-10
10.30	11.30/12–14/14.30
14/14.30	16.15/17
17	
18/18.15	
22/22.30	**Numărul maxim de ore de somn în timpul zilei:** 4 ¾

Orele reprizelor de extragere a laptelui: 6.45, 10.30 şi 21.30

Ora 7

- Bebeluşul ar trebui să fie treaz, să aibă scutecul schimbat şi să fie hrănit cel târziu la ora 7.
- Dacă s-a hrănit înaintea orei 5, atunci are nevoie să fie alăptat până la 20–25 de minute la sânul plin. Dacă nu se satură, alăptaţi-l 10–15 minute la sânul de la care aţi extras aproximativ 60 ml de lapte.
- Dacă s-a hrănit la 5 sau 6, atunci alăptaţi-l 20–25 de minute la al doilea sân, după ce extrageţi aproximativ 60 ml de lapte.
- Nu-i daţi să sugă după ora 7.45, întrucât nu-i va mai fi foame la masa următoare.

- Bebeluşul poate rămâne treaz aproximativ două ore.
- Încercaţi să mâncaţi cereale, pâine prăjită şi să beţi ceva nu mai târziu de ora 8, în timp ce bebeluşul îşi mişcă picioruşele pe salteaua de joacă.

Ora 8.45

- La această oră, copilului ar trebui să i se facă somn. Chiar dacă nu se manifestă în acest sens, va începe să obosească, aşa că verificaţi-i scutecul şi aleza şi liniştiţi-l.
- Atunci când este somnoros, aşezaţi-l în pătuţ, înfăşat complet sau pe jumătate (vezi pagina 46), nu mai târziu de ora 9. El are nevoie să doarmă cel mult o oră.
- Spălaţi şi sterilizaţi biberoanele şi aparatura pentru extragerea laptelui.

Ora 9.45

- Desfăşaţi bebeluşul, astfel încât să se poată trezi singur.
- Pregătiţi lucrurile necesare pentru baia parţială şi îmbrăcat.

Ora 10

- Acum bebeluşul trebuie să fie complet treaz, indiferent cât a dormit.
- Spălaţi-l, îmbrăcaţi-l şi nu uitaţi să-l ungeţi cu cremă în zonele cu pliuri şi cu piele uscată.

Ora 10.30

- Copilul ar trebui alăptat până la 20–25 de minute la sânul de unde s-a hrănit ultima oară, în timp ce dumneavoastră beţi un pahar mare de apă.
- Aşezaţi-l pe salteaua de joacă, în vreme ce extrageţi 30 ml de lapte de la al doilea sân. După aceea, alăptaţi-l aproximativ 15 minute la acest sân.

Ora 11.30

- Dacă bebeluşul a fost foarte vioi şi activ în cursul ultimelor două ore, atunci poate obosi la ora 11.30 şi va trebui culcat până la 11.45.

Ora 11.45

- Indiferent ce a făcut copilul mai devreme, acum trebuie să-l liniştiţi înainte de a adormi.
- Verificaţi-i aleza şi schimbaţi-i scutecul.
- Atunci când bebeluşul este somnoros, aşezaţi-l în pat, înfăşat complet, nu mai târziu de ora 12.

Între 11.30/12 şi 14/14.30

- Bebeluşul are nevoie de somn cel mult două ore şi jumătate din momentul în care s-a culcat.
- Dacă se trezeşte după 45 de minute, verificaţi pătura în care este înfăşat, dar nu-l suprastimulaţi vorbind mult sau stabilind un contactul vizual.
- Acordaţi-i 10–20 de minute pentru a adormi la loc; dacă este încă treaz, daţi-i jumătate din porţia de lapte prevăzută pentru ora 14 şi încercaţi să-l faceţi să doarmă până la această oră.

Ora 12

- Spălaţi şi sterilizaţi aparatura pentru extragerea laptelui; după aceea, ar trebui să luaţi masa de prânz şi să vă odihniţi înaintea următoarei alăptări.

Ora 14/14.30

- Copilul trebuie să fie treaz şi hrănit cel târziu la 14.30, indiferent cât a dormit.
- Desfăşaţi-l şi lăsaţi-l să se trezească singur. Schimbaţi-i scutecul.

- Alăptaţi-l 20–25 de minute la sânul la care s-a hrănit ultima oară. Dacă nu se satură, alăptaţi-l 10–15 minute la celălalt sân, în timp ce beţi un pahar mare cu apă.

- Nu alăptaţi bebeluşul după ora 15.15, pentru că nu-i va mai fi foame la masa următoare.

- Este foarte important să fie complet treaz la această oră şi să rămână astfel până la ora 16.15, astfel încât să adoarmă uşor la 19; dacă a fost foarte vioi în timpul dimineţii, poate fi mai somnoros acum. Nu-l îmbrăcaţi prea gros, deoarece căldura în exces îl va moleşi.

- Aşezaţi bebeluşul pe salteaua de joacă şi încurajaţi-l să-şi mişte picioruşele.

Ora 16/16.15

- Schimbaţi-i scutecul.

- Acesta este momentul potrivit să-l scoateţi la plimbare, pentru a vă asigura că va dormi bine şi va fi revigorat la masa următoare şi în timpul băii. Poate începe ca la această oră să doarmă mai puţin.

- Bebeluşul n-ar trebui să doarmă după ora 17, dacă vreţi să adoarmă uşor la 19.

Ora 17

- Copilul trebuie să fie complet treaz şi hrănit cel târziu la ora 17.

- Alăptaţi-l aproximativ 20 de minute la sânul la care a supt ultima oară, în timp ce beţi un pahar mare cu apă.

- Este foarte important să aştepte până după baie pentru a fi alăptat la celălalt sân.

Ora 17.45

- Dacă micuţul a stat treaz foarte mult timp în cursul zilei sau nu s-a odihnit bine între orele 16.15 şi 17, atunci poate avea nevoie să înceapă devreme baia şi masa următoare.

- Lăsaţi bebeluşul să-şi mişte picioruşele fără să poarte scutec, în timp ce pregătiţi lucrurile necesare pentru baie şi culcare.

Ora 18

- Copilul trebuie să-şi înceapă baia nu mai târziu de ora 18 şi să fie masat şi îmbrăcat până la 18.15.

Ora 18.15

- Bebeluşul trebuie să fie hrănit cel târziu la ora 18.15 într-o cameră liniştită şi slab luminată, având grijă să nu-l suprastimulaţi vorbind mult sau stabilind frecvent un contact vizual.

- Dacă n-a golit primul sân la ora 17, atunci alăptaţi-l până la 5–10 minute la acesta înainte de a-l aşeza la celălalt pentru încă 20–25 de minute.

- Este foarte important ca bebeluşul să fie aşezat în pătuţ la două ore după ce s-a trezit ultima oară.

Ora 19

- Atunci când micuţul este somnoros, aşezaţi-l în pătuţ, înfăşat complet, nu mai târziu de ora 19.

- Dacă nu reuşeşte să adoarmă, alăptaţi-l până la 10 minute la sânul mai plin. Faceţi acest lucru fără a-l suprastimula vorbind mult sau stabilind un contact vizual.

Ora 20

- Este important să luaţi o masă foarte consistentă şi să vă odihniţi înaintea următoarei reprize de alăptare sau de extragere a laptelui.

Ora 21.30

- Dacă aţi ales să înlocuiţi ultima repriză de alăptare a zilei cu un biberon, atunci extrageţi lapte de la ambii sâni la această oră.

Ora 22/22.30

- Reglaţi lumina la intensitate maximă şi desfăşaţi bebeluşul, astfel încât să se poată trezi singur. Aşteptaţi cel puţin 10 minute înainte de a-l hrăni, pentru a vă asigura că este complet treaz, astfel încât să poată mânca bine.

- Pregătiţi lucrurile necesare pentru schimbarea scutecului, precum şi o aleză, o lavetă de muselină şi o pătură pentru înfăşat de rezervă, în caz că va fi nevoie în timpul nopţii.

- Alăptaţi bebeluşul 20 de minute la sânul la care s-a hrănit ultima oară sau hrăniţi-l cu aproape tot laptele din biberon, schimbaţi-i scutecul şi înfăşaţi-l din nou.

- Micşoraţi intensitatea luminii şi, fără să vorbiţi sau să stabiliţi un contact vizual, alăptaţi-l aproximativ 20 de minute la al doilea sân sau hrăniţi-l cu laptele rămas în biberon.

În timpul nopţii

- Dacă bebeluşul se trezeşte înaintea orei 4, atunci daţi-i o porţie întreagă de lapte.

- Dacă se trezeşte între orele 4 şi 5, atunci alăptaţi-l la un sân şi după aceea, la ora 7, la celălalt sân.

- Dacă bebeluşul se trezeşte la ora 6, atunci alăptaţi-l la un sân, iar la al doilea la ora 7.30, după ce aţi extras lapte.

- Menţineţi lumina la o intensitate scăzută şi nu suprastimulaţi bebeluşul vorbind mult sau stabilind frecvent un contactul vizual. Schimbaţi-i scutecul doar dacă este necesar sau dacă este prea somnoros pentru a se hrăni cu o porţie întreagă de lapte.

Modificările care ar trebui făcute pe durata programului pentru săptămânile 4–6

Modificări legate de somn

La vârsta de 6 săptămâni, majoritatea bebeluşilor de care am avut grijă dormeau o perioadă mult mai lungă în cursul nopţii, iar mulţi dintre ei dormeau toată noaptea, până în jurul orei 7. Părinţii care întâmpină greutăţi în a-şi determina bebeluşii să doarmă mai mult timp mă întreabă adesea cum am reuşit să fac acest lucru. De fiecare dată le-am răspuns că, datorită faptului că mamele acestor bebeluşi îmi urmau programele, acest lucru s-a întâmplat de la sine, iar ei au început să doarmă din ce în ce mai mult în timpul nopţii. Fără îndoială că, după cum rezultă din discuţiile de pe forumul site-ului meu, acest lucru pare a fi valabil pentru majoritatea copiilor. Cu toate acestea, ceea ce a devenit de asemenea evident citind miile de postări din cursul ultimilor ani este faptul că mulţi dintre bebeluşii care nu reuşesc să doarmă o perioadă mai lungă de timp în cursul nopţii până la vârsta de 6 săptămâni par să doarmă în timpul zilei mult mai mult decât recomand pentru această vârstă. Părinţii cred că micuţii sunt somnoroşi şi au nevoie de mai mult somn în timpul zilei. Deşi sunt de părere că unii bebeluşi au într-adevăr nevoie de mai mult somn decât alţii, din experienţă am observat că acei copii care aveau cu adevărat nevoie de mai mult somn începeau de asemenea să doarmă mai mult în timpul nopţii. Dacă micuţul dumneavoastră nu începe să doarmă o perioadă mai lungă în timpul nopţii, atunci ar fi bine să-i analizaţi cu mai multă atenţie somnul din timpul zilei şi să reduceţi treptat numărul orelor de somn. Culcând copilul cu câteva minute mai târziu la fiecare trei sau patru zile la ora primei reprize de somn a zilei, nu doar că veţi reuşi să nu mai fie extenuat seara şi să nu mai adoarmă, ci veţi reduce numărul orelor de somn din timpul zilei.

Vă recomand ca în această etapă numărul orelor de somn din intervalul 7–19 din fiecare zi să fie redus strict la patru ore şi jumătate, în felul următor: repriza de somn de dimineaţă să nu depăşească o oră, iar cea din timpul după-amiezii să nu depăşească 30 de minute şi să aibă loc în intervalul orar 16.15–17. Unii bebeluşi au tendinţa să aţipească în jurul orei 8.30 şi să doarmă până în jurul orei 10; acest lucru duce la prea mult somn în timpul zilei şi poate influenţa negativ durata somnului din timpul nopţii. Dacă observaţi că se întâmplă acest lucru, vă recomand să treziţi bebeluşul la ora 9, astfel încât să doarmă doar 30 de minute, şi apoi să-l lăsaţi să mai tragă un pui de somn de 15 minute în jurul orei 9.45. Ar trebui să fie complet treaz la ora 10. În acest fel, durata totală a reprizei somnului de dimineaţă va fi mai mică de o oră şi, lăsându-l să doarmă numai 15 minute între orele 9.45 şi 10.15, n-ar trebui să-i fie afectată repriza de somn de la prânz.

Este foarte important ca în preajma vârstei de 7 săptămâni să obişnuiţi bebeluşul să fie înfăşat pe jumătate (cu braţele lăsate afară) în timpul reprizei de somn de la ora 9 şi când se culcă seara la ora 19. Rata sindromului morţii subite la sugari atinge cote maxime între 2 şi 4 luni, iar supraîncălzirea este considerată un factor major de risc. Atunci când înfăşaţi bebeluşul pe jumătate, este important să-l înveliţi strâns. Dacă se trezeşte înaintea orei recomandate în program, atunci verificaţi dacă nu cumva a dat din picioare şi s-a dezvelit; la această vârstă bebeluşii devin mai activi, aceasta fiind o altă cauză a faptului că se trezesc mai devreme în cursul nopţii. Pentru recomandări referitoare la felul în care se înveleşte bebeluşul şi la modul în care să-l împiedicaţi să se dezvelească, vezi pagina 23.

Acum ar trebui să dureze mai puţin timp să culcaţi copilul. Perioada cât îl ţineţi în braţe ar trebui scurtată, acesta fiind momentul potrivit pentru a-l deprinde să se culce atunci când este mai conştient. Adesea, o veioză muzicală, care cântă o melodie şi proiectează imagini pe tavan timp de aproximativ zece minute, îl ajută pe copil să adoarmă fără ajutorul dumneavoastră.

Un alt element important care-l ajută pe copil să doarmă mai mult în cursul nopţii este legat de necesitatea de a vă asigura că-şi ia cea mai mare parte din raţia zilnică de lapte între ora 6/7 şi ora 23.30. Un bun indiciu în acest sens îl reprezintă sporul ponderal; bebeluşul ar trebui să ia constant în greutate. Vezi pagina 174 pentru informaţii referitoare la sporul ponderal.

Îndată ce bebeluşul doarme o perioadă mai lungă mai multe nopţi la rând, încercaţi să nu-i daţi să sugă, dacă dintr-odată începe să se trezească iarăşi mai devreme. Perioada care urmează după masa de lapte de la orele târzii ale serii este uneori denumită „perioadă de bază" (vezi pagina 304 pentru o descriere exhaustivă a metodei perioadei de bază).

Atunci când copilul se trezeşte la această oră, ar trebui mai întâi să-i acordaţi câteva minute pentru a adormi singur la loc. Dacă acest lucru nu dă rezultate, atunci trebuie folosite alte metode. Eu aş încerca să-l fac să adoarmă dându-i apă fiartă sau răcită sau ţinându-l în braţe; alte persoane recomandă folosirea suzetei. Ar trebui să reduceţi la minimum atenţia pe care i-o acordaţi, asigurându-l în acelaşi timp că sunteţi lângă el. Acest lucru îl va învăţa pe copil una dintre cele mai importante deprinderi de somn: cum să adoarmă la loc după ce se trezeşte dintr-o fază de somn non-REM. Dacă refuză să adoarmă, trebui să-l hrăniţi. De asemenea, metoda perioadei de bază ar putea fi folosită pentru a încuraja un bebeluş mai mare ca vârstă, care a căpătat obiceiul de a se trezi la aceeaşi oră în timpul nopţii, să doarmă mai mult.

Înainte de a începe să aplicaţi această metodă, trebuie să citiţi cu atenţie următoarele precizări, pentru a vă asigura că bebeluşul este cu adevărat capabil să doarmă o perioadă mai lungă de timp în cursul nopţii:

- Această metodă n-ar trebui folosită în cazul unui bebeluş cu greutate foarte mică sau în cazul unuia care nu ia în greutate.

- Metoda ar trebui folosită numai dacă bebeluşul ia constant în greutate şi dacă sunteţi sigură că ultima masă de lapte este suficient de consistentă pentru a-l ajuta să doarmă o perioadă mai lungă în cursul nopţii.

- Principalele semne care vă arată că micuţul este pregătit să mănânce mai puţin la masa de noapte sunt: sporul ponderal constant şi refuzul de a mânca sau faptul că mănâncă o porţie mai mică la masa de la ora 7.

- Scopul acestei metode este de a mări treptat perioada de timp în care doarme bebeluşul după ultima masă de lapte, nu de a elimina dintr-odată masa de noapte. Metoda perioadei de bază poate fi folosită dacă, pe parcursul a trei sau patru nopţi, copilul a început să doarmă o perioadă mai lungă. Cu toate acestea, subliniez cu insistenţă cât de important este să nu folosiţi această metodă dacă bebeluşul nu adoarme repede la loc în timpul nopţii. Dacă nu dă rezultate în trei sau patru zile, atunci ar trebui să renunţaţi la ea şi să continuaţi să hrăniţi bebeluşul în timpul nopţii. Dacă veţi continua să folosiţi această metodă, iar copilul nu adoarme repede la loc, nu veţi reuşi decât să-l faceţi să asocieze adormirea cu stimuli greşiţi, lucru care ar putea avea drept rezultat faptul că micuţul va continua să fie agitat în timpul nopţii multe săptămâni la rând.

Modificări legate de alimentaţie

Dacă bebeluşul mănâncă între orele 3 şi 4, sunteţi nevoită să-l treziţi la ora 7, în fiecare dimineaţă, timp de cel puţin zece zile la rând, şi începe să-şi piardă pofta de mâncare la masa de dimineaţă, atunci puteţi să reduceţi treptat cantitatea de lapte cu care se hrăneşte în timpul nopţii. Acest lucru va avea drept urmare faptul că bebeluşul se va hrăni mai consistent ziua şi mai puţin în timpul nopţii şi, în cele din urmă, va renunţa definitiv la masa de noapte. Este important să nu reduceţi prea mult sau prea repede cantitatea de lapte, pentru că micuţul ar putea să se trezească înfometat cu mult înaintea orei 7; acest lucru vă va împiedica să vă atingeţi scopul de a-l determina să doarmă toată noaptea neîntrerupt, de la ora 23 până la 6/7.

În jurul vârstei de 6 săptămâni, bebeluşul va trece printr-o nouă perioadă de creştere şi va trebui să reduceţi cu încă 30 ml cantitatea de lapte pe care o extrageţi la prima oră a dimineţii şi să renunţaţi definitiv la cea din mijlocul dimineţii. Dacă bebeluşul s-a trezit şi a mâncat consistent între orele 3 şi 4, apoi a dormit până la ora 7, după care s-a trezit şi s-a hrănit iarăşi consistent, atunci ar trebui să reziste cu uşurinţă o anumită perioadă după masa de la ora 7. Treptat, puteţi începe să mutaţi mai aproape de ora 10.30 masa de la 10. Totuşi nu veţi putea face acest lucru în cazul unui copil care se trezeşte în jurul orei 5 şi primeşte o porţie suplimentară de lapte la ora 7.30. Este puţin probabil ca acest copil să reziste până la ora 10.30, dacă a primit numai porţia suplimentară de lapte la ora 7.30, aşadar continuaţi să-l hrăniţi la ora 10 (plus o porţie suplimentară de lapte înainte de somnul de la prânz), până când începe să mănânce între orele 6 şi 7. În timpul perioadelor de creştere, probabil că bebeluşul va avea nevoie să stea mai mult timp la sân la anumite mese, mai ales dacă nu aţi extras lapte la orele recomandate. Este important să-i acordaţi aceste perioade suplimentare la sân şi, dacă vă fi nevoie, să-l hrăniţi cu mai multe porţii de lapte. Cu toate că puteţi avea senzaţia că reveniţi la programele de la început, perioadele de hrănire suplimentară din timpul zilei vor fi numai pe termen scurt şi-l vor împiedica pe copil să se trezească foarte devreme sau de mai multe ori noaptea, pentru că nu s-a hrănit suficient în timpul zilei. Dacă va fi nevoie de un plan pentru stimularea lactaţiei, vezi pagina 297.

În timpul perioadelor de creştere, copiii hrăniţi cu biberonul ar trebui să primească mai mult lapte la mesele de la orele 7, 10.30 şi 18.15. Dacă bebeluşul aşteaptă fără probleme până la ora 10.30 pentru a mânca şi, în timpul acestei perioade de creştere, observaţi că începe să se trezească în timpul reprizei de somn de la prânz sau mai devreme decât de obicei, atunci este bine să-i daţi o porţie suplimentară de lapte înainte de a adormi. După ce doarme neîntrerupt timp de o săptămână la prânz, puteți micșora treptat porția suplimentară de lapte, până când renunțați definitiv la ea, iar micuțul se hrănește din nou cu o porție întreagă de lapte la ora 10.30. Însă, dacă observați că este mai neliniștit în timpul somnului de la prânz, dacă nu-și primește porția suplimentară de lapte, atunci nu există niciun motiv să nu continuați să i-o dați. Cel mai important lucru în această etapă este ca bebelușul să doarmă bine la prânz.

9

Săptămânile 6–8

Programul pentru săptămânile 6–8

Orele de masă	Orele reprizelor de somn din intervalul 7/19
7	9–9.45
10.45	11.45/12–14/14.30
14/14.30	16.30–17
17	
18/18.15	
22/22.30	**Numărul maxim de ore de somn în timpul zilei:** 4

Orele reprizelor de extragere a laptelui: 6.45 şi 21.30

Ora 7

- Bebeluşul ar trebui să fie treaz, să aibă scutecul schimbat şi să fie hrănit cel târziu la ora 7.
- Dacă a mâncat înaintea orei 5, atunci are nevoie să fie alăptat 20–25 de minute la sânul plin. Dacă nu se satură, alăptaţi-l 10–15 minute la sânul de la care aţi extras 30–60 ml de lapte.
- Dacă a mâncat la ora 6, atunci alăptaţi-l 20–25 de minute la al doilea sân, după ce extrageţi 30–60 ml de lapte.
- Nu-l hrăniţi după ora 7.45, deoarece nu-i va mai fi foame la masa următoare.
- Copilul poate rămâne treaz până la două ore.

- Încercaţi să mâncaţi cereale, pâine prăjită şi să beţi ceva nu mai târziu de ora 8, în timp ce bebeluşul de află pe salteaua de joacă.

- Spălaţi şi îmbrăcaţi bebeluşul şi nu uitaţi să-l ungeţi cu cremă în zonele cu pliuri şi cu piele uscată.

Ora 8.50

- Verificaţi scutecul şi aleza bebeluşului şi încercaţi să-l liniştiţi.

Ora 9

- Aşezaţi copilul în pătuţ, înfăşat pe jumătate, nu mai târziu de ora 9. El are nevoie să doarmă cel mult 45 de minute.

- Spălaţi şi sterilizaţi biberoanele şi aparatura pentru extragerea laptelui.

Ora 9.45

- Desfăşaţi bebeluşul, astfel încât să se poată trezi singur.

Ora 10

- Acum copilul trebuie să fie complet treaz, indiferent cât a dormit.

- Dacă bebeluşul a primit o porţie întreagă de lapte la ora 7, atunci ar trebui să reziste până la 10.45 pentru a lua masa următoare. Dacă a mâncat mai devreme şi a primit o porţie suplimentară de lapte la ora 7.30, atunci poate avea nevoie să ia masa mai devreme.

- Încurajaţi copilul să-şi mişte picioruşele pe salteaua de joacă.

Ora 10.45

- Bebeluşul ar trebui alăptat până la 20–25 de minute la sânul de la care s-a hrănit ultima oară şi apoi 10–15 minute la celălalt, în timp ce dumneavoastră beţi un pahar mare cu apă.

Ora 11.30

- Dacă micuţul a fost foarte vioi şi activ în cursul ultimelor două ore, atunci poate obosi la ora 11.30 şi va trebui aşezat în pătuţ până în ora 11.45.

Ora 11.45

- Indiferent ce a făcut copilul mai devreme, acum ar trebui să fie liniştit.
- Verificaţi-i aleza şi schimbaţi-i scutecul.
- Aşezaţi bebeluşul în pat, înfăşat complet sau pe jumătate, nu mai târziu de ora 12.

Între 11.45/12 şi 14/14.30

- Bebeluşul are nevoie de somn cel mult două ore şi jumătate din momentul în care s-a culcat.
- Dacă se trezeşte după 45 de minute, verificaţi pătura în care este înfăşat, dar nu-l suprastimulaţi vorbind mult sau stabilind frecvent un contact vizual.
- Acordaţi-i o perioadă de 10–20 de minute pentru a adormi singur la loc; dacă este încă treaz, atunci daţi-i jumătate din porţia de lapte prevăzută pentru ora 14 şi încercaţi să-l faceţi să doarmă până la această oră.

Ora 12

- Spălaţi şi sterilizaţi aparatura pentru extragerea laptelui matern, dacă n-aţi făcut acest lucru mai devreme; după aceea, ar trebui să luaţi masa de prânz şi să vă odihniţi înaintea următoarei alăptări.

Ora 14/14.30

- Bebeluşul trebuie să fie treaz şi hrănit cel târziu la ora 14.30, indiferent cât a dormit.

- Desfăşaţi-l şi lăsaţi-l să se trezească singur. Schimbaţi-i scutecul.

- Alăptaţi-l până la 20–25 de minute la sânul la care a supt ultima oară. Dacă nu se satură, alăptaţi-l 10–15 minute la celălalt sân, în timp ce beţi un pahar mare cu apă.

- Nu hrăniţi bebeluşul după ora 15.15, pentru că nu-i va mai fi foame la masa următoare.

- Este foarte important să fie complet treaz acum şi să rămână aşa până la ora 16.30, pentru a adormi uşor la ora 19; dacă a fost foarte vioi în timpul dimineţii, acum poate fi mai somnoros. Nu-l îmbrăcaţi prea gros, deoarece căldura în exces îl va moleşi.

- Aşezaţi bebeluşul pe salteaua de joacă şi încurajaţi-l să-şi mişte picioruşele.

Ora 16.15/16.30

- Schimbaţi-i scutecul.

- Acesta este momentul potrivit să-l scoateţi la plimbare, pentru a vă asigura că va dormi bine şi că va fi revigorat la masa următoare şi în timpul băii.

- Copilul n-ar trebui să doarmă după ora 17, dacă vreţi să adoarmă uşor la ora 19.

Ora 17

- Bebeluşul trebuie să fie complet treaz şi hrănit cel târziu la ora 17.

- Alăptaţi-l până la 20 de minute la sânul la care a supt ultima oară, în timp ce beţi un pahar mare cu apă.

- Este foarte important să aştepte până după baie pentru a fi hrănit la celălalt sân.

Ora 17.45

- Dacă micuţul a stat treaz foarte mult timp în cursul zilei sau nu s-a odihnit bine între orele 16.30 şi 17, atunci poate începe mai devreme baia şi masa următoare.

- Lăsaţi copilul să-şi mişte picioruşele pe salteaua de joacă fără să poarte scutec, în timp ce pregătiţi lucrurile necesare pentru baie şi culcare.

Ora 18

- Bebeluşul trebuie să înceapă baia nu mai târziu de ora 18 şi să fie masat şi îmbrăcat până la 18.15.

Ora 18.15

- Copilul trebuie hrănit cel târziu la ora 18.15; acest lucru ar trebui să fie făcut într-o cameră liniştită şi slab luminată, având grijă să nu-l suprastimulaţi vorbind mult sau stabilind frecvent un contactul vizual.

- Dacă n-a golit primul sân la ora 17, atunci alăptaţi-l până la 5–10 minute la acesta înainte de a-l aşeza la al doilea sân.

- Este foarte important ca bebeluşul să fie în pătuţ la două ore după ce s-a trezit ultima dată.

Ora 19

- Aşezaţi bebeluşul în pătuţ, înfăşat pe jumătate, nu mai târziu de ora 19.

Ora 20

- Este important să luaţi o masă foarte consistentă şi să vă odihniţi înaintea următoarei reprize de alăptare sau de extragere a laptelui.

Ora 21.30

- Dacă aţi ales să înlocuiţi ultima alăptare a zilei cu un biberon, atunci extrageţi lapte de la ambii sâni la această oră.

Ora 22/22.30

- Reglaţi lumina la intensitate maximă şi desfăşaţi bebeluşul, astfel încât să se poată trezi singur. Aşteptaţi cel puţin 10 minute înainte de a-i da să sugă, pentru a vă asigura că este complet treaz, astfel încât să se poată hrăni bine.

- Pregătiţi lucrurile necesare pentru schimbarea scutecului, precum şi o aleză, o lavetă de muselină şi o pătură pentru înfăşat de rezervă, în caz că va fi nevoie de acestea în timpul nopţii.

- Alăptaţi bebeluşul aproximativ 20 de minute la sânul la care a supt ultima oară sau hrăniţi-l cu aproape tot laptele din biberon, schimbaţi-i scutecul şi înfăşaţi-l din nou.

- Micşoraţi intensitatea luminii şi, fără să vorbiţi sau să stabiliţi un contact vizual, alăptaţi-l 20 de minute la al doilea sân sau hrăniţi-l cu laptele rămas în biberon.

În timpul nopţii

- Dacă bebeluşul se hrăneşte înaintea orei 4, consumând o cantitate substanţială de lapte şi pierzându-şi pofta de mâncare la masa de la ora 7, atunci ar fi bine să-l culcaţi la loc dându-i nişte apă fiartă şi răcită. Chiar dacă bea numai 30–60 ml de apă înainte de a fi aşezat la sân, acest lucru ar trebui să-l facă să sugă mai bine la ora 7. Scopul este de a-l determina să-şi ia toată raţia zilnică necesară între orele 7 şi 23. Câtă vreme ia constant în greutate, îl puteţi încuraja să mănânce mai puţin la masa de noapte şi, în cele din urmă, să renunţe definitiv la ea. (Vezi metoda perioadei de bază, de la pagina 304.)

- Dacă micuţul devine agitat după ce-i daţi să bea apă, atunci este bine să continuaţi încă puţin să-l hrăniţi cu o porţie întreagă de lapte în cursul nopţii.

- Dacă se trezeşte între orele 4 şi 5, atunci alăptaţi-l la un sân şi începeţi alăptarea de la ora 7 la sânul mai plin.

- Dacă se trezeşte la ora 6, atunci alăptaţi-l la un sân, iar la al doilea alăptaţi-l la ora 7.30, după ce aţi extras lapte.

- Menţineţi lumina la o intensitate scăzută şi nu suprastimulaţi bebeluşul vorbind mult sau stabilind un contact vizual. Schimbaţi-i scutecul doar dacă este necesar sau dacă este prea somnoros pentru a se hrăni cu o porţie întreagă de lapte.

Modificările care ar trebui făcute pe durata programului pentru săptămânile 6–8

Modificări legate de somn

Acum, majoritatea bebeluşilor care cântăresc peste 4 kg ar trebui să doarmă mai mult în timpul nopţii, cu condiţia să le fie satisfăcută cea mai mare parte a nevoilor nutriţionale zilnice între 6/7 şi ora 23. De asemenea, n-ar trebui să doarmă mai mult de patru ore între 7 şi 19. După ce bebeluşul a dormit mai mult câteva nopţi la rând, încercaţi să nu-l hrăniţi înaintea orei la care se trezeşte acum. Dimineaţa nu trebuie să doarmă mai mult de 45 de minute, iar la prânz ar trebui să doarmă între două ore şi un sfert şi două ore şi jumătate – nu mai mult –, iar repriza de somn de la sfârşitul după-amiezii n-ar trebui să fie mai lungă de 30 de minute. Bebeluşul poate aţipi la intervale neregulate pe durata acestei reprize, iar unii renunţă definitiv la ea. Nu-i permiteţi să renunţe la această repriză de somn, dacă nu reuşeşte să rămână treaz până la ora 19. Dacă vreţi să doarmă până la 7, atunci este important să meargă la culcare în jurul orei 19. Între 6 şi 8 săptămâni, trebuie să vă asiguraţi că repriza de somn de dimineaţă nu depăşeşte 45 de minute, deoarece dacă va dura mai mult, ar putea avea drept urmare o repriză de somn mai scurtă la prânz. Dacă observaţi că micuţul deja a devenit mai agitat la ora prânzului, în ciuda faptului că-i daţi o porţie suplimentară de lapte înaintea reprizei de somn, atunci vă sugerez să reduceţi repriza de somn de dimineaţă la doar 30 de minute, chiar dacă acest lucru va presupune să o devansaţi puţin pe cea de la prânz.

Repriza de somn de la prânz

Începând cu vârsta de 6 săptămâni, dacă bebeluşul doarme 45 de minute dimineaţa, atunci ar trebui trezit după două ore şi un sfert la prânz. Dacă, dintr-un motiv oarecare, repriza de somn de dimineaţă a fost mult mai scurtă, lăsaţi-l să doarmă două ore şi jumătate la prânz. Dacă bebeluşul începe să aibă probleme legate de somnul din timpul nopţii, nu faceţi greşeala de a-l lăsa să doarmă mai mult ziua. Aveţi grijă ca repriza de somn de dimineaţă să nu depăşească 30 de minute, iar cea de la prânz să dureze cel mult două ore. Vârsta de 8 săptămâni este cea în jurul căreia pot apărea uneori probleme în ceea ce priveşte somnul de la prânz: puteţi constata că micuţul se trezeşte la 30–40 de minute după ce a adormit şi că este agitat. Acest lucru este cauzat de faptul că începe să aibă un ciclu de somn asemănător cu cel al adulţilor, trecând din faza somnului superficial în faza somnului cu vise (cunoscut sub numele de REM) şi apoi înapoi în faza somnului profund. În timp ce unii bebeluşi tresar numai atunci când intră în faza somnului superficial, alții se trezesc de-a binelea. Dacă micuțul n-a învățat cum să adoarmă singur și este ajutat în mod sistematic să adoarmă la loc, ar putea apărea o problemă serioasă. Dacă se trezește în timpul reprizei de somn de la prânz (și îl hrăniți deja cu o porție suplimentară de lapte înainte de a-l culca), atunci acordați-i o perioadă de 10–20 de minute, pentru a vedea dacă adoarme singur. Dacă nu reușește să adoarmă la loc sau dă semne de disconfort, indiferent în ce moment, atunci mergeți imediat la el și dați-i jumătate din porția de lapte prevăzută pentru ora 14 (purtați-vă ca și cum ar fi vorba despre o masă de noapte), înainte de a-l așeza la loc în pătuț. Dacă rămâne treaz chiar și după ce faceți acest lucru, atunci pregătiți-l pentru programul din timpul după-amiezii.

Dacă i-a fost întreruptă repriza de somn de la prânz, este evident că nu va putea rezista cu ușurință de la ora 13 până la ora 16. Am observat că modalitatea cea mai bună de rezolvare a acestei probleme este de a lăsa copilul să doarmă 30 de minute după masa de la ora 14.30 și încă 20–30 de minute la ora 16.30. Astfel el nu va fi extenuat și irascibil, iar lucrurile vor reveni la normal și va adormi ușor la ora 19. Mergeți la pagina 324 dacă doriți să aflați mai multe soluții pentru rezolvarea problemelor legate de repriza de somn de la prânz.

Acum bebelușul ar trebui înfășat pe jumătate în timpul reprizei de somn de dimineață și seara la ora 19, iar în jurul vârstei de 9 săptămâni, va fi necesar să faceți acest lucru și la masa de la orele târzii ale serii, și în timpul nopții.

Modificări legate de alimentație

În timpul perioadelor de creștere, bebelușii alăptați ar trebui lăsați mai mult timp la sân, pentru a vă asigura că le sunt satisfăcute nevoile alimentare. Dacă extrageţi lapte, atunci reduceţi cu 30 ml cantitatea, pentru a putea fi satisfăcute imediat nevoile bebeluşului, iar în jurul împlinirii vârstei de 9 săptămâni, renunţaţi la repriza de extragere de la ora 6.45. Dacă nu extrageţi lapte, atunci puteţi să respectaţi în continuare orele de masă din programul potrivit pentru vârsta bebeluşului, însă va trebui să-l hrăniţi suplimentar alăptându-l pentru scurt timp înaintea reprizelor de somn din timpul zilei. Dacă veţi face acest lucru timp de aproximativ o săptămână, lactaţia va fi stimulată. Un semn care vă arată că s-a întâmplat întocmai este faptul că bebeluşul doarme bine în timpul zilei şi nu prea îi este foame la masa următoare. Îndată ce se întâmplă acest lucru, puteţi reduce treptat perioada în care alăptaţi în plus, până când reveniţi la programul de masă iniţial. Un copil hrănit cu formule de lapte ar trebui să primească 30 ml de lapte în plus la mese atunci când suge cu regularitate tot laptele din biberon, începând cu masa de dimineaţă. Porţia de la orele târzii ale serii ar trebui mărită numai dacă au fost mărite porţiile de la toate celelalte mese, iar bebeluşul nu doarme o perioadă mai lungă în cursul nopţii. Încercaţi să nu-l hrăniţi cu mai mult de 180 ml de lapte la această masă, dacă n-a cântărit peste 4,6 kg la naştere. În această etapă, unii bebeluşi au nevoie să treacă la o tetină cu debit mediu, prevăzută cu trei orificii.

Între vârsta de 6 şi cea de 8 săptămâni, un copil care ia constant în greutate şi cântăreşte peste 4 kg ar trebui să doarmă în cursul nopţii o perioadă mai lungă, de aproximativ cinci-şase ore, după masa de lapte de la orele târzii ale serii, cu condiţia să se hrănească bine ziua şi să nu doarmă mai mult decât este recomandat. Dacă bebeluşul se trezeşte în continuare între 2 şi 3, în ciuda faptului că se hrăneşte cu o porţie suplimentară de lapte, atunci vă recomand să-l hrăniţi în două reprize, prima la ora 22 şi a doua la ora 23.15 (vezi pagina 321), dacă nu aţi început deja să faceţi acest lucru. Cantitatea suplimentară de lapte şi faptul că stă treaz mai mult timp sunt adesea suficiente pentru a-l ajuta pe bebeluş să doarmă mai mult noaptea. Pentru ca această metodă să funcţioneze, este important să treziţi copilul nu mai târziu de ora 21.45, astfel încât să fie complet treaz şi să mănânce la ora 22. Lăsaţi-l să sugă atât cât doreşte şi apoi să-şi mişte picioruşele pe salteaua de joacă. La ora 23, ar trebui să-l duceţi în dormitor şi să-i schimbaţi scutecul, apoi să-l hrăniţi din nou. Dacă folosiţi formule de lapte, vă recomand să pregătiţi un alt biberon pentru a doua parte a mesei.

În cazul în care bebeluşul se trezeşte noaptea, verificaţi dacă nu cumva a dat din picioare şi s-a dezvelit, deoarece aceasta este o altă cauză a trezirilor din timpul nopţii în rândul bebeluşilor de această vârstă. Dacă este învelit strâns (vezi pagina 23) şi totuşi se trezeşte, atunci trebuie să-l culcaţi la loc, dându-i nişte apă fiartă şi răcită (vezi metoda perioadei de bază, de la pagina 304). Dacă refuză să adoarmă, va trebui să-l hrăniţi, dar ar fi recomandabil să consultaţi capitolele 4 şi 16, pentru a afla care sunt posibilele motive pentru care nu doarme mai mult în timpul nopţii. Dacă adoarme, probabil că se va trezi din nou, în jurul orei 5, oră la care puteţi să-i daţi o porţie întreagă de lapte, urmată de o porţie suplimentară la ora 7 sau 7.30. Acest lucru va face ca programul de masă şi de somn să se desfăşoare în mod normal în restul zilei.

Timp de o săptămână, bebeluşii dorm de obicei până la ora 5, ajungând treptat să doarmă până la 7. Continuaţi să măriţi porţiile de lapte din timpul zilei, nu pe cele din timpul nopţii. Majoritatea copiilor pot aştepta mai mult timp după masa de la ora 7, aşadar continuaţi să decalaţi ora mesei următoare, până când bebeluşul ajunge să mănânce la ora 10.45. Pe parcursul acestei etape, în care primeşte o porţie mică de lapte la ora 7/7.30, nu una întreagă, bebeluşul poate să nu reziste până la 10.45/11 pentru masa următoare. În acest caz, este nevoie să-i daţi jumătate de porţie la ora

10/10.15, urmată de o porţie suplimentară chiar înainte de a adormi la prânz, pentru a vă asigura că nu se trezeşte. Dacă micuţul începe iarăşi să se trezească mai devreme, aşteptaţi aproximativ 10 minute înainte de a merge la el. Dacă nu adoarme singur, atunci încercaţi să-l faceţi să adoarmă dându-i nişte apă fiartă şi răcită sau ţinându-l în braţe.

10

Săptămânile 8–12

Programul pentru săptămânile 8–12

Orele de masă	**Orele reprizelor de somn din intervalul 7–19**
7	9–9.45
10.45/11	12–14/14.45
14/14.15	16.45–17
17	
18/18.15	
22/22.30	**Numărul maxim de ore de somn în timpul zilei:** 3 ½

Ora reprizei de extragere a laptelui: 21.30

Ora 7

- Bebeluşul ar trebui să fie treaz, să aibă scutecul schimbat şi să fie hrănit cel târziu la ora 7.
- Ar trebui alăptat aproximativ 20 de minute la primul sân şi apoi 10–15 minute la celălalt.
- Nu hrăniţi bebeluşul după ora 7.45, deoarece nu-i va mai fi foame la masa următoare.
- Bebeluşul poate rămâne treaz aproximativ două ore.
- Încercaţi să mâncaţi cereale, pâine prăjită şi să beţi ceva nu mai târziu de ora 8, în timp ce bebeluşul se află pe salteaua de joacă.

- Spălaţi şi îmbrăcaţi copilul şi nu uitaţi să îl ungeţi cu cremă în zonele cu pliuri şi cu piele uscată.

Ora 8.50

- Verificaţi scutecul şi aleza bebeluşului.

Ora 9

- Aşezaţi copilul în pătuţ, înfăşat pe jumătate, nu mai târziu de ora 9. El are nevoie să doarmă cel mult 45 de minute.
- Spălaţi şi sterilizaţi biberoanele şi aparatura pentru extragerea laptelui.

Ora 9.45

- Desfăşaţi bebeluşul, astfel încât să se poată trezi singur.

Ora 10

- Acum copilul trebuie să fie complet treaz, indiferent cât a dormit.
- Încurajaţi bebeluşul să-şi mişte piciorușele pe salteaua de joacă.

Ora 10.45/11

- Copilul ar trebui alăptat 20 de minute la sânul de la care s-a hrănit ultima oară şi apoi 10–15 minute la al doilea sân, în timp ce beţi un pahar mare de apă.

Ora 11.45

- Indiferent ce a făcut mai devreme, acum ar trebui să se liniştească pentru repriza de somn.
- Verificaţi-i aleza şi schimbaţi-i scutecul.
- Aşezaţi bebeluşul în pat, înfăşat pe jumătate, nu mai târziu de ora 12.

Între 12 şi 14/14.15

- Copilul are nevoie să doarmă cel mult două ore şi un sfert din momentul în care s-a culcat.

- Dacă se trezeşte după 45 de minute, verificaţi pătura în care este înfăşat, dar nu-l suprastimulaţi vorbind mult sau stabilind un contact vizual.
- Acordaţi-i 10–20 de minute pentru a adormi din nou; dacă este încă treaz, daţi-i jumătate din porţia de lapte pentru ora 14 şi încercaţi să-l faceţi să doarmă până la 14/14.15.
- Spălaţi şi sterilizaţi biberoanele şi aparatura pentru extragerea laptelui, dacă n-aţi făcut acest lucru mai devreme; după aceea, ar trebui să luaţi masa de prânz şi să vă odihniţi înaintea următoarei alăptări.

Ora 14/14.15

- Bebeluşul trebuie să fie treaz la două ore şi un sfert după ce s-a culcat, indiferent cât a dormit, şi să fie hrănit cel târziu la 14.30.
- Desfăşaţi-l şi lăsaţi-l să se trezească singur. Schimbaţi-i scutecul.
- Alăptaţi-l 20 de minute la sânul la care s-a hrănit ultima oară. Dacă nu se satură, daţi-i să sugă 10–15 minute şi la celălalt sân, în timp ce beţi un pahar mare de apă.
- Nu hrăniţi bebeluşul după ora 15.15, pentru că nu-i va mai fi foame la masa următoare.
- Este foarte important ca micuţul să fie complet treaz în acest moment şi să rămână astfel până la ora 16.45, astfel încât să adoarmă uşor la 19.

Ora 16.15

- Schimbaţi-i scutecul şi daţi-i să bea puţină apă fiartă şi răcită nu mai târziu de 16.30.
- Bebeluşul poate dormi între 16.45 şi 17.
- Copilul n-ar trebui să doarmă după 17, dacă vreţi să adoarmă uşor la ora 19.

Ora 17

- Bebeluşul trebuie să fie complet treaz şi să mănânce nu mai târziu de ora 17.

- Alăptaţi-l până la 15 de minute la sânul la care s-a hrănit ultima oară, în timp ce beţi un pahar mare cu apă.

Ora 17.45

- Dacă micuţul a stat treaz foarte mult timp în cursul zilei sau nu s-a odihnit bine între 16.45 şi 17, atunci poate începe mai devreme baia şi masa următoare.
- Lăsaţi-l să-şi mişte picioruşele fără să poarte scutec, în timp ce pregătiţi lucrurile necesare pentru baie şi culcare.

Ora 18

- Bebeluşul trebuie să înceapă baia cel târziu la 18 şi să fie masat şi îmbrăcat până la ora 18.15.

Ora 18.15

- Copilul trebuie să fie hrănit cel târziu la 18.15 într-o cameră liniştită şi slab luminată, având grijă să nu-l suprastimulaţi vorbind mult sau stabilind frecvent un contact vizual.
- Dacă n-a golit primul sân la ora 17, atunci alăptaţi-l până la 5–10 minute la acesta înainte de a-l aşeza la celălalt sân. Alăptaţi-l până la 20 de minute la al doilea sân.
- Este foarte important ca bebeluşul să fie în pătuţ la două ore după ce s-a trezit ultima oară.

Ora 19

- Aşezaţi copilul în pătuţ, înfăşat pe jumătate, nu mai târziu de ora 19.

Ora 20

- Este foarte important să luaţi o masă foarte consistentă şi să vă odihniţi înainte de următoarea alăptare sau de extragerea laptelui.

Ora 21.30

- Dacă aţi ales să înlocuiţi ultima repriză de alăptare a zilei cu un biberon, atunci este momentul să extrageţi lapte de la ambii sâni.

Ora 22/22.30

- Reglaţi lumina la intensitate maximă şi desfăşaţi bebeluşul, astfel încât să se poată trezi singur. Aşteptaţi cel puţin 10 minute înainte de a-i da să sugă, pentru a vă asigura că este complet treaz, astfel încât să se poată hrăni bine.

- Pregătiţi lucrurile necesare pentru schimbarea scutecului, precum şi o aleză, o lavetă de muselină şi o pătură pentru înfăşat de rezervă, în caz că va fi nevoie de acestea în timpul nopţii.

- Alăptaţi bebeluşul 20 de minute la primul sân sau daţi-i aproape tot laptele din biberon, schimbaţi-i scutecul şi înfăşaţi-l din nou, pe jumătate.

- Micşoraţi intensitatea luminii şi, fără să vorbiţi sau să stabiliţi un contact vizual, alăptaţi-l până la 20 de minute la al doilea sân sau hrăniţi-l cu laptele rămas în biberon.

În timpul nopţii

- Dacă bebeluşul mănâncă înainte de ora 5 o porţie consistentă de lapte, pierzându-şi pofta de mâncare la masa de la ora 7, atunci este bine să-l faceţi să adoarmă dându-i nişte apă fiartă şi răcită. Nu uitaţi că scopul dumneavoastră este de a-l determina să-şi ia toată raţia zilnică necesară între orele 7 şi 23. Câtă vreme ia constant în greutate, poate fi încurajat să reziste până la ora 7 fără să primească o masă de lapte (vezi metoda perioadei de bază, de la pagina 304.)

- Dacă se trezeşte la ora 5, atunci alăptaţi-l la un sân şi, dacă va fi nevoie, lăsaţi-l să sugă 5–10 minute şi la celălalt.

- Dacă se trezeşte la ora 6, atunci alăptaţi-l la un sân, iar la al doilea, la ora 7.30.

- Menţineţi lumina la o intensitate scăzută şi nu suprastimulaţi bebeluşul vorbind mult sau stabilind un contact vizual. Schimbaţi-i scutecul doar dacă este necesar sau dacă este prea somnoros pentru a se hrăni cu o porţie întreagă de lapte.

Modificările care ar trebui făcute pe durata programului pentru săptămânile 8–12

Modificări legate de somn

La această vârstă, majoritatea bebeluşilor care cântăresc în jur de 5,4 kg pot dormi toată noaptea după masa de lapte de la orele târzii ale serii, cu condiţia să le fie satisfăcute nevoile nutriţionale zilnice între orele 7 şi 23. De asemenea, ar trebui să doarmă cel mult trei ore şi jumătate între 7 şi 19. Un bebeluş alăptat exclusiv se poate trezi o dată pe noapte, dar să sperăm că va face acest lucru în jurul orei 5 sau 6.

Reduceţi-i cu încă 30 de minute perioada de somn din timpul zilei, până ajungeţi la un total de trei ore. Repriza de somn de dimineaţă n-ar trebui să depăşească 45 de minute, iar dacă micuţul nu doarme prea bine la prânz, atunci poate fi redusă la 30 de minute, iar cea de la prânz n-ar trebui să depăşească două ore şi un sfert. Aceasta este etapa când pot apărea uneori probleme în ceea ce priveşte repriza de somn de la prânz. De obicei, copilul intră în faza somnului superficial la 30–45 de minute după ce s-a culcat. Unii bebeluşi se trezesc complet în acel moment şi este important să înveţe cum să adoarmă din nou pentru a nu învăţa să asocieze adormirea cu stimuli greşiţi. Pentru mai multe detalii despre această problemă, vezi pagina 324.

Până la această vârstă, majoritatea bebeluşilor renunţă deja la repriza de somn de la sfârşitul după-amiezii. Dacă micuţul dumneavoastră n-a făcut încă acest lucru, nu-l lăsaţi să doarmă mai mult de 15 minute decât dacă, dintr-un motiv oarecare, au apărut probleme în timpul somnului de la prânz şi, în acest caz, poate dormi mai mult după-amiază. Toţi bebeluşii ar trebui înfăşaţi numai pe jumătate şi insist să acordaţi o atenţie deosebită felului în care îi înveliţi.

Unul dintre motivele pentru care mulţi copii de această vârstă încă se trezesc în timpul nopţii este acela că se întorc de pe o parte pe alta în pătuţ. Dacă se întâmplă astfel în cazul copilului dumneavoastră, atunci vă recomand să cumpăraţi un sac de dormit foarte subţire, potrivit pentru vară. Aceşti saci de dormit sunt atât de subţiri, încât puteţi folosi în continuare un cearşaf pentru a înveli bebeluşul, fără să vă faceţi griji că s-ar putea supraîncălzi. (Vezi paginile 20–24 pentru mai multe detalii despre pătuţurile pentru bebeluşi şi despre lenjeria de pat.)

Modificări legate de alimentaţie

Acum copilul ar trebui să ia cinci mese pe zi în mod regulat. Dacă este alăptat exclusiv şi a început să se trezească mai devreme în cursul dimineţii, atunci poate fi o idee bună să-l hrăniţi cu o porţie suplimentară dintr-un biberon fie cu lapte matern, fie cu lapte formulă, după masa de la orele târzii ale serii. Dacă doarme cu regularitate până la ora 7, devansaţi-i treptat masa de la orele târzii ale serii, cu cinci minute o dată la trei zile, până când ajunge să mănânce la ora 22. Câtă vreme va continua să doarmă toată noaptea până la ora 7 şi să mănânce o porţie întreagă de lapte, puteţi continua să-i decalaţi masa de la ora 10.45, până la ora 11.

Deîndată ce bebeluşul doarme toate nopţile timp de 2 săptămâni, se poate renunţa la masa de la ora 17. Nu vă recomand să renunţaţi la hrănirea în două reprize înainte de a se întâmpla acest lucru, deoarece o porţie de lapte mai consistentă la ora 18.15 ar putea avea drept rezultat faptul că bebeluşul se va hrăni şi mai puţin la ultima masă, ceea ce îl va face să se trezească la o oră matinală. În cazul multora dintre bebeluşii pe care i-am îngrijit, am continuat hrănirea în două reprize până la introducerea hranei solide în alimentaţie, pentru a mă asigura că primesc o cantitate suficientă de lapte în timpul zilei. După ce renunţaţi la masa de la ora 17, iar copilul se hrăneşte cu o porţie întreagă de lapte după baie, ar putea ajunge să mănânce extrem de puţin la ultima masă de lapte a zilei, ceea ce ar avea drept rezultat trezirea la o oră matinală. Dacă se întâmplă acest lucru, atunci este recomandabil să reintroduceţi în program hrănirea în două reprize, prima la 17 şi a doua la 18.15, până când bebeluşul va mânca regulat alimente solide şi va dormi toată noaptea până în jurul orei 7.

Dacă vă gândiţi să hrăniţi bebeluşul cu biberonul la încă o masă, atunci cea mai potrivită este cea de la ora 11. Reduceţi treptat durata alăptării cu două-trei minute pe zi şi hrăniţi bebeluşul cu o porţie suplimentară de lapte formulă. Până la sfârşitul primei săptămâni, dacă bebeluşul bea 150–180 ml din biberon, atunci ar trebui să puteţi renunţa cu uşurinţă la repriza de alăptare fără să riscaţi să suferiţi prea tare din această cauză. Copiii hrăniţi cu biberonul ar trebui să primească porţii mai mari de lapte mai întâi la mesele de la orele 7, 11 şi 18.15 şi pe durata următoarei perioade de creştere, din jurul vârstei de 9 săptămâni. Măriţi porţia de lapte din biberon, astfel încât să corespundă nevoilor alimentare ale copilului.

Când se trece la programul pentru lunile 3–4

Câtă vreme nu depăşiţi perioada de somn recomandată în timpul zilei şi copilul respectă programul pentru săptămânile 8–12 în ceea ce priveşte somnul din timpul nopţii, atunci puteţi trece la programul următor. Cu toate acestea, dacă bebeluşul nu doarme în timpul nopţii atât cât se recomandă pentru săptămânile 8–12, în ciuda faptului că aţi respectat toate recomandările, atunci continuaţi să urmaţi acest program şi încercaţi să aduceţi îmbunătăţiri în ceea ce priveşte somnul din timpul nopţii. S-ar putea să fie o idee bună să renunţaţi la masa de lapte de la orele târzii ale serii pentru o scurtă perioadă, pentru a încerca să determinaţi copilul să doarmă cu regularitate o perioadă mai lungă începând cu ora 19. Îndată ce va reuşi acest lucru, veţi putea să-l hrăniţi din nou la orele târzii ale serii, în speranţa că perioada mai lungă de somn se va suprapune apoi peste intervalul 23–6/7. Îndată ce se va întâmpla acest lucru, veţi putea trece la programul pentru lunile 3–4.

11
Lunile 3–4

Programul pentru lunile 3–4

Orele de masă	**Orele reprizelor de somn din intervalul 7–19**
7	9-9.45
11	12-14/14.15
14/14.15	
17	
18/18.15	
22/22.30	**Numărul maxim de ore de somn în timpul zilei:** 3

Ora reprizei de extragere a laptelui: 21.30

Ora 7

- Bebeluşul ar trebui să fie treaz, să aibă scutecul schimbat şi să fie hrănit cel târziu la ora 7.

- Ar trebui să sugă la ambii sâni sau să bea un biberon întreg. În această etapă, majoritatea bebeluşilor au nevoie de o perioadă mai scurtă pentru a se hrăni la sân. Urmăriţi semnele pe care vi le transmite micuţul. Dacă rezistă cu uşurinţă până la masa următoare, probabil primeşte suficient lapte.

- Bebeluşul poate rămâne treaz în jur de două ore.

Ora 8

- Copilul ar trebui încurajat să-şi mişte picioruşele pe salteaua de joacă timp de 20–30 de minute, în timp ce dumneavoastră luaţi micul dejun.

- Spălaţi şi îmbrăcaţi bebeluşul şi nu uitaţi să-l ungeţi cu cremă în zonele cu pliuri şi cu piele uscată.

Ora 9

- Aşezaţi bebeluşul în pătuţ, înfăşat pe jumătate, nu mai târziu de 9. Are nevoie să doarmă cel mult 45 de minute.

- Spălaţi şi sterilizaţi biberoanele şi aparatura pentru extragerea laptelui.

Ora 9.45

- Desfăşaţi bebeluşul, astfel încât să se poată trezi singur.

Ora 10

- Acum copilul trebuie să fie complet treaz, indiferent cât a dormit.

- Încurajaţi bebeluşul să-şi mişte picioruşele pe salteaua de joacă sau scoateţi-l la plimbare.

Ora 11

- Copilul ar trebui alăptat la ambii sâni sau hrănit cu un biberon întreg.

Ora 11.50

- Verificaţi aleza şi schimbaţi-i scutecul.

- Culcaţi bebeluşul, înfăşat pe jumătate, nu mai târziu de ora 12.

Între 12 şi 14/14.15

- Copilul are nevoie să doarmă cel mult două ore şi un sfert din momentul în care s-a culcat.

- Spălaţi şi sterilizaţi biberoanele şi aparatura pentru extragerea laptelui, dacă n-aţi făcut-o mai devreme; după aceea, ar trebui să luaţi masa de prânz şi să vă odihniţi înaintea mesei următoare.

Ora 14/14.15

- Copilul trebuie să se trezească la două ore şi un sfert după ce s-a culcat, indiferent cât a dormit, şi să fie hrănit cel târziu la ora 14.30.
- Desfăşaţi-l şi lăsaţi-l să se trezească singur. Schimbaţi-i scutecul.
- Ar trebui alăptat la ambii sâni sau hrănit cu biberonul.
- Nu hrăniţi bebeluşul după ora 15.15, pentru că nu-i va mai fi foame la masa următoare.
- Dacă s-a odihnit bine în timpul ambelor reprize de somn, atunci ar trebui să reziste tot restul după-amiezii fără să mai doarmă.

Ora 16/16.15

- Schimbaţi-i scutecul şi daţi-i să bea puţină apă fiartă şi răcită nu mai târziu de ora 16.30.
- Dacă nu s-a odihnit bine la prânz, atunci poate dormi puţin între această oră şi 17.
- Bebeluşul n-ar trebui să doarmă după ora 17, dacă vreţi să adoarmă uşor la 19.

Ora 17

- Alăptaţi-l până la 15 minute la sânul la care s-a hrănit ultima oară sau hrăniţi-l cu biberonul.

Ora 17.45

- Lăsaţi bebeluşul să-şi mişte picioruşele fără să poarte scutec, în timp ce pregătiţi lucrurile necesare pentru baie şi culcare.

Ora 18

- Bebeluşul trebuie să-şi înceapă baia cel târziu la ora 18 şi să fie masat şi îmbrăcat până în 18.15.

Ora 18.15

- Copilul trebuie să mănânce nu mai târziu la ora 18.15.

- Dacă n-a golit primul sân la ora 17, atunci lăsaţi-l să sugă 5–10 minute la acesta, înainte de a-l aşeza la celălalt. Alăptaţi-l aproximativ 20 de minute la al doilea sân sau hrăniţi-l cu biberonul.

- Reduceţi intensitatea luminii şi lăsaţi-l să stea pe scaun timp de 10 minute, în timp ce faceţi ordine.

Ora 19

- Aşezaţi bebeluşul în pătuţ, înfăşat pe jumătate, nu mai târziu de 19.

Ora 20

- Este foarte important să luaţi o masă foarte consistentă şi să vă odihniţi înaintea următoarei reprize de alăptare sau de extragere a laptelui.

Ora 21.30

- Dacă aţi ales să înlocuiţi ultima repriză de alăptare a zilei cu un biberon, atunci este momentul să extrageţi lapte de la ambii sâni.

Ora 22/22.30

- Aprindeţi lumina şi desfăşaţi bebeluşul, astfel încât să se poată trezi singur.

- Lăsaţi copilul să se hrănească la sân sau din biberon cu aproape toată porţia de lapte, schimbaţi-i scutecul şi înfăşaţi-l pe jumătate.

- Micşoraţi intensitatea luminii şi, fără să vorbiţi sau să stabiliţi un contact vizual, daţi-i cu restul porţiei de lapte.

Modificările care ar trebui făcute pe durata programului pentru lunile 3–4

Modificări legate de somn

Dacă aţi organizat mesele de lapte şi reprizele de somn din timpul zilei conform programului, atunci copilul ar trebui să doarmă toată noaptea, de la masa de la orele târzii ale serii până în preajma orei 6/7. Dacă începe să se trezească mai devreme, atunci plecaţi de la presupunerea că acest lucru poate fi cauzat de foame. Măriţi-i porţia de lapte de la orele târzii ale serii şi, dacă este nevoie, hrăniţi-l din nou în două reprize (vezi pagina 162). De asemenea, trebuie să vă asiguraţi că numărul orelor de somn din intervalul 7–19 nu depăşeşte trei ore. Unii bebeluşi pot avea nevoie de mai puţin somn în timpul zilei şi este bine să luaţi în considerare din nou reducerea numărului orelor de somn din timpul zilei până la aproximativ două ore şi jumătate, repriza de somn de dimineaţă durând 30 de minute, iar cea de la prânz, două ore.

Dacă bebeluşul urmează programul fără probleme, atunci doarme deja mai puţin la sfârşitul după-amiezii, iar în anumite zile poate rezista chiar fără să doarmă, însă poate avea nevoie să adoarmă cu 5–10 minute mai devreme în zilele respective. Dacă a dormit mai puţin de două ore la prânz, atunci fără îndoială că trebuie încurajat să tragă un pui de somn de cel mult 30 de minute între 16 şi 17, altfel poate ajunge atât de obosit seara la culcare, încât nu va adormi cu uşurinţă.

Între 3 şi 4 luni, perioada cât copilul stă treaz în timpul mesei de lapte de la orele târzii ale serii ar trebui redusă treptat până la 30 de minute, cu condiţia ca el să doarmă cu regularitate toată noaptea până la ora 7 timp de cel puţin 2 săptămâni. Masa trebuie să se desfăşoare în linişte şi ar trebui tratată drept una de noapte. Devansaţi-o cu zece minute o dată la trei zile, până când devine o masă foarte scurtă la ora 22, în timpul căreia bebeluşul este somnoros. Totuşi, dacă micuţul încă se trezeşte între orele 5 şi 6, atunci este recomandabil să încercaţi să-l ţineţi treaz cel puţin o oră în timpul mesei de lapte de la orele târzii ale serii, respectând recomandările pentru hrănirea în două reprize (vezi pagina 162).

Chiar dacă bebeluşul nu iese din pătura în care este înfăşat pe jumătate, acesta este momentul potrivit în care vă recomand să-l deprindeţi să doarmă într-un sac de dormit foarte subţire, confecţionat din bumbac. Încă are nevoie să fie învelit strâns cu un cearşaf şi, poate, cu o pătură, în funcţie de temperatura din cameră; de aceea, este important să cumpăraţi un sac de dormit foarte subţire, pentru a evita riscul de supraîncălzire.

Modificări legate de alimentaţie

Între 3 şi 4 luni, dacă bebeluşul doarme toată noaptea timp de cel puţin 2 săptămâni, atunci ar trebui să vă asiguraţi că porţiile suplimentare de lapte de care are nevoie în timpul perioadelor de creştere îi sunt date la mesele din timpul zilei, pentru a nu se trezi iarăşi noaptea. Dacă este alăptat exclusiv şi încă se trezeşte în timpul nopţii, în ciuda faptului că este hrănit cu o porţie suplimentară de lapte la orele târzii ale serii, atunci s-ar putea să aibă nevoie de o porţie mai mare la această masă. Dacă nu reuşiţi să extrageţi o cantitate suplimentară de lapte mai devreme în timpul zilei, atunci, după cum au observat unele mame, vă este de ajutor să hrăniţi bebeluşul cu o porţie suplimentară de lapte formulă. Ar fi bine să discutaţi despre acest lucru cu asistentul medical sau cu medicul.

Dacă bebeluşul este hrănit cu 210–240 ml de lapte formulă de patru ori pe zi, atunci poate avea nevoie numai de o porţie mică, de 120–180 ml, la orele târzii ale serii. Totuşi, dacă la această vârstă micuţul nu doarme toată noaptea, motivul poate fi acela că are nevoie de mai mult lapte.

Chiar dacă acest lucru îl va face să mănânce mai puţin la masa de dimineaţă, vă recomand să-l hrăniţi cu o porţie întreagă de

210–240 ml câteva nopți la rând, pentru a vedea dacă va dormi mai mult în cursul nopții.

Există anumiți copii care refuză pur și simplu masa de lapte de la orele târzii ale serii între 3 și 4 luni. Cu toate acestea, dacă observați că bebelușul începe să se trezească iarăși mai devreme și refuză să adoarmă la loc în aproximativ 10 minute, atunci probabil îi este foame și trebuie să-l hrăniți. După aceea, puteți lua în considerare reintroducerea ultimei mese de lapte în program, până când îi va fi diversificată alimentația și va începe să mănânce regulat alimente solide.

Dacă observați că bebelușul continuă să se trezească înainte de 4/5, refuză să bea apă fiartă și răcită și nu vrea să adoarmă fără să se hrănească, atunci țineți un jurnal foarte detaliat în care să notați cu precizie orele de masă și cantitățile consumate, precum și orele de somn din timpul zilei, pentru a stabili dacă se trezește din obișnuință sau pentru că îi este într-adevăr foame.

Indiferent dacă alăptați sau hrăniți bebelușul cu biberonul, dacă sporul ponderal este bun, sunteți convinsă că se trezește din obișnuință și refuză să bea apă fiartă și răcită, atunci așteptați 15–20 de minute înainte de a merge la el. Unii bebeluși adorm singuri la loc. Un copil de această vârstă se poate trezi în continuare în timpul nopții pentru că se dezvelește. Înveliți-l strâns (vezi pagina 23).

Dacă bebelușul este hrănit cu lapte formulă și primește 995–1 130 ml între 7 și 23, nu ar trebui să i se facă foame în timpul nopții. Totuși, unii bebeluși foarte mari, care cântăresc peste 6,8 kg, încă pot avea nevoie să mănânce între orele 5 și 6, după care să primească o porție suplimentară de lapte la 7/7.30, până când împlinesc 6 luni și li se diversifică alimentația. Recomandările spun că bebelușilor n-ar trebui să li se diversifice alimentația înaintea vârstei de 6 luni. Dacă sunteți preocupată de faptul că micuțul prezintă toate semnele care arată că are nevoie să i se diversifice alimentația (vezi pagina 237), atunci este important să discutați despre asta cu asistentul medical sau cu medicul de familie.

Este mai bine să continuaţi să hrăniţi bebeluşul în timpul nopţii pentru o perioadă mai lungă, decât să vă expuneţi riscului de a-i diversifica alimentaţia înainte de a fi pregătit pentru acest lucru. De asemenea, un bebeluş alăptat exclusiv poate avea nevoie să mănânce în jurul orei 5/6, întrucât este posibil să nu se sature la ultima masă de lapte. Indiferent dacă micuţul este alăptat sau hrănit cu biberonul, un bun indiciu care să vă arate dacă este pregătit sau nu să renunţe la masa de noapte îl reprezintă felul în care mănâncă porţia suplimentară de lapte la 7/7.30. Dacă se hrăneşte cu poftă, probabil că este într-adevăr flămând la ora 5/6. Dacă face mofturi, refuzând porţia suplimentară, atunci eu aş considera că trezirea matinală s-a produs mai degrabă din obişnuinţă decât de foame şi aş încerca să-l culc la loc dându-i nişte apă fiartă şi răcită sau ţinându-l în braţe.

Dacă bebeluşul continuă să doarmă toată noaptea până la ora 7, după ce perioada de veghe de la orele târzii ale serii a fost redusă la 30 de minute, şi, pe lângă aceasta, mănâncă mai puţin la ora 7, reduceţi lent cantitatea de la masa de la orele târzii ale serii. Continuaţi să procedaţi astfel numai dacă doarme bine până la ora 7. Nu vă recomand să renunţaţi definitiv la această masă până nu împlineşte 6 luni şi nu mănâncă regulat alimente solide. Dacă renunţaţi complet la masa de lapte de la orele târzii ale serii înainte de introducerea hranei solide, iar copilul trece printr-o perioadă de creştere, este posibil să constataţi că va fi nevoie să-l hrăniţi din nou în timpul nopţii.

Dacă bebeluşul este alăptat exclusiv şi cântăreşte peste 6,3 kg, puteţi fi nevoită să-l hrăniţi din nou în cursul nopţii pe durata perioadelor de creştere, până la introducerea hranei solide. Dacă observaţi că v-a scăzut lactaţia, urmaţi programul pentru stimularea lactaţiei de la pagina 297.

12
Lunile 4–6

Programul pentru lunile 4–6

Orele de masă	Orele reprizelor de somn din intervalul 7–19
7	9–9.45
11	12–14/14.15
14.15/14.30	
18/18.15	
22	**Numărul maxim de ore de somn în timpul zilei:** 3

Ora reprizei de extragere a laptelui: 21.30

Ora 7

- Bebeluşul ar trebui să fie treaz, să aibă scutecul schimbat şi să fie hrănit cel târziu la ora 7.
- Ar trebui sugă la ambii sâni sau să primească un biberon întreg.
- Bebeluşul poate rămâne treaz în jur de două ore.

Ora 8

- Copilul ar trebui încurajat să-şi mişte piciouşele pe salteaua de joacă sau să aibă alte activităţi timp de 20–30 de minute, în timp ce dumneavoastră luaţi micul dejun.

- Spălaţi şi îmbrăcaţi bebeluşul şi nu uitaţi să-l ungeţi cu cremă în zonele cu pliuri şi cu piele uscată.

Ora 9/9.15

- Culcaţi bebeluşul în sacul de dormit, învelit strâns, nu mai târziu de ora 9.15. Are nevoie de 30–45 de minute de somn.
- Spălaţi şi sterilizaţi biberoanele şi aparatura pentru extragerea laptelui.

Ora 9.45

- Dezveliţi-l, astfel încât să se poată trezi singur.

Ora 10

- Acum copilul trebuie să fie complet treaz, indiferent cât a dormit.
- Încurajaţi-l să-şi mişte picioruşele pe salteaua de joacă sau scoateţi-l la plimbare.

Ora 11

- Bebeluşul ar trebui alăptat la ambii sâni sau hrănit cu un biberon întreg, înainte de a primi mâncare solidă, dacă vi s-a recomandat să începeţi de timpuriu diversificarea (vezi pagina 246).
- Încurajaţi-l să stea pe scaun, în timp ce strângeţi lucrurile folosite la masa de prânz.

Ora 11.50

- Verificaţi aleza şi schimbaţi-i scutecul.
- Culcaţi copilul în sacul de dormit, învelit strâns, nu mai târziu de ora 12.

Ora 12

- Bebeluşul are nevoie de somn cel mult două ore şi un sfert din momentul în care s-a culcat.

- Ar trebui să luaţi masa de prânz şi să vă odihniţi înaintea următoarei alăptări.

Ora 14/14.15

- Bebeluşul ar trebui să se trezească după două ore şi un sfert, indiferent cât a dormit, şi să fie hrănit cel târziu la ora 14.30.

- Dezveliţi bebeluşul şi lăsaţi-l să se trezească singur. Schimbaţi-i scutecul.

- Copilul trebuie alăptat la ambii sâni sau hrănit cu biberonul.

- Nu hrăniţi bebeluşul după ora 15.15, pentru că nu-i va mai fi foame la masa următoare.

- Dacă s-a odihnit bine în timpul ambelor reprize de somn, atunci ar trebui să reziste tot restul după-amiezii fără să mai doarmă.

Ora 16.15

- Schimbaţi-i scutecul şi daţi-i să bea puţină apă fiartă şi răcită cel târziu la ora 16.30.

- Dacă nu s-a odihnit bine la prânz, atunci poate să mai doarmă până la 17.

- Nu trebuie să doarmă după ora 17, dacă vreţi să adoarmă uşor la 19.

Ora 17

- Acum copilului nu ar trebui să i se facă foame până după baie. Dacă nu reuşeşte acest lucru, atunci alăptaţi-l 10–15 minute la sânul la care a supt ultima oară sau hrăniţi-l cu biberonul.

Ora 17.30

- Lăsaţi copilul să-şi mişte picioruşele fără să poarte scutec, în timp ce pregătiţi lucrurile necesare pentru baie şi culcare.

Ora 17.45

- Bebeluşul trebuie să înceapă baia nu mai târziu de 17.45 şi să fie masat şi îmbrăcat între 18 şi 18.15.

Ora 18/18.15

- Copilul trebuie să mănânce între 18 şi 18.15, în funcţie de cât de obosit este.

- Ar trebui să fie alăptat la ambii sâni sau hrănit cu un biberon întreg. Dacă a mâncat la 17, dar nu a golit primul sân, atunci alăptaţi-l 5–10 minute la acesta, înainte de a-l aşeza la celălalt. Alăptaţi-l 20 de minute la al doilea sân sau hrăniţi-l cu biberonul.

- Reduceţi intensitatea luminii şi lăsaţi copilul să stea pe scaun timp de zece minute, în timp ce faceţi ordine.

- Dacă vi s-a recomandat să începeţi diversificarea alimentaţiei bebeluşului (vezi pagina 246), atunci daţi-i acum alimente solide.

Ora 19

- Culcaţi copilul în sacul de dormit, învelit strâns, nu mai târziu de 19.

- Este foarte important să luaţi o masă foarte consistentă şi să vă odihniţi înainte de următoarea alăptare sau de extragerea laptelui.

Ora 21.30

- Dacă aţi ales să înlocuiţi ultima repriză de alăptare a zilei cu biberonul, atunci este momentul pentru a extrage lapte de la ambii sâni.

Ora 22

- Aprindeţi lumina şi treziţi bebeluşul pentru a-i da să sugă.
- Scoateţi-l din sacul de dormit, daţi-i aproape toată porţia de lapte, schimbaţi-i scutecul şi aşezaţi-l la loc în sacul de dormit.
- Micşoraţi intensitatea luminii şi, fără să vorbiţi sau să stabiliţi un contact vizual, daţi-i restul de lapte. Dacă nu vrea, nu-l siliţi; acum ar putea începe să mănânce mai puţin.
- Această masă nu trebuie să dureze mai mult de 30 de minute.
- Înveliţi strâns bebeluşul cu un cearşaf subţire.

Modificările care ar trebui făcute pe durata programului pentru lunile 4–6

Modificări legate de somn

Între 4 şi 6 luni, copilul ar trebui să doarmă de la masa de lapte de la orele târzii ale serii până la 6/7 dimineaţa, cu condiţia să mănânce patru-cinci porţii întregi de lapte pe zi şi să nu doarmă mai mult de trei ore între 7 şi 19.

Dacă se trezeşte în continuare în timpul nopţii şi sunteţi sigură că acest lucru nu este cauzat de foame, vă recomand să încercaţi metoda perioadei de bază, descrisă la pagina 304. Dacă nu funcţionează, s-ar putea să fie din cauză că bebeluşul are nevoie să doarmă mai puţin decât alţii şi în acest caz vă sfătuiesc să reduceţi treptat, până la două ore şi jumătate, numărul orelor de somn din timpul zilei. Dacă, după 2 săptămâni, acest lucru nu a dus la ameliorarea situaţiei, renunţaţi la masa de la orele târzii ale serii, pentru a vedea cât timp va dormi copilul. Ora la care se va trezi vă ajută să stabiliţi dacă să-l mai hrăniţi sau nu la orele târzii ale serii. De exemplu, dacă va dormi până la ora 5, va mânca și va adormi la loc, trezindu-se la 7, atunci va dormi o perioadă mai lungă între 19 și 7, fiind de preferat să facă astfel decât să se trezească și să mănânce la orele târzii ale serii, dar și la ora 5.

Însă, dacă renunțați la această masă, iar bebelușul se trezește, cu aproximație, la ora 1 și la ora 5, atunci este logic să continuați să-l hrăniți la orele târzii ale serii, astfel încât să nu se trezească și să mănânce de două ori între miezul nopții și ora 5.

Dacă bebelușul cântărește peste 6,8 kg, foamea ar putea fi cu adevărat cauza trezirilor din timpul nopții, mai ales dacă este alăptat exclusiv. Dacă așa stau lucrurile, atunci poate că va trebui să acceptați că este nevoie să fie alăptat în timpul nopții până când va mânca regulat alimente solide, la vârsta de 6 luni. Dacă credeți că este pregătit pentru diversificarea alimentației, atunci cereți sfatul asistentului medical sau al medicului de familie privitor la începerea diversificării mai devreme decât vârsta recomandată, de 6 luni. Dacă hotărâți să continuați să-l hrăniți în timpul nopții, atunci este esențial ca mesele să fie scurte și să se desfășoare în liniște, astfel încât bebelușul să adoarmă repede la loc și somnul să fie profund până la ora 7.

Dacă n-ați început încă să folosiți un sac de dormit, atunci ar fi recomandabil s-o faceți în această etapă. Dacă o veți lăsa pe mai târziu, este posibil ca bebelușului să nu-i placă să fie culcat într-un sac de dormit.

Copilul încă are nevoie să fie învelit strâns, până când va merge de-a bușilea și se mișcă singur prin pătuț. Atunci când vremea este foarte călduroasă, poate fi culcat într-un sac de dormit foarte subțire, doar cu scutecul pe el, și poate fi învelit cu un cearșaf foarte subțire din bumbac.

Dacă nu doarme două ore la prânz, atunci scurtați-i repriza de somn de dimineață până la 20–30 de minute și apoi mutați-i masa de la ora 11 mai devreme, la 10.30. Dați-i o porție suplimentară de lapte chiar înainte de a dormi la prânz.

Modificări legate de alimentație

Vă recomand să hrăniți în continuare bebelușul la orele târzii ale serii până la introducerea hranei solide în alimentație. Conform recomandărilor actuale, hrana solidă trebuie introdusă în alimentație la vârsta de 6 luni, nu la 4 luni, așa cum se recomanda anterior. Întrucât bebelușul va continua să treacă prin perioade de creștere între 4 și 6 luni, îi vor trebui satisfăcute în continuare nevoile alimentare. Din experiență, acest lucru poate fi rareori făcut, dacă micuțul primește numai patru mese de lapte pe zi. Dacă vă hotărâți să renunțați la masa de lapte de la orele târzii ale serii, iar copilul începe să se trezească mai devreme și nu adoarme repede la loc, atunci ar fi bine să-l hrăniți. În acest caz, ar fi o idee bună să luați în considerare reintroducerea ultimei mese în program, până când va mânca regulat alimente solide. Dacă observați că refuză să mănânce la orele târzii ale serii, dar se trezește înfometat la ora 5, trebuie să-l hrăniți și să-l culcați la loc pentru a dormi până la ora 7, iar după aceea să-i dați o porție suplimentară de lapte înainte de 8. Dacă se va întâmpla acest lucru, veți fi nevoită să-i dați să mănânce mai devreme, între 10 și 10.30, dar în acest caz vă sfătuiesc să-i dați încă o porție suplimentară de lapte înainte de a dormi la prânz, pentru a vă asigura că doarme bine.

În perioadele de creștere, puteți constata că nu-i ajung cinci mese de lapte pe zi. Dacă se va întâmpla acest lucru, va trebui să-l hrăniți în două reprize (vezi pagina 162) dimineața și să reluați masa de la ora 17, în cazul în care ați renunțat la ea.

Dacă bebelușul devine foarte nemulțumit între mese, în ciuda faptului că mănâncă o cantitate suplimentară de lapte, și credeți că are nevoie de diversificare, este important să discutați despre aceste lucruri cu asistentul medical sau cu medicul de familie. Dacă vi se recomandă să diversificați alimentația înaintea vârstei de 6 luni, este important să-i introduceți hrana solidă în alimentație cu foarte mare grijă. În această etapă, rolul alimentelor solide ar trebui să fie numai acela de a-l ajuta să se familiarizeze cu gustul lor şi să-i fie date în plus faţă de lapte; acestea n-ar trebui să fie un substitut al meselor de lapte (vezi pagina 246). Pentru a fi sigură că nu se întâmplă acest lucru, asiguraţi-vă întotdeauna că bebeluşul mănâncă mai întâi toată porţia de lapte. Începeţi cu o porţie mică de orez pentru bebeluşi, amestecat fie cu lapte matern, fie cu formule de lapte, după masa de la ora 11. După ce acceptă orezul, puteţi să i-l daţi seara, după masa de la ora 18, şi apoi să-l hrăniţi cu câteva dintre alimentele pentru prima etapă a diversificării, recomandate la pagina 249, după masa de la ora 11.

Dacă observaţi că bebeluşul este prea obosit pentru a mânca toată porţia de lapte la ora 18 şi apoi alimentele solide, daţi-i două treimi din porţia de lapte la ora 17.15 sau 17.30, apoi alimentele solide şi restul de lapte după baie. Dacă-i daţi formule de lapte, este recomandabil să pregătiţi două biberoane, pentru a vă asigura că laptele este proaspăt.

Îndată ce această masă (de la ora 18) include alimente solide, iar cantitatea lor creşte, copilul ar trebui să mănânce mai puţin lapte la orele târzii ale serii. De îndată ce ajunge să sugă foarte puţin la sân sau numai 60 ml de lapte formulă la orele târzii ale serii, continuând să doarmă bine toată noaptea până la ora 7, ar trebui să puteţi renunţa la masa de lapte de la orele târzii ale serii, neriscând să se trezească foarte devreme.

Un copil alăptat care a împlinit 5 luni, mănâncă alimente solide şi începe să se trezească înaintea orei 22 poate să nu se sature la această masă. Încercaţi să-l alăptaţi la ambii sâni la ora 17.30 şi apoi daţi-i alimente solide, faceţi-i baie la 18.15 şi după aceea daţi-i o porţie suplimentară de lapte. Foarte probabil, un copil care n-a început să mănânce alimente solide are nevoie să mănânce lapte în două reprize, prima la 17 şi a doua la 18.15, până la introducerea hranei solide.

Pentru mai multe informaţii referitoare la diversificarea timpurie, vezi pagina 246.

13

Lunile 6–9

De îndată ce bebeluşul împlineşte 6 luni, îl puteţi deprinde să doarmă în camera lui. Este bine s-o faceţi treptat, pentru că s-a obişnuit să fie întotdeauna cineva în preajmă. Începeţi să-l culcaţi în camera lui fie dimineaţa, fie la prânz. Îndată ce doarme bine în timpul ambelor reprize de somn, puteţi să-l culcaţi în camera lui şi începând cu ora 19. Întrucât bebeluşul nu este obişnuit să doarmă pe întuneric în cursul zilei, vă recomand să-i lăsaţi aprinsă o lumină de veghe seara, la ora de culcare, până când se obişnuieşte să doarmă în camera lui. Renunţaţi încet-încet să mai folosiţi lumina de veghe, îndată ce adoarme uşor şi se odihneşte bine la aceste ore.

Programul pentru lunile 6–9

Orele de masă	**Orele reprizelor de somn din intervalul 7–19**
7	9.15/9.30–10
11.30	12.30–14.30
14.30	
17	
18.30	**Numărul maxim de ore de somn în timpul zilei:** 2 ½–2 ¾

Ora 7

- Bebeluşul ar trebui să fie treaz, să aibă scutecul schimbat şi să fie hrănit cel târziu la ora 7.

- Este bine să fie alăptat la ambii sâni sau hrănit cu un biberon întreg, după care ar trebui să primească cereale pentru micul dejun amestecate fie cu lapte matern, fie cu lapte formulă şi fructe, de îndată ce mănâncă regulat alimente solide.

- Poate rămâne treaz o perioadă cuprinsă între două ore şi două ore şi jumătate.

Ora 8

- Copilul ar trebui să fie încurajat să se joace sau să aibă alte activităţi timp de 20–30 de minute, în timp ce dumneavoastră luaţi micul dejun.

- Spălaţi şi îmbrăcaţi bebeluşul şi nu uitaţi să-l ungeţi cu cremă în zonele cu pliuri şi cu piele uscată.

Ora 9.15/9.30

- Trageţi draperiile şi culcaţi bebeluşul în sacul de dormit, pe întuneric şi cu uşa închisă, nu mai târziu de 9.30. El are nevoie de o repriză de somn de 30–45 de minute.

Ora 9.55

- Trageţi draperiile şi desfaceţi-i sacul de dormit, astfel încât să se poată trezi singur.

- Bebeluşul trebuie să fie complet treaz la ora 10, indiferent cât a dormit.

- Încurajaţi-l să se joace pe podea sau scoateţi-l la plimbare.

Ora 11.30

- La vârsta de 7 luni, copilul ar trebui să primească cea mai mare parte din mâncarea solidă înainte de a bea apă sau de suc foarte diluat dintr-o cană pentru bebeluşi. După aceea, daţi-i alternativ mâncarea solidă rămasă şi ceva de băut.
- Încurajaţi-l să stea pe scaun şi daţi-i câteva alimente care pot fi mâncate cu mâna (vezi pagina 256), în timp ce luaţi masa de prânz.
- Continuaţi să modificaţi ora mesei de prânz a bebeluşului, până ajunge în preajma amiezii.

Ora 12.20

- Verificaţi aleza şi schimbaţi-i scutecul.
- Trageţi draperiile şi culcaţi copilul în sacul de dormit, pe întuneric şi cu uşa închisă, nu mai târziu de 12.30.

Între 12.30 şi 14.30

- Bebeluşul are nevoie să doarmă cel mult două ore din momentul în care s-a culcat.

Ora 14.30

- Copilul trebuie să fie treaz şi să mănânce nu mai târziu de ora 14.30, indiferent cât a dormit.
- Trageţi draperiile şi desfaceţi-i sacul de dormit, astfel încât să se poată trezi singur. Schimbaţi-i scutecul.
- Ar trebui alăptat la ambii sâni sau hrănit cu biberonul.
- Nu-i daţi să mănânce după ora 15.15, fiindcă nu-i va mai fi foame la masa următoare.

Ora 16.15

- Schimbaţi-i scutecul.

Ora 17

- Copilul ar trebui să primească cea mai mare parte din hrana solidă înainte de a bea puţină apă din cana pentru bebeluşi. Este important să aibă în continuare o masă de lapte consistentă înaintea orei de culcare, aşa că daţi-i foarte puţină apă.

Ora 18

- Bebeluşului trebuie să i se facă baie nu mai târziu de ora 18 şi să fie masat şi îmbrăcat până în 18.30.

Ora 18.30

- Copilul trebuie să mănânce nu mai târziu la ora 18.30; să fie alăptat la ambii sâni sau hrănit cu un biberon întreg.

- Micşoraţi intensitatea luminii şi citiţi-i o poveste.

Ora 19

- Culcaţi bebeluşul în sacul de dormit, pe întuneric şi cu uşa închisă, nu mai târziu de ora 19.

Modificările care ar trebui făcute pe durata programului pentru lunile 6–9

Modificări legate de somn

După ce bebeluşul ia în mod regulat trei mese de alimente solide pe zi, ar trebui să doarmă din jurul orei 19 până în jurul orei 7.

Dacă aţi respectat cele mai recente recomandări referitoare la diversificarea alimentară şi aţi început să hrăniţi bebeluşul cu alimente solide la vârsta de 6 luni, atunci probabil că va avea nevoie de o porţie mică de lapte la orele târzii ale serii până se apropie de împlinirea vârstei de 7 luni. Dacă aţi fost sfătuită să-i diversificaţi alimentaţia înaintea vârstei de 6 luni şi mânca în mod regulat alimente solide atunci când a împlinit 6 luni, atunci ar trebui să puteţi renunţa mai repede la masa de lapte de la orele târzii ale serii.

În cazul în care bebeluşul nu se hrăneşte cu mai puţin lapte la orele târzii ale serii după ce a început să mănânce regulat alimente solide, este posibil să nu primească suficientă hrană sau să aibă nevoie de o porţie mai mare de lapte la ora 18.30. Ţineţi un jurnal în care să notaţi toate cantităţile de alimente şi de lapte consumate de-a lungul unei perioade de patru zile, pentru a reuşi să stabiliţi cu precizie motivul pentru care nu renunţă la masa de lapte de la orele târzii ale serii. Dacă sunteţi convinsă că bebeluşul primeşte cantităţile corespunzătoare şi că se hrăneşte la orele târzii ale serii mai degrabă din obişnuinţă decât de foame, atunci vă sfătuiesc să micşoraţi treptat porţia de lapte de la această masă. Dacă o micşoraţi cu 30 ml o dată la trei-patru zile, fără ca bebeluşul să înceapă să se trezească devreme, atunci ar trebui să continuaţi să procedaţi astfel, până când se va hrăni numai cu 60 ml. Îndată ce se hrăneşte numai cu 60 ml, puteţi renunţa complet la această masă, apoi copilul va putea dormi toată noaptea neîntrerupt, de la ora 19 la ora 7.

După ce împlineşte 6 luni, ar trebui să-i mutaţi mai târziu, la ora 9.30, repriza de somn de dimineaţă. Acest lucru îl va stimula să adoarmă la prânz în jurul orei 12.30. Acesta este un element important, din momentul în care bebeluşul mănâncă regulat alimente solide şi ia trei mese propriu-zise pe zi, masa de prânz având loc în jurul orei 11.45/12. Unor bebeluşi le place să se trezească mai târziu dimineaţa, îndată ce iau în mod regulat trei mese de alimente solide pe zi. Dacă micuţul dumneavoastră doarme până la 8, atunci nu mai are nevoie de repriza de somn de dimineaţă, dar este posibil să nu reuşească să reziste până la 12.30 pentru somnul de la prânz; de aceea, poate avea nevoie să ia masa de prânz în jur de 11.30, astfel încât să adoarmă pe la 12.15 (vezi pagina 327).

Între 6 şi 9 luni, copilul începe să se întoarcă de pe spate pe burtică şi poate prefera să doarmă în această poziţie. Când se întâmplă acest lucru, este recomandabil să-i luaţi cearşaful şi pătura, pentru a nu se încurca în ele. În lunile de iarnă, sacul de dormit subţire va trebui înlocuit cu unul mai gros, pentru a compensa faptul că i-aţi luat păturile.

Modificări legate de alimentaţie

Dacă aţi aşteptat până la vârsta de 6 luni pentru a introduce mâncarea solidă în alimentaţia copilului, atunci este important să parcurgeţi cât se poate de repede lista cu diversele tipuri de alimente solide şi să continuaţi să măriţi cantităţile din două în două zile sau atunci când micuţul dă semne că mai vrea. Începeţi diversificarea cu orez pentru bebeluşi după masa de lapte de la ora 11 (vezi pagina 246) şi apoi, din două în două zile, adăugaţi un aliment solid nou, din lista alimentelor pentru prima etapă a diversificării.

Îndată ce bebeluşul mănâncă o cantitate acceptabilă de alimente solide la prânz şi la cină, puteţi să-i daţi alimente solide şi la micul dejun. Pe măsură ce se apropie de 7 luni, ar trebui să fie pregătit să renunţe la masa de lapte de la ora 11 şi să mănânce alimente care conţin proteine la masa de prânz.

Dacă vi s-a recomandat să începeţi de timpuriu diversificarea alimentaţiei bebeluşului, atunci aţi citit probabil lista cu alimentele pentru prima etapă a diversificării (vezi pagina 250) până când a împlinit 6 luni. După ce mănâncă aproximativ şase linguri de amestec de legume la prânz, puteţi să-i daţi alimentele solide pentru a doua etapă a diversificării, care conţin proteine. Pentru detalii referitoare la introducerea proteinelor în alimentaţie, vezi pagina 252. Pentru mai multe informaţii referitoare la prima şi a doua etapă a diversificării alimentare, vezi paginile 249 şi 256.

În jurul vârstei de 7 luni, probabil că micuţul va fi pregătit, atunci când mănâncă, să stea la masă pe un scaun pentru bebeluşi. Asiguraţi-vă întotdeauna că este prins corespunzător cu ajutorul centurilor de siguranţă şi că nu este lăsat nesupravegheat.

Este important să începeţi să familiarizaţi copilul cu cana la masa de prânz, între 6 şi 7 luni, precum şi să folosiţi sistemul combinat de hrănire la această masă. Îndată ce bebeluşul bea numai 60 ml de lapte la prânz, înlocuiţi laptele cu o cantitate mică de apă sau de suc foarte diluat, pe care sa-l bea din cană. Este important ca acest lucru să fie făcut după ce bebeluşul mănâncă la prânz alimente care conţin proteine. Din momentul în care nu se mai hrăneşte cu lapte la prânz, copilul poate avea nevoie să bea mai mult lapte la ora 14.30. Totuşi, dacă observaţi că la ultima masă de lapte a zilei bea prea puţin, continuaţi să-l hrăniţi mai puţin la această masă.

Între 6 şi 7 luni, dacă n-aţi făcut deja acest lucru, alimentele solide ar trebui mutate şi transformate într-o cină propriu-zisă la ora 17, în timpul căreia bebeluşul bea numai puţină apă din cană. După aceea, poate primi o porţie întreagă de lapte în jur de 18.30.

La vârsta de 9 luni, dacă bebeluşul este hrănit cu formule de lapte, ar trebui să bea din cană toată apa, tot sucul diluat şi cea mai mare parte a porţiilor de lapte.

Este foarte important să începeţi să spălaţi copilul pe dinţi îndată ce-i apare primul dinte. În această etapă, probabil că vi se pare cel mai la îndemână să folosiţi o bucată mică şi curată de tifon înfăşurată în jurul degetului, precum şi o cantitate mică de pastă de dinţi pentru bebeluşi, cu care puteţi freca uşor toată suprafaţa gingiilor şi a dinţilor bebeluşului. Mai târziu, după ce-i vor apărea mai mulţi dinţi, puteţi folosi o periuţă moale pentru a-l spăla pe dinţi.

14

Lunile 9–12

Programul pentru lunile 9–12

Orele de masă	**Orele reprizelor de somn din intervalul 7–19**
7	9.30–10
11.45/12	12.30–14.30
14.30	
17	
18.30	**Numărul maxim de ore de somn în timpul zilei:** 2–2 ½

Ora 7

- Copilul ar trebui să fie treaz, să aibă scutecul schimbat şi să fie hrănit cel târziu la ora 7.

- Ar trebui să fie alăptat la ambii sâni sau să bea puţin lapte formulă din cană, după care să primească cereale pentru micul dejun amestecate cu lapte matern sau cu formule de lapte, fructe şi alimente care pot fi mâncate cu mâna.

- Copilul poate rămâne treaz cel puţin două ore şi jumătate.

Ora 8

- Ar trebui să fie încurajat să se joace pe jos sau să aibă alte activităţi timp de 20–30 de minute, în timp ce dumneavoastră luaţi micul dejun.

- Spălaţi şi îmbrăcaţi bebeluşul şi nu uitaţi să-l ungeţi cu cremă în zonele cu pliuri şi cu piele uscată.

Ora 9.30

- Trageţi draperiile şi culcaţi copilul în sacul de dormit, pe întuneric şi cu uşa închisă, în jurul orei 9.30. El are nevoie să doarmă 15–30 de minute.

Ora 9.55

- Trageţi draperiile şi desfaceţi-i sacul de dormit, astfel încât să se poată trezi singur.

- Trebuie să fie complet treaz la ora 10, indiferent cât a dormit.

- Încurajaţi copilul să se joace sau scoateţi-l la plimbare.

Ora 11.45/12

- Copilul ar trebui să primească cea mai mare parte din mâncarea solidă înainte de apă sau de suc foarte diluat din cană. După aceea, daţi-i alternativ mâncarea solidă rămasă şi ceva de băut.

- Încurajaţi-l să stea pe scaun şi daţi-i câteva alimente care pot fi mâncate cu mâna, în timp ce luaţi masa de prânz.

Ora 12.20

- Verificaţi aleza şi schimbaţi-i scutecul.

- Trageţi draperiile şi culcaţi bebeluşul în sacul de dormit, pe întuneric şi cu uşa închisă, nu mai târziu de ora 12.30.

- Copilul are nevoie să doarmă cel mult două ore din momentul în care s-a culcat.

Ora 14.30

- Bebeluşul trebuie să fie treaz şi hrănit cel târziu la ora 14.30, indiferent cât a dormit.

- Trageţi draperiile şi desfaceţi-i sacul de dormit, astfel încât să se poată trezi singur. Schimbaţi-i scutecul.

- Ar trebui alăptat sau hrănit cu o cantitate mică de lapte formulă, de apă sau de suc foarte diluat din cană şi poate cu o gustare, dacă nu mai bea lapte la această oră.

- Nu hrăniţi bebeluşul după ora 15.15, deoarece nu-i va mai fi foame la cină.

Ora 16.15

- Schimbaţi-i scutecul.

Ora 17

- Copilul ar trebui să primească cea mai mare parte din alimentele solide înainte de a bea apă sau lapte din cană. Este important să aibă în continuare o masă consistentă de lapte înaintea orei de culcare, aşa că daţi-i să bea puţine lichide.

Ora 18

- Bebeluşul trebuie să-şi înceapă baia nu mai târziu de ora 18 şi să fie masat şi îmbrăcat până în ora 18.30.

Ora 18.30

- Bebeluşului trebuie să i se facă baie nu mai târziu de 18.30.

- Ar trebui să sugă la ambii sâni sau să primească 200–210 ml de lapte formulă; această cantitatea va scădea, în cele din urmă, până la 150–180 ml, atunci când copilul va fi familiarizat cu cana, la vârsta de un an.

- Micşoraţi intensitatea luminii şi citiţi-i o poveste.

Ora 19

- Culcaţi bebeluşul în sacul de dormit, pe întuneric şi cu uşa închisă, nu mai târziu de 19.

Modificările care ar trebui făcute pe durata programului pentru lunile 9–12

Modificări legate de somn

În această etapă, majoritatea bebeluşilor dorm din ce în ce mai puţin ziua. Dacă observaţi că micuţul dumneavoastră începe să se trezească în timpul nopţii sau dimineaţa foarte devreme, este important să nu-l lăsaţi să doarmă mult în timpul zilei.

Prima repriză de somn care ar trebui scurtată este cea de dimineaţă. Dacă doarme 30 de minute, atunci încercaţi să-l treziţi după 10–15 minute. De asemenea, unii copii îşi pot reduce repriza de la prânz până la o oră şi jumătate, ceea ce-i poate face să devină foarte obosiţi şi irascibili spre sfârşitul după-amiezii. Dacă se întâmplă astfel în cazul copilului dumneavoastră, încercaţi să renunţaţi la repriza de somn de dimineaţă pentru a vedea dacă acest lucru îi ameliorează somnul de la prânz. Puteţi fi nevoită să-i devansaţi puţin masa de prânz, dacă nu poate rezista până la ora 12.30, pentru a trage un pui de somn.

De asemenea, copilul poate începe să se ridice singur în pătuţ, dar să se necăjească foarte tare atunci când nu se mai poate aşeza la loc. Dacă se întâmplă acest lucru, este recomandabil să-l încurajaţi să înveţe să se întindă singur atunci când îl culcaţi în timpul zilei. Va trebui să mergeţi în camera lui pentru a-l ajuta să se aşeze la loc, până când va putea să se ridice şi să se aşeze singur. Este important să faceţi acest lucru în linişte şi vorbind cât se poate de puţin. Dacă se întâmplă acest lucru, este o idee bună să calculaţi numărul total al orelor de somn din timpul zilei, deoarece trezitul şi ridicatul în picioare în timpul nopţii pot fi o urmare a faptului că a dormit prea mult în timpul zilei, lucru care poate fi corectat cu uşurinţă fie scurtând repriza de somn de dimineaţă, fie renunţând la ea. Unii copii care renunţă la somnul de dimineaţă mai devreme încep să aibă nevoie să doarmă mai puţin la prânz în această etapă. Nu este un lucru neobişnuit ca pe forumul site-ului meu să se vorbească despre anumiţi copii care au nevoie de o repriză de somn de numai o oră (între 13 şi 14), la vârsta de 11–12 luni, şi totuşi dorm profund toată noaptea până la ora 7.

Modificări legate de alimentaţie

Copilul ar trebui să mănânce în mod regulat trei mese de alimente solide pe zi şi să se poată hrăni singur o parte din timp. Este foarte important ca micuţul să înveţe să mestece bine în această etapă. Cea mai mare parte a meselor ar trebui alcătuite din alimente care au fost tăiate bucăţele, felii sau cubuleţe. La sfârşitul primului an de viaţă, bebeluşul ar trebui să poată mânca tocături. De asemenea, acesta este momentul potrivit pentru a-l familiariza cu legumele crude şi salatele de crudităţi. Încercaţi să-i daţi la fiecare masă şi câteva alimente care pot fi mâncate cu mâna. Dacă vrea să-şi ţină singur linguriţa, nu-i descurajaţi tentativele. Este important să mănânce cu plăcere, chiar dacă o parte din mâncare ajunge pe jos.

La vârsta de 9 luni, bebeluşii hrăniţi cu formule de lapte ar trebui să bea din cană toată apa, tot sucul diluat, tot laptele de la micul dejun şi pe cel de la ora 14.30. La împlinirea vârstei de un an, ei pot bea toate lichidele din cană.

Pentru mai multe informaţii despre alimentele solide din această etapă, vezi pagina 262.

15

Introducerea hranei solide în alimentație

Diversificarea alimentației bebelușului

Cele mai recente recomandări ale Ministerului Sănătății din Marea Britanie au fost publicate în anul 2003 la îndemnul Organizației Mondiale a Sănătății (OMS). Acestea spun că bebelușii ar trebui alăptați exclusiv pe durata primelor 6 luni de viață, adică să nu primească alimente solide sau formule de lapte pentru sugari. Recomandările anterioare erau de a începe diversificarea alimentară între 4 și 6 luni și de a nu-i da alimente solide niciunui bebeluș înaintea vârstei de 17 săptămâni, deoarece dezvoltarea mucoasei intestinale a bebelușului și maturizarea rinichilor suficient de mult pentru a putea elimina produsele reziduale rezultate în urma digerării alimentelor solide durează până la 4 luni. Dacă mâncarea solidă este introdusă în alimentație înainte ca organismul bebelușului să-și fi dezvoltat setul complet de enzime necesare pentru digerarea corespunzătoare a alimentelor, i-ar putea fi afectat sistemul digestiv. Mulți specialiști consideră că înmulțirea accelerată a cazurilor de alergii din ultimii 20 de ani are drept cauză diversificarea alimentației bebelușilor înainte ca sistemul lor digestiv să fie pregătit să facă față acestui lucru.

Pe parcursul redactării a acestei cărţi, am discutat cu mulţi medici dieteticieni şi pediatri, precum şi cu sute de mame, prin intermediul site-ului meu. Este clar faptul că planează nişte controverse în jurul acestor recomandări. Fără îndoială că există anumiţi specialişti din domeniul sănătăţii care consideră că nu diversificarea alimentaţiei între 4 şi 6 luni este cea care pune în pericol sănătatea copilului, ci tipul de alimente cu care este hrănit acesta. De asemenea, este clar că există mulţi bebeluşi cărora nu le este suficient numai laptele în primele 6 luni de viaţă. Vă recomand cu insistenţă să discutaţi cu asistentul medical sau cu medicul de familie despre absolut toate problemele pe care le aveţi şi să le urmaţi întocmai sfaturile.

Regulile de aur pe care ar trebui să le respectaţi sunt următoarele: bebeluşul n-ar trebui să primească mâncare solidă înaintea vârstei de 17 săptămâni; de asemenea, nu trebuie să începeţi diversificarea înainte să-şi fi dezvoltat suficient coordonarea neuromusculară, astfel încât copilul să-şi poată susţine capul şi gâtul atunci când stă în poziţie verticală, sprijinit de spătarul scaunului, pentru a fi hrănit. De asemenea, ar trebui să poată înghiţi cu uşurinţă mâncarea, împingând-o cu limba spre spatele gurii.

Dacă veţi urma programul de diversificare din această carte şi veţi începe să-i daţi bebeluşului alimentele recomandate în ordinea propusă, puteţi fi sigură că nu-l expuneţi riscului de a dezvolta alergii alimentare. Bebeluşii au nevoie să fie hrăniţi cu alimente care conţin fier începând cu vârsta de 6 luni, pentru că rezervele de fier ale organismului, cu care se nasc, se termină la această vârstă. Fierul este esenţial pentru producerea globulelor roşii sănătoase, care transportă oxigenul în întregul corp. Copiii care nu asimilează o cantitate suficientă de fier sunt expuşi riscului de a dezvolta anemie feriprivă, care produce oboseală, iritabilitate şi lipsa totală a energiei şi a entuziasmului. Până la un sfert dintre copiii în vârstă de un an şi jumătate din Marea Britanie prezintă semne de anemie feriprivă, aşadar, dacă un bebeluş alăptat începe diversificarea la vârsta de 6 luni, este important să primească repede alimente care conţin fier, cum ar fi cerealele pentru micul dejun, broccoli, lintea şi mâncarea pentru bebeluşi îmbogăţită cu fier. Va trebui să parcurgeţi repede grupele de alimente, pentru a include în alimentaţia copilului carnea sau alternativele vegetariene, pentru conţinutul ridicat de fier. Bebeluşii hrăniţi cu lapte formulă au fier adăugat în acesta.

Nu vă cunosc personal copilul şi nu vă pot spune când va fi pregătit pentru diversificare. Toţi bebeluşii ar trebui urmăriţi îndeaproape pentru a observa semnele care arătă că sunt pregătiţi pentru acest moment care ar putea veni mai devreme decât este recomandat. Dacă bebeluşul are mai puţin de 6 luni şi prezintă toate semnele de mai jos, atunci este esenţial să discutaţi despre acest lucru cu medicul de familie şi să hotărâţi împreună dacă este sau nu cazul să începeţi diversificarea.

Sper ca îndrumările de mai jos să vă ajute să stabiliţi dacă bebeluşul este pregătit pentru diversificare. S-ar putea ca micuţul să fie pregătit, dacă:

- Suge la ambii sâni de patru-cinci ori pe zi sau un biberon de 240 ml de lapte formulă şi a rezistat cu uşurinţă patru ore între mese, dar acum devine irascibil şi îşi bagă degetele în gură cu mult înaintea orei de masă.
- Se hrăneşte de la ambii sâni sau cu 240 ml de lapte formulă şi începe să plângă de foame în momentul în care termină masa.
- De obicei, doarme bine în timpul nopţii şi al reprizelor de somn din timpul zilei, dar începe să se trezească tot mai devreme.
- Îşi roade degetele prea mult, putând să-şi coordoneze privirea cu mişcările mâinilor şi a început să bage diverse lucruri în gură.

Dacă bebeluşul are peste 4 luni, şi-a dublat greutatea de la naştere şi manifestă în mod sistematic cea mai mare parte a acestor semne, atunci s-ar putea să fie pregătit pentru începerea diversificării. Dacă are mai puţin de 6 luni, atunci ar trebui să anunţaţi medicul de familie şi să hotărâţi ce să faceţi mai departe. În cazul în care vă hotărâţi să aşteptaţi să împlinească 6 luni pentru a-i introduce mâncarea solidă în alimentaţie, este important să-i satisfaceţi pofta de mâncare mai mare dându-i mai multe mese de lapte. Bebeluşii care dorm toată noaptea după ce s-au hrănit numai cu o porţie mică de lapte la ora 22.30 au nevoie să primească o cantitate mai mare la această oră. De asemenea, dacă trec printr-o nouă perioadă de creştere înaintea împlinirii vârstei de 6 luni, atunci poate fi nevoie să le daţi încă o masă de lapte în timpul nopţii. Este foarte important să înţelegeţi că, pe măsură ce creşte copilul, acelaşi lucru se va întâmpla şi cu pofta lui de mâncare. Dacă doriţi să continuaţi alăptarea exclusivă până la vârsta de 6 luni, atunci nu este rezonabil să vă aşteptaţi ca bebeluşul să se sature numai cu patru mese de lapte pe zi.

Bebeluşii alăptaţi

În cazul bebeluşilor alăptaţi exclusiv, este mai greu să vă daţi seama cât lapte primesc. Dacă micuţul dumneavoastră are peste 4 luni şi prezintă majoritatea semnelor enumerate, atunci va trebui să discutaţi cu medicul de familie despre opţiunile pe care le aveţi la dispoziţie.

Dacă bebeluşul are sub 4 luni şi nu ia suficient în greutate săptămână de săptămână, atunci este posibil să vă scadă foarte mult lactaţia în timpul serii. Poate fi nevoie doar de o cantitate suplimentară de lapte. Vă sfătuiesc să încercaţi să hrăniţi bebeluşul cu o porţie suplimentară de 60 ml de lapte după alăptarea de la orele târzii ale serii. Dacă nu obţineţi rezultate în acest fel sau dacă micuţul se trezeşte cel puţin o dată în timpul nopţii, vă recomand să înlocuiţi repriza de alăptare de la orele târzii ale serii cu un biberon întreg, dacă n-aţi făcut deja acest lucru. Încurajaţi-vă soţul să hrănească bebeluşul la această oră, astfel încât să puteţi merge la culcare mai devreme, după ce extrageţi cât lapte mai aveţi între orele 21.30 şi 22, pentru a împiedica să scadă lactaţia şi mai mult. Adesea, mamele aflate în această situaţie observă că atunci când se mulg, nu mai produc decât 90–120 ml de lapte, insuficient pentru nevoile bebelușilor la această masă. Dacă va fi nevoie, laptele extras va putea fi folosit la o altă masă din timpul zilei, eliminând astfel hrănirile suplimentare cu biberonul.

De obicei, această metodă satisface pofta de mâncare a copiilor și le ameliorează sporul ponderal. N-ar trebui să diversificați alimentația copilului înainte de 17 săptămâni și, dacă începeți diversificarea înainte de a împlini 6 luni, atunci este necesar s-o faceți numai la recomandarea medicului.

Alimentele care ar trebui evitate

Pe parcursul primilor doi ani de viață ai copilului, este bine ca anumite alimente să fie folosite cu moderație sau evitate, întrucât pot avea efecte nocive asupra sănătății lui. Alimentele cele mai periculoase din acest punct de vedere sunt zahărul și sarea.

Zahărul

În primul an al diversificării, este bine să evitați să adăugați zahăr în mâncarea bebelușului, deoarece îl poate face să dezvolte o predilecție pentru dulciuri. Pofta copiilor pentru alimente cu gust sărat poate fi serios afectată, dacă sunt lăsați să consume multe alimente care conțin zahăr sau înlocuitori ai acestuia. Însă atunci când cumpărați alimente din comerț, poate fi greu să evitați aceste ingrediente. În cadrul unei anchete realizate de revista *Which?*, editată de Asociația pentru Protecția Consumatorilor, au fost testate 420 de produse alimentare pentru bebeluși și s-a constatat că 40% dintre acestea conțineau zahăr, suc de fructe sau ambele. Atunci când cumpărați cereale pentru bebeluși sau alte alimente din comerț, citiți cu atenție etichetele; zahărul poate fi prezentat sub denumirile: dextroză, fructoză, glucoză sau zaharoză. De asemenea, feriţi-vă de siropuri şi de sucurile de fructe obţinute din concentrat, care sunt la rândul lor folosite uneori ca îndulcitori.

Un regim alimentar cu un conţinut prea mare de zahăr nu numai că-l poate face pe bebeluş să refuze alimentele sărate, ci poate duce şi la apariţia unor probleme serioase, cum ar fi cariile dentare şi obezitatea. Deoarece zahărul este metabolizat foarte rapid şi transformat în energie, bebeluşii şi copiii care consumă prea mult zahăr pot deveni hiperactivi. Produsele alimentare cum ar fi conservele de fasole boabe, conservele de paste făinoase, floricelele de porumb, crochetele de peşte, dulceaţa, ketchupul, supele la conservă, precum şi anumite sortimente de iaurturi, sunt doar câteva dintre mâncărurile care conţin zaharuri ascunse, aşadar ar trebui să aveţi grijă ca atunci când micuţul creşte şi ajunge în perioada primei copilării să nu consume aceste alimente în exces. De asemenea, este important să citiţi etichetele sucurilor de fructe naturale şi ale celor pe bază de concentrat.

Sarea

Copiilor mai mici de 2 ani n-ar trebui să li se adauge sare în mâncare – ei îşi iau toată cantitatea de sare de care au nevoie din surse naturale, cum ar fi legumele. Poate fi foarte periculos să adăugaţi sare în mâncarea unui bebeluş de vârstă mică, pentru că-i poate suprasolicita rinichii incomplet dezvoltaţi. De asemenea, cercetările au arătat că acei copii care consumă o cantitate ridicată de sare pot fi mai predispuşi la apariţia bolilor de inimă mai târziu în viaţă. Atunci când copilul ajunge într-o etapă importantă, anume aceea în care poate lua masa împreună cu restul familiei, să nu adăugaţi sare în mâncare în timp ce gătiţi. Puneţi deoparte porţia bebeluşului şi după aceea adăugaţi sare pentru restul membrilor familiei, dacă este nevoie.

Ca şi zahărul, sarea se găseşte în cantităţi mari în multe dintre alimentele procesate şi mâncărurile preparate industrial. Este important să citiţi cu atenţie etichetele acestor produse înainte de a i le da copilului să le mănânce.

Cum să pregătiţi ingredientele şi cum să gătiţi mâncarea pentru bebeluş

Nu numai că gătitul acasă este mai puţin costisitor, dar îi va şi aduce beneficii nutriţionale majore bebeluşului, iar acest lucru contează cel mai mult. De asemenea, nu este necesar să devină o treabă migăloasă sau să vă consume mult timp, dacă veţi găti mai multă mâncare odată şi o veţi depozita în porţii mici în congelator. Păstraţi la îndemână obiectele folosite pentru hrănirea bebeluşului, sterilizate, tăviţe pentru gheaţă şi recipiente pentru depozitarea alimentelor în congelator şi respectaţi instrucţiunile generale prezentate mai jos:

- Atunci când gătiţi, asiguraţi-vă că toate suprafeţele de lucru sunt curate şi că au fost curăţate cu ajutorul unei soluţii antibacteriene. Folosiţi prosoape de bucătărie din hârtie pentru a curăţa şi a usca suprafeţele de lucru, deoarece sunt mai igienice decât lavetele şi prosoapele de bucătărie din material textil, pe care se pot dezvolta bacterii.

- Toate fructele şi legumele proaspete trebuie curăţate cu atenţie de coajă, îndepărtându-li-se cotoarele, seminţele şi toate petele. După aceea, trebuie spălate bine cu apă filtrată.

- Dacă vi se recomandă să începeţi mai devreme diversificarea, nu uitaţi că toate fructele şi legumele trebuie fierte până când bebeluşul împlineşte 6 luni. Puteţi face acest lucru fie la aburi, fie prin fierbere în apă filtrată. Nu adăugaţi sare, zahăr sau miere.

- Pe parcursul primelor etape ale diversificării, toate alimentele trebuie fierte până când devin suficient de moi pentru a se putea face un piure de consistenţă foarte moale. Poate fi nevoie să adăugaţi o cantitate mică din apa folosită la gătit, astfel încât compoziţia obţinută să fie asemănătoare iaurtului fin.

- Dacă folosiţi robotul de bucătărie, atunci verificaţi cu atenţie să nu existe cocoloaşe folosind o lingură şi mutând mâncarea în alt vas. După aceea, turnaţi-o în tăviţele pentru gheaţă sau în recipiente pentru depozitarea alimentelor în congelator.

Sterilizarea obiectelor folosite pentru hrănirea bebeluşului

Toate obiectele folosite pentru hrănirea bebeluşului ar trebui sterilizate în primele 6 luni, iar biberoanele şi tetinele pe toată durata utilizării. Sterilizaţi tăviţele pentru gheaţă sau recipientele pentru păstrarea mâncării în congelator fierbându-le timp de cinci minute într-o cratiţă mare plină cu apă. Folosiţi sterilizatorul cu aburi, dacă aveţi aşa ceva, pentru articolele de dimensiuni mici, cum ar fi lingurile sau castroanele, respectând durata de timp recomandate în manualul de utilizare. Spălaţi ustensilele folosite pentru gătit ca de obicei, în maşina de spălat vase, sau clătiţi cu apă clocotită din fierbător articolele spălate de mână.

Cum se depozitează mâncarea în congelator

- Asiguraţi-vă că alimentele fierte şi făcute piure sunt acoperite cât mai repede posibil şi depozitaţi-le în congelator de îndată ce s-au răcit suficient.

- Nu depozitaţi niciodată mâncare caldă în frigider sau în congelator.

- Verificaţi temperatura cu ajutorul termometrului pentru congelator. Acesta ar trebuie să indice o temperatură de –18°C. Dacă nu aveţi termometru, atunci vă puteţi cumpăra unul de la un magazin cu obiecte de uz casnic bine aprovizionat sau de la raionul cu vase pentru gătit dintr-un magazin universal.

- Dacă folosiţi tăviţe pentru gheaţă, atunci turnaţi în forme mâncarea făcută piure, lăsaţi-o în congelator până când se solidifică şi apoi scoateţi cuburile de piure din tăviţă şi puneţi-le într-o cutie de plastic sterilizată. Puteţi folosi articole nesterilizate, cum ar fi pungile de plastic, începând cu vârsta de 6 luni. Închideţi etanş cutia şi depozitaţi-o în congelator.

- Etichetaţi recipientele astfel încât să fie clar ce conţin şi adăugaţi data.

- Alimentele congelate trebuie consumate în cel mult 6 luni.

- Nu recongelaţi niciodată mâncarea gătită. Alimentele pot fi depozitate la loc în congelator numai dacă au fost mai întâi congelate în stare crudă, apoi decongelate şi gătite – de exemplu, pieptul de pui congelat în stare crudă şi apoi decongelat poate fi recongelat sub formă de carne fiartă.

Sfaturi pentru decongelarea alimentelor

- Decongelaţi mâncarea (acoperită) lăsând-o în frigider peste noapte sau la temperatura camerei, dacă uitaţi s-o băgaţi la frigider, dar puneţi-o în frigider îndată ce s-a decongelat. Asiguraţi-vă că este în permanenţă acoperită şi aşezaţi-o pe o farfurie în care să se scurgă apa.

- Nu grăbiţi niciodată decongelarea aşezând mâncarea în apă caldă sau fierbinte.

- Folosiţi întotdeauna alimentele decongelate în cel mult 24 de ore.

Sfaturi pentru reîncălzirea alimentelor

- Mâncarea ar trebui încălzită foarte bine, pentru a vă asigura că au fost distruse toate bacteriile. Dacă folosiţi borcane, atunci scoateţi întotdeauna mâncarea din ele şi aşezaţi-o pe o farfurie; nu-i daţi niciodată copilului direct din borcan. Toate resturile de mâncare trebuie aruncate, niciodată reîncălzite şi folosite din nou.

- Atunci când gătiţi mâncare în cantităţi mari, puneţi deoparte o porţie pe care s-o mănânce bebeluşul în acel moment şi congelaţi restul. Nu vă lăsaţi ispitite să reîncălziţi toată mâncarea şi apoi să congelaţi ceea ce rămâne.

- Dacă bebeluşul a mâncat numai o porţie foarte mică, poate fi tentant să reîncălziţi ce a rămas şi să-l hrăniţi mai târziu. Vă rog să nu faceţi acest lucru – copiii sunt mult mai predispuşi decât adulţii la intoxicaţiile alimentare, aşadar obişnuiţi-vă să aruncaţi imediat resturile de mâncare.

- Reîncălziţi mâncarea o singură dată.

Diversificarea timpurie

Dacă vi s-a spus că bebeluşul este pregătit pentru diversificare înaintea vârstei recomandate de 6 luni, nu uitaţi că laptele este în continuare cel mai important aliment pentru el. Acesta îi furnizează vitamine şi minerale în proporţiile corespunzătoare. Alimentele solide oferite înaintea vârstei de 6 luni au rolul de a-l obişnui pe copil cu gustul lor şi de a-i completa mesele de lapte, iar cantităţile ar trebui mărite foarte lent pe parcursul mai multor săptămâni, pregătindu-l treptat pentru momentul în care va primi trei mese de alimente solide pe zi. Dându-i mai întâi laptele, vă veţi asigura ca raţia zilnică de lapte nu va scădea prea repede înaintea împlinirii vârstei de 6 luni.

Studiile din domeniul diversificării realizate de către University of Surrey au arătat că bebeluşii al căror regim alimentar conţine fructe în cantităţi mari pot fi mai predispuşi la apariţia diareii, ceea ce duce la încetinirea creşterii. Aceste studii ne informează că orezul pentru bebeluşi este cel mai bun aliment pentru începerea diversificării, întrucât fructele pot să nu fie tolerate chiar atât de bine de către intestinele insuficient dezvoltate ale unora dintre copii.

Nu uitaţi că îndată ce bebeluşului îi apar dinţii şi a început să mănânce alimente solide, indiferent de tipul acestora, va trebui să îl spălaţi pe dinţi de două ori pe zi, de preferat după masă.

Primii paşi în diversificarea timpurie

- Hrăniţi bebeluşul cu alimente solide după masa de lapte de la ora 11. Pregătiţi-vă dinainte tot ce vă trebuie: scaunul pentru bebeluşi, o bavetă, o lingură, un castron şi o lavetă umedă, nouă şi curată.

- Începeţi prin a-i da bebeluşului o linguriţă de orez sută la sută organic, amestecat până capătă o consistenţă foarte fină fie cu lapte, fie cu apă filtrată proaspăt fiartă şi răcită.

- Asiguraţi-vă că orezul s-a răcit suficient înainte de a hrăni bebeluşul. Folosiţi o linguriţă de plastic puţin adâncă – nu una din metal, care poate fi prea ascuţită sau se poate încălzi prea tare.

- Unii bebeluşi au nevoie de ajutor pentru a învăţa cum să mănânce din linguriţă. Dacă veţi introduce linguriţa suficient de mult în gura bebeluşului şi apoi o veţi ridica spre cerul gurii şi o veţi scoate, el va apuca mâncarea cu ajutorul gingiilor superioare şi va fi încurajat să se hrănească.

- După ce micuţul mănâncă regulat orez pentru bebeluşi la ora 11 şi-l tolerează, daţi-i orezul după masa de lapte de la ora 18, nu după cea de la 11. Atunci când termină de mâncat unica linguriţă de orez şi dă semne că mai vrea, poate fi mărită cantitatea de alimente solide, cu condiţia ca bebeluşul să continue să bea cantitatea necesară de lapte la ora 18.

- Odată ce bebeluşul mănâncă una-două linguriţe de orez amestecat cu lapte sau cu apă după masa de la ora 18 şi îi place, puteţi să-i daţi o cantitate mică de piure de pere după masa de la ora 11. În cazul copiilor mai mici de 6 luni, aceasta se întâmplă de obicei între zilele a patra şi a şasea, iar în cazul celor mai mari de 6 luni, probabil că se va întâmpla între zilele a doua şi a patra.

- Urmăriţi semnele pe care vi le transmite bebeluşul, pentru a şti când este momentul potrivit pentru a mări cantitatea de alimente solide. Copilul întoarce capul şi începe să facă nazuri atunci când s-a săturat.

- Dacă bebeluşul tolerează piureul de pere, atunci daţi-i-l după masa de la ora 18. Amestecând seara piureul cu orezul, va fi mai apetisant, iar copilul nu se va constipa.

- Acum pot fi introduse în alimentaţie, una câte una, cantităţi mici de fructe şi legume organice diverse, după masa de la ora 11. Pentru a împiedica bebeluşul să dezvolte o predilecţie pentru dulciuri, încercaţi să-i daţi mai mult legume decât fructe. În această etapă, evitaţi legumele cu gust mai puternic, cum ar fi spanacul sau broccoli, şi puneţi accentul mai degrabă pe rădăcinoase (morcov, cartof-dulce şi nap). Acestea conţin zaharuri naturale, au gust mai dulce şi mai puţin pătrunzător şi i se pot părea copilului mai gustoase.

- Dacă bebeluşul are sub 6 luni, atunci este important să-i introduceţi în dietă alimente solide noi în cantităţi mici şi la interval de trei-patru zile. Este recomandabil să măriţi cantitatea de alimente solide cu una-două linguriţe pe săptămână la cele două mese. Probabil că bebeluşii mai mari de 6 luni au nevoie să li se mărească porţiile mai mult, din două în două zile, şi câtă vreme vă limitaţi la alimentele de pe lista pentru prima etapă a diversificării (vezi pagina 250), puteţi să le introduceţi în dietă alimente solide noi la intervale mai mici de timp. Ţinerea unui jurnal alimentar vă ajută să observaţi felul în care reacţionează bebeluşul la fiecare aliment solid nou.

- Afişaţi întotdeauna o atitudine optimistă şi zâmbiţi atunci când îi oferiţi copilului alimente solide noi, chiar dacă le scuipă; acest lucru nu înseamnă neapărat că nu-i plac. Nu uitaţi că totul este nou pentru el şi fiecare aliment în parte îi va provoca o reacţie diferită. Cu toate acestea, dacă bebeluşul refuză categoric un anumit aliment, renunţaţi şi încercaţi să i-l oferiţi din nou peste o săptămână.

- Întotdeauna hrăniţi bebeluşul mai întâi cu lapte, fiindcă este în continuare cel mai important aliment din punct de vedere nutriţional în această etapă. Deşi pofta de mâncare variază de la un copil la altul, din experienţă, am observat că majoritatea bebeluşilor se hrănesc cu patru sau cinci porţii întregi de lapte formulă sau de lapte matern pe zi. Condiţia ca micuţul să fie mulţumit şi să-i meargă bine este ca la această vârstă cantitatea minimă de lapte să fie de 600 ml pe zi, din momentul în care mănâncă regulat alimente solide.

Pentru sfaturi mai cuprinzătoare despre diversificare, inclusiv planuri de alimentaţie zilnice şi reţete pe care le puteţi pregăti pentru bebeluş, consultaţi lucrarea *The Contented Little Baby Book of Weaning (Ghidul diversificării alimentare la bebeluşi)*. Puteţi găsi mult mai multe reţete uşor de pregătit pentru bebeluşi şi copii mici în volumul *The Gina Ford Baby and Toddler Cook Book (Cartea de bucate a Ginei Ford pentru bebeluşi şi copii mici)*, iar în *Feeding Made Easy (Hrănirea copiilor pe înţelesul tuturor)* puteţi găsi reţete pentru toată familia, precum şi indispensabilele meniuri planificate pe zile.

Prima etapă a diversificării: lunile 6–7

Dacă bebelușul a început diversificarea înaintea vârstei de 6 luni, probabil a încercat deja orezul pentru bebeluși, precum și mai multe fructe și legume. Respectați-mi îndrumările (vezi pagina 246) referitoare la momentul potrivit pentru a începe să-i dați bebelușul orez, precum și la momentul potrivit pentru a începe să-l hrăniți cu fructe și legume. Odată ce ați început diversificarea, este important să continuați să introduceți în alimentația bebelușului multe fructe și legume incluse la pagina 250 în lista alimentelor pentru prima etapă a diversificării. Toate fructele și legumele trebuie să fie în continuare fierte la aburi sau în apă filtrată până când devin moi, apoi făcute piure. Amestecați piureul cu o parte din apa folosită la gătit, până când obțineți consistența dorită; în cazul anumitor legume, se poate adăuga supă de pui nesărată.

Evitați să introduceți în alimentația bebelușului produse lactate, produse din grâu, ouă, fructe oleaginoase și citrice, deoarece acestea sunt alimentele care prezintă cea mai mare probabilitate de a declanșa alergii. Mierea nu trebuie introdusă în alimentație înaintea împlinirii vârstei de un an și nici carnea roșie, carnea de pasăre și peștele până când bebelușii nu vor putea digera și alte alimente solide în cantități acceptabile. Unii nutriționiști cred că proteinele pot suprasolicita rinichii și tractul digestiv al copiilor de vârste mici. Susțin acest punct de vedere. Am observat adesea că apar probleme de alimentație din cauza faptului că bebelușii au fost hrăniți prea devreme cu pește, carne roșie și carne de pasăre. Îndată ce ați parcurs lista cu alimentele pentru prima etapă a diversificării, puteți să hrăniți bebelușul cu alimente care conțin proteine. Între timp, lintea, broccoli și cerealele pentru micul dejun bogate în fier pot constitui prima sursă de fier a bebelușului.

Atunci când începeți diversificarea la vârsta de 6 luni, va trebui să parcurgeți rapid lista cu alimentele pentru prima etapă a diversificării, astfel încât copilul să poată mânca regulat carne roșie şi produse vegetariene bogate în fier. Ca recomandare orientativă, puteţi mări cantitatea de orez de la cină cu o linguriţă din două în două zile, iar cea de mâncare sărată de la prânz, cu un cub din două în două zile. De asemenea, este esenţial să micşoraţi rapid raţia de lapte a bebeluşului până la patru porţii pe zi, odată ce mănâncă regulat alimente solide.

Între 6 şi 7 luni, în funcţie de momentul în care aţi început diversificarea, copilul ar trebui să primească două-trei porţii de carbohidraţi pe zi, sub formă de cereale, pâine integrală, paste făinoase sau cartofi şi ,de asemenea, trei porţii de fructe sau legume în fiecare zi şi o porţie de proteine de origine animală sau vegetală.

Alimentele pentru prima etapă a diversificării

Orezul pentru bebeluşi sută la sută organic, perele, merele, morcovul, cartoful-dulce, cartoful, fasolea verde, dovlecelul şi napul sunt alimentele ideale pentru prima etapă a diversificării. După ce bebeluşul mănâncă aceste alimente cu plăcere, puteţi începe să-i daţi păstârnac, mango, piersici, broccoli, avocado, orz, mazăre şi conopidă.

Proteinele, sub formă de carne roşie, carne de pasăre, peşte şi linte, ar trebui introduse în alimentaţie între 6 şi 7 luni, după ce bebeluşul mănâncă o cantitate acceptabilă de alimente solide. Aveţi grijă ca toate oasele să fie îndepărtate şi înlăturaţi grăsimea şi pielea. Unor copii li se poate părea prea puternic gustul alimentelor care conţin proteine şi sunt fierte fără a se adăuga altceva. Fierbeţi carnea de pui sau pe cea de vită împreună cu rădăcinoase cu care bebeluşul s-a obişnuit deja, iar peştele gătiţi-l în sos de lapte, până când copilul se obişnuieşte cu diversele gusturi şi texturi. Fierbeţi carnea cu legumele şi mărunţiţi-o în robotul de bucătărie.

Începeţi să-i daţi copilului alimente care conţin proteine la masa de prânz, întrucât acestea sunt mai greu de digerat decât carbohidraţii şi organismul lui va avea timp să le digere până seara la culcare.

Când să începeţi să-i daţi micul dejun

Un bebeluş este pregătit să înceapă să ia micul dejun îndată ce dă semne că-i este foame cu mult timp înaintea mesei de lapte de la ora 11. De obicei, acest lucru se întâmplă între 6 şi 7 luni. Odată ce bebeluşul ia micul dejun, începeţi treptat să-i daţi mai târziu masa de la ora 11, pentru ca în cele din urmă să fixaţi ora acestei mese între 11.30 şi 12. Am observat că orezul organic sau cerealele din mei amestecate cu o cantitate mică de piure de fructe reprezintă una dintre mâncărurile preferate de majoritatea copiilor. La 7 luni, dacă bebeluşul mănâncă un mic dejun complet, alcătuit din cereale, fructe şi, poate, bucăţele de pâine prăjită, ar trebui să reduceţi cantitatea de lapte cu care îl hrăniţi din biberon. Încercaţi să-i daţi să bea o parte din lapte, iar restul amestecaţi-l cu cereale. Încurajaţi întotdeauna copilul să bea cel puţin 150–180 ml de lapte înainte de a primi alimentele solide.

Dacă încă alăptaţi, reduceţi treptat perioada cât stă bebeluşul la primul sân, apoi daţi-i alimentele solide şi, în cele din urmă, aşezaţi-l puţin la al doilea sân. Fiţi foarte atentă să nu-i măriţi cantitatea de alimente solide atât de mult încât să o reducă exagerat pe cea de lapte supt la sân.

Dacă bebeluşul împlineşte 7 luni şi refuză să ia micul dejun, atunci îi puteţi reduce cantitatea de lapte, pentru a-l încuraja să mănânce alimente solide.

Indiferent dacă aţi introdus mâncarea solidă în alimentaţia bebeluşului înaintea vârstei de 6 luni sau chiar la 6 luni, încercaţi să urmaţi un plan de alimentaţie asemănător celui de la pagina 252 înainte de a-i da alimente care conţin proteine. Astfel, vă veţi asigura că sistemul digestiv al copilului se obişnuieşte să digere o cantitate acceptabilă de alimente solide şi că poate face faţă introducerii proteinelor în alimentaţie.

Ora 7/7.30	Alăptaţi bebeluşul sau hrăniţi-l cu 180–240 ml de lapte formulă. 2–3 linguriţe de cereale din ovăz amestecate cu lapte matern sau cu lapte formulă şi 1–2 linguri de piure de fructe.
Ora 11.15/11.30	Alăptaţi bebeluşul sau hrăniţi-l cu 60–90 ml de lapte formulă. 2–3 linguri de piure de cartofi-dulci şi 2–3 linguri de piure de rădăcinoase, precum şi 1–2 linguri de piure de conopidă sau de legume verzi amestecate cu puţină supă de pui.
Ora 14/14.30	Alăptaţi bebeluşul sau hrăniţi-l cu 150–210 ml de lapte formulă.
Ora 18	Alăptaţi bebeluşul sau hrăniţi-l cu 180–240 ml de lapte formulă. 5–6 linguri de orez pentru bebeluşi amestecat mai întâi cu lapte matern, lapte formulă sau apă fiartă şi răcită şi după aceea cu 2 linguri de piure de fructe.

Când să începeţi să hrăniţi bebeluşul cu alimente care conţin proteine la masa de prânz

Dacă aţi fost sfătuită să diversificaţi alimentaţia copilului mai devreme decât se recomandă (vezi pagina 246) şi dacă el mănâncă aproximativ şase cuburi de legume sau şase linguri de amestec de legume, ar trebui să-l hrăniţi cu alimente care conţin proteine imediat ce împlineşte 6 luni. Dacă aţi început diversificarea alimentaţiei la 6 luni, atunci i-ar putea lua între două şi trei săptămâni să ajungă să mănânce cantităţile de mai sus. Cea mai bună modalitate de introducere a proteinelor în alimentaţie este să înlocuiţi două cuburi de legume cu două de pui, linte roşie sau peşte, gătite după reţetele simple din *The Contented Little Baby Book of Weaning, The Gina Ford Baby and Toddler Cook Book* şi *Feeding Made Easy*. În această etapă, introduceţi lent în alimentaţie o mâncare nouă pe bază de proteine – una la trei zile reprezintă o frecvenţă potrivită. Dacă bebeluşul nu reacţionează, continuaţi să înlocuiţi în fiecare zi unul sau două cuburi de legume, până când cele şase cuburi sunt înlocuite cu o mâncare pe bază de proteine complete.

După ce mănâncă la prânz o masă alcătuită în întregime din alimente care conţin proteine, este important să-l obişnuiţi să bea din cana pentru bebeluşi. Între 6 şi 7 luni, este bine să începeţi sistemul combinat de hrănire la prânz. Atunci când bebeluşul bea numai 60 ml de lapte la prânz, înlocuiți laptele cu o cantitate mică de apă sau cu suc foarte diluat pe care să îl bea din cană. După ce nu mai bea lapte la prânz, poate avea nevoie de o porție mai mare la ora 14.30. Totuși, dacă observați că la cină începe să nu mai mănânce la fel de multe alimente solide sau porția de lapte dinainte de culcare este mai mică, atunci continuați să-i dați o porție de lapte la ora 14.30.

Între 6 și 7 luni, după ce la prânz bebelușul mănâncă regulat alimente care conțin proteine, alimentele solide pe care le primește seara ar trebui transformate într-o cină propriu-zisă la ora 17, când va primi numai o cantitate mică de apă din cană. După aceea, îi puteți da o porție întreagă de lapte în jurul orei 18.30.

Cana pentru bebeluși

După ce bebelușul mănâncă regulat alimente solide, porția de lapte ar trebui înlocuită la prânz cu o cantitate mică de lichid – apă fiartă și răcită sau suc foarte diluat – oferită într-o cană pentru bebeluși. Majoritatea copiilor pot sorbi sau înghiți la această vârstă și ar trebui să-i încurajați să facă aceste lucruri consecvent, dându-le întotdeauna să bea din cană lichidele de la prânz. Nu vă îngrijorați dacă bea numai o cantitate mică de lichid la această masă. Probabil veți constata că va compensa acest lucru la masa de lapte de la ora 14.30 sau că va bea o cantitate mai mare de apă fiartă și răcită mai târziu în timpul zilei. Dacă observați că micuțul începe să aibă un somn agitat la prânz în momentul în care renunțați la masa de lapte, puteți să-l hrăniți din nou, pentru scurt timp, cu o porție suplimentară de lapte înaintea somnului de la prânz, însă este important să perseverați, dându-i să bea lichide din cană la prânz.

Cina

Când sunteți sigură că nu sunt probleme în ceea ce privește alimentele solide de la prânz, puteți încerca să-i dați copilului cerealele și fructele la cină, după ora 18. Dacă bebelușul primește întotdeauna un mic dejun şi un prânz echilibrate, atunci puteţi să nu vă faceţi probleme în legătură cu cina. După ce ia în mod regulat micul dejun şi prânzul, puteţi să-l aşezaţi la masă la ora cinci şi să-i daţi puţin ceai. Unii bebeluşi pot deveni foarte irascibili în jurul acestei ore, aşadar oferiţi-le mâncăruri care pot fi gătite repede şi cu uşurinţă - supele groase de legume şi budincile de legume la cuptor care au fost pregătite şi congelate reprezintă întotdeauna o bună soluţie de rezervă. Pastele făinoase sau un cartof copt, servite alături de legume şi sos, sunt feluri de mâncare hrănitoare şi uşor de preparat. Un bebeluş foarte mâncăcios poate primi şi o budincă sau un iaurt.

Nevoile alimentare zilnice

La vârsta de 6 luni, probabil că bebeluşii care au început devreme diversificarea iau în mod regulat două mese pe zi alcătuite din alimente solide, iar între 6 şi 7 luni, este important să vă străduiţi ca bebeluşul să ia în mod regulat trei mese propriu-zise pe zi. Acestea ar trebui să conţină trei porţii de carbohidraţi, cum ar fi cerealele, pâinea şi pastele făinoase, plus cel puţin trei porţii de fructe şi legume şi o porţie de piure din carne roşie sau de peşte ori două porţii de leguminoase. Până la vârsta de 6 luni, bebeluşii îşi epuizează o mare parte a rezervelor de fier cu care s-au născut. Întrucât cantitatea necesară de fier între vârsta de şase şi cea de 12 luni este deosebit de mare, este important ca alimentaţia să le furnizeze bebeluşilor acest mineral în cantitatea corespunzătoare. Pentru a stimula asimilarea fierului din cereale şi din carnea roşie, serviţi-i-le întotdeauna alături de fructe sau legume bogate în vitamina C.

Este esenţial să hrăniţi bebeluşul cu o cantitate potrivită de alimente solide, astfel încât să continue să bea o cantitate adecvată de lapte. Cu toate că va reduce deja porţia de lapte de la sân sau din biberon la ora 11, pe măsură ce a crescut aportul de alimente solide, bebeluşul încă are nevoie de minimum 500-600 ml de lapte matern sau de lapte formulă pe zi, cu tot cu laptele folosit pentru a amesteca mâncarea. S-ar putea ca bebelușii care au început diversificarea la vârsta de 6 luni să ia în continuare patru-șase mese de lapte pe zi, număr care trebuie redus rapid, dacă vreți să nu refuze alimentele solide.

Unii copii care încă se hrănesc cu o cantitate mare de lapte la vârsta de 6 luni se pot împotrivi introducerii mâncării solide în alimentație. Dacă observați că face nazuri când vine vorba de mâncare solidă, atunci trebuie să-i dați numai jumătate din porția de lapte la masa de la ora 11 pentru a-i stimula pofta de mâncare. Este necesar să urmăriți ca bebelușul să ia două mese pe zi la 2 săptămâni de când a început să mănânce hrană solidă. Până când împlinesc 7 luni, indiferent când au început diversificarea, toți copiii ar trebui să ia regulat două mese pe zi, avansând către etapa în care vor lua trei mese conținând o largă varietate de alimente din diferitele grupe alimentare.

Un bebeluș foarte mâncăcios, care se hrănește cu trei porții întregi de lapte pe zi, precum și cu trei mese alcătuite din alimente solide, inclusiv alimente care conțin proteine, poate avea nevoie de puține lichide și de un fruct la mijlocul dimineții și al după-amiezii.

În jurul vârstei de 7 luni, meniul copilului dintr-o zi obișnuită poate arăta în felul următor:

Ora 7/7.30	**Micul dejun** Alăptați bebelușul sau hrăniți-l cu 180–240 ml de lapte formulă. Cereale din ovăz amestecate cu lapte și fructe ***sau*** pâine prăjită unsă cu gem fără zahăr adăugat.
Ora 11.30	**Prânzul** Carne de pui fiartă ***sau*** musaca de legume și linte ***sau*** pește gătit la aburi și legume în sos alb.
Ora 14.30	**La mijlocul după-amiezii** Alăptați bebelușul sau hrăniți-l cu 150–210 ml de lapte formulă.
Ora 17	**Cina** Un cartof copt și legume cu smântână ***sau*** paste făinoase cu sos de ardei roșu. Budincă de lapte ***sau*** iaurt. Puțină apă din cana pentru bebeluși.
Ora 18.30	Alăptați bebelușul sau hrăniți-l cu 180–240 ml de lapte formulă.

Din momentul în care copilul ia trei mese consistente pe zi alcătuite din alimente solide plus trei sau patru porţii întregi de lapte, ar trebui să reziste aproape 12 ore fără să bea lapte. Dacă bebeluşul nu-şi reduce porţia de lapte de la orele târzii ale serii odată ce mănâncă alimente solide, atunci este posibil să nu primească o cantitate de alimente solide corespunzătoare vârstei sau greutăţii lui sau să primească o porţie prea mică de lapte la ora 18.30. Ţineţi un jurnal în care să notaţi toate cantităţile de alimente şi de lapte consumate pe durata a patru zile, pentru a reuşi să identificaţi cu precizie de ce nu se hrăneşte mai puţin la ultima masă de lapte.

În jurul vârstei de 7 luni, probabil copilul va fi pregătit să folosească un scaun de masă pentru bebeluşi atunci când mănâncă. Asiguraţi-vă întotdeauna că este prins bine cu centurile de siguranţă şi că nu este lăsat nesupravegheat.

A doua etapă a diversificării: lunile 7–9

În decursul celei de-a doua etape a diversificării, cantitatea de lapte va scădea treptat, pe măsură ce va creşte consumul de alimente solide. Cu toate acestea, este important ca bebeluşul să primească în continuare minimum 500–600 ml de lapte matern sau de lapte formulă pe zi. De obicei, în această cantitate sunt incluse trei mese de lapte, cel amestecat cu alte alimente şi cel folosit la gătit, întrucât acum se introduc în alimentaţie sosurile. În această etapă a diversificării, trebuie să urmăriţi ca bebeluşul să ia trei mese consistente pe zi alcătuite din alimente solide, astfel încât atunci când împlineşte 9 luni să-şi ia majoritatea substanţelor nutritive din hrana solidă. Pe parcursul acestei etape, este important să continuaţi să introduceţi în alimentaţia bebeluşului o largă varietate de alimente din diferitele grupe alimentare (carbohidraţi, proteine, lactate, fructe şi legume), astfel încât să-i fie satisfăcute nevoile alimentare.

La această vârstă, majoritatea copiilor sunt pregătiţi să mănânce alimente cu gust mai puternic. De asemenea, le fac plăcere diversele texturi, culori și aranjamente. Alimentele trebuie pasate sau mărunțite cu ajutorul robotului de bucătărie și așezate separat pentru a nu se amesteca. Nu este necesar să fierbeți fructele; este suficient să le dați prin răzătoare sau să le pasați. De asemenea, aceasta este vârsta la care bebelușul va începe să-și introducă singur mâncarea în gură. Îi pot fi oferite fructe crude moi, legume ușor preparate termic și pâine prăjită, pentru a le lua cu mâna. În această etapă, alimentele vor fi mai degrabă supte și molfăite decât mestecate, dar dându-i bebelușului șansa de a se hrăni singur, îl ajutați să capete obiceiuri alimentare sănătoase. Îndată ce mănâncă alimente cu mâna, spălați-l întotdeauna pe mâini înainte de masă și nu-l lăsați *niciodată* singur în timp ce mănâncă.

Pe parcursul celei de-a doua etape a diversificării, atunci când copilul începe să mănânce mai multe categorii de alimente, puteți planifica mese cu meniuri potrivite pentru întreaga familie. Atunci când îi dați carne fiartă, va trebui să-o faceți piure sau s-o mărunțiți în robotul de bucătărie - pur și simplu scoateți o parte din carne, împreună cu puțină zeamă, și faceți-o piure sau mărunțiți-o până capătă consistența acceptată de bebeluș. După aceea, i-o puteți servi alături de cantitatea potrivită de legume. În această etapă, tăiați în continuare legumele bucățele sau feliuțe, dar este important să renunțați la a-i mai servi toată mâncarea mărunțită sau făcută piure.

În cartea *The Contented Little Baby Book of Weaning*, veți găsi exemple de meniuri pe care le puteți găti pentru copil pe durata celei de-a doua etape a diversificării.

Între 8 și 9 luni, bebelușul poate da semne că vrea să mănânce singur cu lingurița. Pentru a-l încuraja să facă acest lucru, folosiți două lingurițe atunci când îi dați să mănânce, cu una luați mâncare și dați-i-o bebelușului pentru a încerca să și-o introducă singur în gură, iar pe cealaltă o veți folosiți pentru ca mâncarea chiar să-i ajungă în gură. Îl puteți ajuta să-și dezvolte coordonarea sprijinindu-i ușor încheietura și ajutându-l să ducă lingurița la gură. De asemenea, acum ar trebui incluse la fiecare masă alimente care pot fi mâncate cu mâna.

Alimentele pentru a doua etapă a diversificării

În această etapă, pot fi introduse în alimentaţia bebeluşului produsele lactate, pastele făinoase şi produsele din grâu. Laptele de vacă nedegresat poate fi folosit la gătit, dar să nu-i daţi copilului pe post de băutură până la vârsta de un an. De asemenea, pot fi folosite la gătit cantităţi mici de unt fără sare. Pot fi introduse în alimentaţie şi gălbenuşurile de ou, dar să fie fierte tari. Brânza ar trebui să fie nedegresată, pasteurizată şi servită rasă. De asemenea, este de preferat să fie organică. Poate fi folosit la gătit uleiul de măsline.

Pe lângă acestea, pot fi incluse în alimentaţie conservele de peşte, cum ar fi tonul, dar alegeţi-le pe cele în ulei vegetal, întrucât cele în suc propriu au un conţinut mai ridicat de sare. De asemenea, puteţi să-i daţi o varietate mai largă de legume, cum ar fi: ardeii graşi de diverse culori, varza de Bruxelles, dovleacul, varza şi spanacul. Puteţi include acum roşiile şi sucurile de fructe neîndulcite şi foarte diluate, dacă nu există antecedente familiale de alergie. Toate aceste alimente ar trebui să-i fie oferite treptat, iar fiecare reacţie să fie observată cu atenţie.

După ce copilul se obişnuieşte să fie hrănit cu linguriţa, legumele pot fi mai degrabă pasate decât făcute piure. Îndată ce consumă cu plăcere alimente pasate, puteţi să-i daţi cantităţi mici de alimente care pot fi mâncate cu mâna. Legumele trebuie fierte până când devin moi şi apoi oferite bebeluşului în porţii de mărimea unui cub din tăviţa pentru gheaţă sau pot fi fierte la aburi şi apoi amestecate până când se obţine consistenţa potrivită.

După ce reuşeşte să mănânce bucăţi de legume uşor preparate termic şi fructe crude moi, puteţi încerca să-l hrăniţi cu pâine prăjită sau cu un biscuit cu un conţinut scăzut de zahăr. La vârsta de 9 luni, dacă bebeluşului i-au apărut mai mulţi dinţi, ar trebui să mănânce câteva legume crude tăiate bucăţele. Poate primi şi fructe deshidratate, dar mai întâi spălate şi apoi lăsate la înmuiat peste noapte.

Micul dejun

Acum pot fi introduse în alimentația bebelușului cerealele de grâu nerafinat, cu un conținut scăzut de zahăr; alegeți-le pe cele îmbogățite cu fier și cu complexul de vitamine B. Este bine să amânați introducerea acestor produse, dacă aveți în familie antecedente de alergii - discutați în acest sens cu medicul de familie sau cu un dietetician. Încercați să adăugați câteva fructe pasate sau rase, dacă bebelușul refuză cerealele. De asemenea, încercați să alternați cerealele din grâu cu cele din ovăz, chiar dacă își manifestă preferința față de unele dintre ele. În această etapă, încurajați copilul să consume alimente care pot fi mâncate cu mâna oferindu-i puțină pâine prăjită unsă cu unt. După ce se hrănește cu mâna, îi puteți oferi o gamă variată de fructe și iaurturi, pe lângă pâinea prăjită unsă cu puțin unt.

Majoritatea copiilor încă au o poftă foarte mare de lapte la prima oră a dimineții, așadar lăsați-l să bea mai întâi două treimi din porția de lapte. Îndată ce ajunge în jurul vârstei de 9 luni, foarte probabil că nu va mai avea poftă de lapte, iar acesta este momentul potrivit pentru a-i da laptele de la micul dejun din cana pentru bebeluși.

Prânzul

Dacă micuțul mănâncă un mic dejun consistent, atunci puteți să-i mutați ora mesei de prânz între 11.45 și 12. Însă, dacă mănâncă numai o cantitate mică de alimente la micul dejun, masa de prânz va trebui să aibă loc mai devreme. De asemenea, și copiii care dorm foarte puțin dimineața pot avea nevoie să ia masa de prânz mai devreme. Este important de reținut faptul că bebelușii epuizați și înfometați nu se hrănesc la fel de bine ca ceilalți, așadar dați-i masa de prânz la momentul potrivit.

În timpul acestei etape a diversificării, vă hrăniți copilul deja în mod regulat la prânz cu alimente care conțin proteine. Ori de câte ori este posibil, încercaţi să cumpăraţi carne organică, deoarece nu conţine aditivi şi stimulatori de creştere. Carnea de porc, costiţa afumată şi jambonul n-ar trebui introduse în alimentaţia bebeluşului înaintea vârstei de 18 luni, pentru că au un conţinut ridicat de sare. Continuaţi să gătiţi fără a adăuga sare sau zahăr în mâncare (vezi pagina 241 pentru a afla care sunt alimentele care ar trebui evitate), dar puteţi folosi o cantitate mică de plante aromatice în jurul vârstei de 9 luni.

Dacă începeţi să vă familiarizaţi copilul cu un regim alimentar vegetarian, atunci este important să cereţi sfatul unui specialist în ceea ce priveşte obţinerea unei cantităţi adecvate de aminoacizi. Legumele reprezintă o sursă incompletă de aminoacizi atunci când sunt fierte separat şi trebuie să fie combinate corespunzător pentru a deveni o sursă completă de proteine pentru bebeluş.

După ce mănâncă regulat alimente care conţin proteine, masa de lapte ar trebui înlocuită la prânz cu puţină apă fiartă şi răcită sau puţin suc foarte diluat din cana pentru bebeluşi. S-ar putea să constataţi că bebeluşul bea numai o cantitate mică de lichide din cană şi vrea mai mult lapte la ora 14.30 sau mai multă apă fiartă şi răcită mai târziu în cursul zilei.

Dacă tot îi mai este foame după principala masă a zilei, atunci daţi-i o bucată de brânză, o grisină, un fruct tăiat bucăţele sau un iaurt.

Cina

După ce copilul începe să mănânce cu mâna, cina poate conţine o gamă variată de minisandviciuri. De asemenea, cartofii copţi sau pastele făinoase servite împreună cu legume şi sosuri sunt alte feluri potrivite pentru cină, cu toate că bebeluşul va avea nevoie de ajutor pentru a le mânca. Unii copii devin foarte obosiţi şi năzuroşi la ora cinei. Dacă micuţul nu prea mănâncă, atunci încercaţi să-i daţi budincă de orez, nişte cereale ori prăjitură cu morcovi sau cu banane. După cină, îi puteţi da puţină apă din cană. Nu-l lăsaţi să bea prea multe lichide la această oră, deoarece nu-i va mai fi foame la ultima masă de lapte a zilei. Masa de lapte dinainte de culcare este în continuare importantă în această etapă. Dacă începe să bea prea puțin lapte la această masă, atunci aveți grijă ca nu cumva să-l hrăniți cu prea multă mâncare solidă sau să-i dați să bea prea multe lichide.

Nevoile alimentare zilnice

În această a doua etapă a diversificării, este important să vă străduiți ca bebelușul să ia în mod regulat trei mese propriu-zise pe zi care să conțină trei porții de carbohidrați, cum ar fi cerealele, pâinea și pastele făinoase, plus cel puțin trei porții de fructe și legume și o porție de piure din carne roșie, pește sau leguminoase. Până la vârsta de 6 luni, copiii își epuizează toate rezervele de fier cu care s-a născut. Întrucât nevoia de fier a copiilor între vârsta de 6 și cea de 12 luni este deosebit de mare, este important ca alimentația să le furnizeze cantitatea potrivită de fier. Pentru a stimula asimilarea fierului din cereale și din carnea roșie, serviți-le întotdeauna alături de fructe sau legume și evitați să-i dați să bea lapte atunci când mănâncă proteine, deoarece acesta reduce asimilarea fierului cu 50%.

Copilul încă are nevoie de 500–600 ml de lapte matern sau de lapte formulă pe zi, incluzând și laptele folosit pentru a dilua mâncarea. Dacă începe să refuze laptele, atunci încercați să micșorați cantitatea de alimente solide pe care i-o dați la cină. În jurul vârstei de 10 luni, încurajați bebelușul să-și bea tot laptele de la micul dejun din cana pentru bebeluși. Cu excepția laptelui primit înainte de culcare, ideal ar fi ca toate celelalte porții de lapte și lichide să fie băute din cană.

Un copil foarte mâncăcios, care se hrănește cu trei porții întregi de lapte pe zi, precum și cu trei mese de alimente solide, poate avea nevoie de o cantitate mică de lichide și de un fruct la mijlocul dimineții.

Meniul dintr-o zi obişnuită al unui copil în vârstă de 8–9 luni poate arăta în felul următor:

Ora 7/7.30	**Micul dejun** Alăptaţi bebeluşul sau hrăniţi-l cu 210–240 ml de lapte formulă din cana pentru bebeluşi. Amestec de fructe pasate şi iaurt ***sau*** cereale din grâu sau din ovăz amestecate cu lapte şi cu fructe pasate.
Ora 11.45/12	**Prânzul** Pui, broccoli şi paste făinoase în sos de smântână ***sau*** crochete de peşte cu varză şi cartofi la cuptor. Fructe şi iaurt. Puţină apă sau puţin suc foarte diluat din cana pentru bebeluşi.
Ora 14.30	**La mijlocul după-amiezii** Alăptaţi bebeluşul sau hrăniţi-l cu 150–80 ml de lapte formulă din cana pentru bebeluşi.
Ora 17	**Cina** Un cartof copt cu brânză rasă şi un măr ***sau*** legume la cuptor. Puţină apă sau puţin suc foarte diluat din cana pentru bebeluşi.
18.30	Alăptaţi bebeluşul sau hrăniţi-l cu 180–240 ml de lapte formulă.

A treia etapă a diversificării: lunile 9–12

Acum, copilul ar trebui să mănânce cu plăcere toate tipurile de alimente, cu excepţia celor care au un conţinut ridicat de grăsimi, sare sau zahăr. De asemenea, arahidele şi mierea trebuie în continuare evitate. În această etapă, este foarte important ca bebeluşul să înveţe să mestece aşa cum trebuie. Este bine ca mâncarea să fie tăiată bucăţele sau cuburi, deşi carnea încă trebuie mărunţită cu ajutorul robotului de bucătărie sau tăiată foarte mărunt. La sfârşitul primului an de viaţă, copilul ar trebui să poată mânca tocături. De asemenea, acesta este momentul potrivit pentru a introduce în alimentaţia lui legumele crude şi salatele de crudităţi. Încercaţi să includeţi la fiecare masă câteva alimente care pot fi mâncate cu mâna şi, dacă vrea să-şi ţină singur linguriţa, nu-i descurajaţi tentativele. Atunci când îşi introduce linguriţa în gură în mod repetat, luaţi mâncare cu o altă linguriţă şi lăsaţi-l să încerce să şi-o introducă în gură, hrănindu-l cu linguriţa ţinută de dumneavoastră atunci când mâncarea îi cade pe jos. Cu puţin ajutor şi îndrumare, începând cu vârsta de 12 luni, majoritatea copiilor se pot hrăni singuri cu o parte din mâncare. Este important ca bebeluşul să mănânce cu plăcere, chiar dacă o anumită cantitate de mâncare ajunge pe jos.

Micul dejun

La această masă, copilul ar trebui să mănânce 200 ml de lapte, o parte să-l bea şi o parte să fie amestecat cu cerealele pentru micul dejun. Pentru a mai varia meniul, puteţi să-i daţi ouă jumări o dată sau de două ori pe săptămână.

Asiguraţi-vă că-i daţi tot laptele la începutul mesei. După ce a băut 150–180 ml de lapte, oferiţi-i cereale. După aceea, daţi-i restul de lapte. Este important să fie hrănit cu cel puţin 180–240 ml de lapte, o parte din cana pentru bebeluşi, iar cealaltă împreună cu cerealele pentru micul dejun. Dacă alăptaţi încă, hrăniţi bebeluşul la primul sân, apoi cu alimentele solide şi alăptaţi-l din nou.

La această vârstă, copilul are nevoie de minimum 500 ml de lapte pe zi (cu tot cu laptele folosit la gătit sau amestecat cu cereale), cantitate fracţionată în două sau trei mese de lapte. De asemenea, această cantitate include iaurtul şi brânza – orientativ, un pahar de iaurt de 125 g sau o bucată de brânză de 30 g reprezintă echivalentul a circa 210 ml de lapte.

Prânzul

Prânzul ar trebui să fie alcătuit dintr-o gamă largă de legume tăiate bucăţele şi uşor preparate la aburi şi dintr-o porţie de carbohidraţi, sub formă de cartofi, paste făinoase sau orez, servită alături de o porţie de proteine. Bebeluşii de această vârstă sunt foarte activi şi pot deveni irascibili şi foarte obosiţi la ora 17. Dacă masa de prânz este echilibrată, nu vă faceţi griji dacă cina va fi mai frugală. La sfârşitul primului an de viaţă, bebeluşul pote servi masa de prânz alături de întreaga familie. Gătiţi mâncarea fără sare, zahăr sau condimente, puneţi de-o parte o porţie pentru bebeluş şi apoi adăugaţi condimentele dorite pentru restul membrilor familiei.

Aveţi grijă ca mâncărurile bebeluşului să fie aranjate într-un mod atrăgător şi să conţină mai multe fructe şi legume de culori diferite. Nu-i puneţi prea mult în farfurie; oferiţi-i o cantitate mică de mâncare şi, după ce o termină, mai puneţi-i pe farfurie. De asemenea, acest lucru vă ajută să-l împiedicaţi să se distreze aruncând mâncare pe jos, o activitate frecventă în această etapă. Dacă micuţul începe să se joace cu felul principal de mâncare, refuzând să mănânce şi aruncând mâncare în jur, spuneţi-i „nu" pe un ton liniştit şi ferm şi luaţi-i farfuria din faţă. *Nu* îi daţi un biscuit sau un iaurt jumătate de oră mai târziu, fiindcă îşi va crea în scurt timp obiceiul de a refuza masa de prânz, ştiind că va primi ceva dulce, dacă se joacă suficient de mult. Îi puteţi oferi un fruct la mijlocul după-amiezii, pentru a-l ajuta să reziste până la cină, atunci când probabil că va mânca foarte bine.

Puţin suc natural de portocale, neîndulcit şi foarte diluat din cana pentru bebeluşi va ajuta la asimilarea fierului la această masă, dar asiguraţi-vă că mănâncă aproape tot înainte de a-l lăsa să-şi termine sucul.

Masa de lapte de la ora 14.30

La această vârstă, bebeluşilor hrăniţi cu biberonul ar trebui să li se dea cea mai mare parte din porţia de lapte din cana pentru bebeluşi, ceea ce va duce automat la scăderea cantităţii pe care o beau. Dacă micuţul începe să-şi reducă porţia de la ultima masă de lapte a zilei, atunci micşoraţi sau renunţaţi complet la cea de la ora 14.30. Mulţi copii renunţă la masa de lapte de la ora 14.30 la vârsta de un an. La 12 luni, câtă vreme primeşte minimum 350 ml de lapte pe zi, cu tot cu laptele amestecat cu cereale şi cel folosit la gătit, înseamnă că se hrănește suficient. Dacă primește 540 ml de lapte pe zi (cu tot cu cel folosit la gătit, amestecat cu cereale, precum și cel din brânză și iaurt) și are o alimentație completă și echilibrată, bazată pe alimente solide puteți renunța cu totul la această masă de lapte.

Dacă a reușit acest lucru, o puteți înlocui cu o gustare (de exemplu, o prăjitură din orez, un biscuit fără zahăr sau un fruct mic) și puțină apă sau puțin suc foarte diluat din cana pentru bebeluși.

Cina

Pe parcursul acestei etape, mulți copii renunță la masa de lapte de la ora 14.30. Dacă vă este teamă că rația zilnică de lapte a bebelușului este prea mică, încercați să-l hrăniți la cină cu feluri de mâncare cum ar fi: paste făinoase cu legume în sos de lapte, cartofi copți cu brânză rasă, budincă de legume cu brânză la cuptor sau minitarte sărate. De obicei, cina reprezintă masa la care eu i-aș da copilului porții mici de budincă de lapte sau cu iaurt, care sunt la rândul lor alternative potrivite, dacă refuză laptele. Încercați să includeți sistematic la cină alimente care pot fi mâncate cu mâna.

Bebelușul ar trebui să renunțe la biberonul dinainte de culcare după vârsta de un an, așa că obișnuiți-l treptat să bea mai puțin lapte înaintea orei de culcare. Acest lucru poate fi făcut dându-i să bea puțin lapte odată cu mâncarea de la cină și apoi oferindu-i să bea 150-180 ml de lapte din cana pentru bebeluși înainte de culcare.

Masa de lapte de la ora 18/19

La vârsta de 10–12 luni, copiii hrăniți cu biberonul ar trebui să-și bea tot laptele din cană. Cei care continuă să bea din biberon după vârsta de un an sunt mai predispuși la apariția problemelor de alimentație, întrucât continuă să ingereze o cantitate mare de lapte, ceea ce le taie pofta de alimente solide.

Încurajaţi-vă bebeluşul să bea o parte din lapte din cană la vârsta de 9 luni, astfel încât la un an să renunţe fără probleme la biberon.

Nevoile alimentare zilnice

La vârsta de un an, este important ca bebeluşul să nu bea o cantitate mare de lapte, ci să primească cel mult 600 ml, cu tot cu laptele adăugat în mâncare. O cantitate mai mare poate avea un efect dăunător asupra poftei de alimente solide. După vârsta de un an, copilul are nevoie de minimum 350 ml de lapte pe zi. De obicei, această cantitate este fracţionată în două sau trei porţii băute din cană şi include laptele folosit la gătit şi cel amestecat cu cereale.

După ce împlineşte un an, îi puteţi da să bea lapte de vacă pasteurizat nedegresat. Dacă refuză laptele de vacă, atunci amestecaţi-i treptat laptele formulă cu cel de vacă, până când îi face plăcere să bea lapte de vacă. Dacă este posibil, daţi-i lapte de vacă organic, întrucât provine de la animale hrănite exclusiv cu iarbă şi, prin urmare, conţine mai mulţi acizi graşi esenţiali Omega 3 decât laptele obişnuit. Acizii graşi Omega 3 sunt esenţiali pentru menţinerea sănătăţii inimii, a elasticităţii şi a flexibilităţii articulaţiilor, pentru o creştere sănătoasă şi pentru menţinerea rezistenţei oaselor şi a dinţilor, aşadar este important ca alimentaţia să îi asigure copilului o cantitate suficientă de acizi de acest tip. Toate biberoanele sau cănile pentru bebeluşi folosite pentru hrănirea cu lapte formulă ar trebui în continuare sterilizate, până când împlineşte un an.

Încercaţi să-i daţi bebeluşului trei mese echilibrate pe zi şi evitaţi gustările alcătuite din biscuiţi, prăjituri şi chipsuri. Urmăriţi ca în fiecare zi să primească trei-patru porţii de carbohidraţi, trei-patru porţii de fructe şi legume şi o porţie de proteine de origine animală sau două porţii de proteine de origine vegetală.

La vârsta de un an, meniul copilului ar trebui să fie asemănător celui de mai jos:

Ora 7–7.30	**Micul dejun** Alăptaţi bebeluşul sau hrăniţi-l cu puţin lapte formulă din cana pentru bebeluşi. Cereale din grâu integral sau din ovăz integral cu lapte şi fructe ***sau*** müsli pentru bebeluşi cu lapte şi fructe ***sau*** ouă jumări pe pâine prăjită ***sau*** iaurt şi fructe tăiate bucăţi.
Ora 12	**Prânzul** Pui cu smântână şi salată de ţelină şi mere ***sau*** chiftele din carne de vită în sos de roşii cu varză şi piure de cartofi ***sau*** chiftele de ton şi legume. O cantitate mică de apă sau de suc foarte diluat pe care să o bea din cana pentru bebeluşi. Iaurt şi fructe proaspete.
Ora 14.30	**La mijlocul după-amiezii** O cantitate mică de lapte, de apă sau de suc foarte diluat din cana pentru bebeluşi.
Ora 17	**Cina** Supă-cremă şi sandviciuri ***sau*** pizza vegetariană cu salată verde ***sau*** crochete de năut şi spanac cu sos de roşii făcut în casă ***sau*** linte şi legume la cuptor. O cantitate mică de lapte, de apă sau de suc foarte diluat din cana pentru bebeluşi.
Ora 18.30	Alăptaţi bebeluşul sau daţi-i 180 ml de lapte formulă din cana pentru bebeluşi.

Răspunsuri la întrebările dumneavoastră

Î Cum voi şti când copilul este pregătit pentru diversificare?

- Veţi şti că este pregătit, dacă dormea toată noaptea, iar acum începe să se trezească în cursul nopţii sau foarte devreme dimineaţa şi refuză să adoarmă la loc.

- Un bebeluş hrănit cu biberonul consumă peste 960–1140 ml de lapte pe zi, golind un biberon de 240 ml la fiecare masă de lapte şi făcându-i-se din nou foame cu mult timp înaintea orei de masă.

- Unui bebeluş alăptat începe să i se facă foame o dată la două-trei ore.

- Atât bebeluşii alăptaţi, cât şi cei hrăniţi cu biberonul încep să-şi roadă mult degetele şi să devină irascibili între mese.

- Dacă nu sunteţi sigură, discutaţi întotdeauna cu medicul pediatru, mai ales dacă bebeluşul are mai puţin de 6 luni.

Î Ce s-ar întâmpla dacă aş începe diversificarea înainte ca bebeluşul să fie pregătit pentru acest lucru?

- I-ar putea fi afectat sistemul digestiv, dacă organismul nu şi-a dezvoltat încă enzime necesare pentru a digera alimentele solide.

- Introducerea hranei solide în alimentaţie înainte ca bebeluşul să fie pregătit pentru acest lucru ar putea duce la apariţia alergiilor.

- Studii realizate în mai multe ţări arată că tusea persistentă şi respiraţia şuierătoare sunt mai frecvente la bebeluşii a căror alimentaţie a fost diversificată înaintea vârstei de 17 săptămâni.

Î În timpul cărei mese de lapte ar trebui să-i dau copilului pentru prima oară alimente solide?

- De obicei, eu încep să le dau bebeluşilor alimente solide la masa de lapte de la ora 11, pentru că aceasta va fi mutată treptat la 12, devenind prânzul propriu-zis, îndată ce copiii mănâncă regulat alimente solide, la sfârşitul primului an de viaţă.

- Laptele este în continuare cea mai importantă sursă de hrană. Dându-i alimentele solide după masa de lapte de la ora 11, puteţi avea siguranţa că-şi va lua cel puţin jumătate din raţia zilnică de lapte înaintea amiezii.

- Se pare că alimentele solide oferite în timpul mesei de lapte de la ora 14.30 le taie bebeluşilor pofta de mâncare în timpul mesei de lapte de la 18, care este foarte importantă.

- Dacă un copil foarte mâncăcios nu prezintă nicio reacţie adversă la orezul pentru bebeluşi în decurs de trei zile, atunci i-aş da orezul după masa de lapte de la ora 18.

Care este alimentul cel mai potrivit pentru începerea diversificării?

- Am constatat că orezul pentru bebeluşi sută la sută organic este alimentul care potoleşte cel mai bine foamea majorităţii bebeluşilor. Dacă orezul este tolerat de către micuţi, aş începe să-le dau după aceea piure organic de pere.

- După ce mănâncă regulat aceste două alimente, este bine să vă îndreptaţi atenţia către introducerea în alimentaţie a unui mare număr de legume prezentate în secţiunea „Primii paşi în diversificarea timpurie", de la pagina 246.

- Într-un studiu realizat de către University of Surrey s-a arătat că bebeluşii care încep diversificarea cu fructe au mai puţine şanse să le meargă bine decât cei care încep diversificarea cu orez pentru bebeluşi. Se recomandă ca toţi copiii să înceapă diversificarea cu orez pentru bebeluşi.

Cum voi şti câtă mâncare solidă să-i dau bebeluşului?

- În primele 6 luni, laptele este încă cel mai important element al alimentaţiei bebeluşului, furnizându-i vitamine şi minerale în proporţiile potrivite, aşadar, odată ce-i este introdusă în alimentaţie hrana solidă, el are nevoie de minimum 600 ml de lapte pe zi. Pe parcursul primelor săptămâni ale diversificării, dacă-i veţi oferi întotdeauna mai întâi laptele şi apoi alimentele solide, veţi şti că va mânca exact cantitatea de mâncare solidă de care are nevoie. Acest lucru îl împiedică să înlocuiască prea repede laptele cu alimentele solide.

- După ce mănâncă regulat orez şi piure, puteţi începe să-i daţi la masa de lapte de la ora 11 mai întâi jumătate din porţia de lapte, apoi alimente solide, după care din nou lapte. Acest lucru îl va încuraja să-şi reducă porţia de lapte şi să o mărească pe cea de alimente solide, ceea ce îl va pregăti pentru un program alimentar alcătuit din trei mese de alimente solide pe zi la vârsta de 7 luni.

- În cazul bebeluşilor alăptaţi, alăptarea la un sân poate fi considerată drept jumătate din porţia de lapte.

Î La ce vârstă să încep să renunţ la mesele de lapte ale bebeluşului?

- Presupunând că micuţul lua cinci mese de lapte pe zi atunci când a început diversificarea, odată ce mănâncă mai multe alimente solide după masa de lapte de la ora 18, ar trebui automat să-şi reducă porţia de lapte de la orele târzii ale serii şi apoi să renunţe la ea. Dacă începeţi diversificarea la vârsta de 6 luni, probabil că va trebui să continuaţi să-i daţi masa de lapte de la orele târzii ale serii. Îndată ce mănâncă regulat alimente solide, va fi uşor să renunţaţi la această masă.

- Următoarea masă de lapte la care ar fi bine să renunţaţi este cea de la ora 11/11.30. Odată ce începe să mănânce pui sau peşte la prânz, masa de lapte ar trebui înlocuită cu o cantitate mică de apă sau de suc bine diluat din cana pentru bebeluşi.

- Adeseori, bebeluşul se hrăneşte cu mai mult lapte la masa de la ora 14.30 timp de câteva luni şi apoi, între 9 şi 12 luni, îşi va pierde pofta de mâncare în timpul acestei mese, moment în care puteţi renunţa la aceasta.

Î La ce vârstă ar fi bine să încep să-i dau să bea din cană şi la care dintre mesele de lapte?

- Perioada cea mai potrivită este cea dintre 6 şi 7 luni.

- După ce aţi înlocuit masa de lapte de la prânz cu apă sau cu suc bine diluat, încercaţi să-i daţi să bea aceste lichide dintr-o cană pentru bebeluşi sau dintr-un biberon cu cioc dur.

- Faceţi acest lucru la jumătatea mesei şi după fiecare două-trei linguri de mâncare.

- Este important să perseveraţi. Încercaţi mai multe tipuri de căni, până găsiţi una care să fie pe placul copilului.

- Îndată ce bea câteva zeci de mililitri de lichid din cană, începeţi s-o folosiţi şi la alte mese.

Î Când pot începe să-i dau bebeluşului lapte de vacă?

- De obicei, eu încep să folosesc la gătit o cantitate mică de lapte de vacă începând cu vârsta de 6 luni.

- Laptele de vacă n-ar trebui oferit pe post de băutură până nu împlineşte cel puţin un an.

- El ar trebui să fie întotdeauna nedegresat, pasteurizat şi, de preferat, organic.

- Dacă bebeluşul refuză laptele de vacă, încercaţi să amestecaţi jumătate din cantitate cu lapte formulă. Îndată ce acceptă să bea amestecul, măriţi treptat proporţia de lapte de vacă, până când ajunge să bea numai lapte de vacă.

Î La ce vârstă pot să nu mai fac piure mâncarea bebeluşului?

- După ce a început să-i placă mâncarea făcută piure (şi să sperăm că acest lucru se întâmplă în jurul vârstei de 7 luni), puteţi să-i pasaţi foarte bine fructele şi legumele, astfel încât să nu conţină bucăţi mari, dar să aibă o consistenţă mai puţin fină decât cea a piureului.

- Între 6 şi 9 luni, eu pasez tot mai puţin mâncarea, până când bebeluşii acceptă s-o mănânce.

- Carnea de pui şi carnea roşie trebuie în continuare mărunţite în robotul de bucătărie, până când copilul are în jur de 10 luni.

Î Când va putea bebeluşul să se hrănească singur cu linguriţa?

- Atunci când începe să întindă mâna după linguriţă, daţi-i o linguriţă ca s-o ţină în mână.

- Dacă îşi introduce linguriţa în gură în mod repetat, luaţi mâncare cu o altă linguriţă şi lăsaţi-l să încerce să şi-o introducă în gură, hrănindu-l cu linguriţa ţinută de dumneavoastră atunci când mâncarea îi cade pe jos.

- Cu puţin ajutor şi îndrumare, majoritatea copiilor se pot hrăni singuri cu o parte din mâncare, începând cu vârsta de 12 luni.

- Supravegheaţi-l întotdeauna în timpul meselor. Nu-l lăsaţi niciodată singur.

Când pot înceta sterilizarea?

- Biberoanele trebuie sterilizate până când împlineşte un an.

- Farfuriile şi lingurile nu mai trebuie sterilizate după ce bebeluşul împlineşte 6 luni. Acestea pot fi puse în maşina de spălat vase sau pot fi spălate bine cu apă fierbinte şi detergent şi apoi clătite şi lăsate să se usuce.

- După vârsta de 6 luni, oalele, ustensilele pentru gătit şi tăviţele pentru gheaţă folosite pentru pregătirea mâncărurilor pot fi spălate fie în maşina de spălat vase, fie cu apă fierbinte şi detergent şi apoi clătite, după care turnaţi apă fiartă peste ele înainte de a le lăsa să se usuce. Dacă începeţi diversificarea înaintea vârstei de 6 luni, este bine să sterilizaţi aceste articole.

Ce alimente prezintă cea mai mare probabilitate de a declanşa alergii şi care sunt principalele simptome ale alergiei alimentare?

- Alimentele care produc cel mai frecvent alergii sunt: produsele lactate, grâul, peştele, ouăle şi citricele.

- Printre simptomele alergiei alimentare se numără: erupţiile cutanate, respiraţia şuierătoare, tusea, rinoreea, eritemul fesier, diareea, iritabilitatea şi umflarea pleoapelor.

- Ţinerea unui jurnal detaliat pe parcursul diversificării vă poate fi de mare ajutor atunci când încercaţi să stabiliţi cauza oricăruia dintre simptomele amintite.

- Simptomele de mai sus pot fi produse şi de către acarieni, blana animalelor, lână şi anumite tipuri de săpunuri şi produse de curăţat de uz casnic.

- Dacă nu sunteţi sigură, discutaţi întotdeauna cu medicul, pentru a elimina orice alte cauze posibile ale simptomelor amintite, unele dintre acestea putând fi legate de boli.

16

Soluții pentru problemele din primul an de viață al bebelușului

Recomandările din această carte se bazează pe experiența pe care am acumulat-o îngrijind sute de bebeluși. Cu toate acestea, fiecare copil este unic și este firesc să apară probleme. Pornind de la sugestiile și comentariile primite pe site-ul meu și al serviciilor de consultanță pe care le ofer, mi-am concentrat atenția asupra celor mai frecvente probleme întâmpinate de părinți pe parcursul primului an de viață al bebelușilor, iar acest capitol cuprinde majoritatea aspectelor care vă preocupă. Nu uitați să consultați medicul sau asistentul medical în legătură cu orice problemă, chiar dacă pare neînsemnată sau vă este teamă ca nu cumva să păreți o mamă nevrotică. Este mai bine să nu fiți copleșită de temeri și să vă puteți bucura de copil și de neprețuita perioadă a primului său an de viață.

Puteți folosi lista cu titluri de cuprins (paginile 5–9) pentru a găsi problemele care vă preocupă. Am împărțit informațiile în trei subcapitole – probleme generale, de alimentație și de somn –, dar multe dintre acestea se suprapun. Somnul și alimentația sunt interdependente, astfel încât vi se poate părea mai util să citiți întregul capitol.

Probleme generale

Eructația

Este important să urmăriți semnele transmise de bebeluș referitor la momentul potrivit pentru a vă opri și a-l ajuta să eructeze în timpul mesei. Dacă-l întrerupeți constant în timp ce mănâncă pentru a încerca să-l faceți să elimine gazele intestinale, atunci va crește probabilitatea ca el să devină într-atât de indispus și de frustrat încât plânsul îi va produce mai multe gaze decât hrănirea. Văd de nenumărate ori cum bebelușii sunt loviți la nesfârșit pe spate, mamele refuzând să continue să-i hrănească, pentru că sunt convinse că au gaze. În realitate, foarte puțini bebeluși au nevoie să fie ajutați să eructeze mai mult de o dată în timpul mesei și o dată la sfârșit.

Un bebeluș care suge la sân se retrage singur atunci când este pregătit să eructeze. Dacă n-a făcut acest lucru până când a golit primul sân, atunci puteți încerca să-l ajutați să eructeze înainte de a-l așeza la al doilea. În mod normal, bebelușii hrăniți cu biberonul beau jumătate sau trei sferturi din porția de lapte și apoi se retrag singuri pentru a fi ajutați să eructeze. Indiferent dacă alăptați sau hrăniți bebelușul cu biberonul, dacă veți respecta poziția de hrănire, așa cum este ilustrată la paginile 84 și 99, atunci bebelușul ar trebui să elimine gazele repede și cu ușurință, atât în timpul mesei, cât și la sfârșitul acesteia. Dacă nu elimină gazele în câteva minute, atunci este mai bine să renunțați și să încercați mai târziu. De cele mai multe ori, copilul eructează după ce a fost întins pe spate pentru a i se schimba scutecul.

Uneori, bebelușii care elimină în exces gaze intestinale pe cale rectală pot simți un disconfort considerabil și pot deveni foarte indispuși. Mamele care alăptează ar trebui să-și supravegheze cu atenție alimentația pentru a vedea dacă nu cumva un anumit aliment sau o anumită băutură îi produce bebelușului gaze. Citricele sau lichidele băute în exces pot produce uneori cantități mari de gaze intestinale în cazul anumitor bebeluşi. Celelalte alimente „vinovate" sunt ciocolata şi produsele lactate consumate în exces.

Trebuie să vă asiguraţi că bebeluşul ajunge la laptele „de sfârşit". Prea mult lapte „de început" poate produce scaune explozive şi evacuarea frecventă a gazelor intestinale.

În cazul bebeluşilor hrăniţi cu biberonul care folosesc deja biberoane speciale anticolici, cauza excesului de gaze intestinale este de obicei supraalimentarea. Dacă bebeluşul se hrăneşte în mod regulat cu 90–180 ml de lapte în plus faţă de cantitatea recomandată pe cutia de lapte şi dacă ia constant în greutate mai mult de 240 g în fiecare săptămână, reduceţi cantitatea de lapte la una dintre mese (fie la cea de la 14.30, fie cea de la ora 17) timp de câteva zile şi vedeţi dacă se produce vreo ameliorare. Un bebeluş căruia îi place foarte mult să sugă ar putea primi o suzetă după mesele de lapte mai puţin consistente, pentru a-şi satisface nevoia de supt.

Uneori, o tetină cu orificiu fie prea mare, fie prea mic pentru a satisface necesităţile alimentare ale copilului poate produce gaze intestinale în exces. Încercaţi tetine cu orificii de mărimi diferite; uneori, folosirea unei tetine cu orificiu mai mic la câteva dintre mesele de lapte îi poate fi de ajutor unui bebeluş care se hrăneşte prea repede la unele mese.

Colicile

Colicile reprezintă o problemă frecventă în rândul bebeluşilor mai mici de 3 luni. Acestea pot face ca viaţa să fie un chin atât pentru bebeluş, cât şi pentru părinţi, iar până la ora actuală nu s-a descoperit niciun remediu împotriva lor. Există medicamente disponibile fără reţetă, dar majoritatea părinţilor ai căror bebeluşi suferă de colici severe spun că n-au aproape niciun efect. Cu toate că bebeluşii pot suferi de colici la orice oră, se pare că perioada în care acestea apar cel mai frecvent este cea cuprinsă între ora 18 şi miezul nopţii. Părinţii recurg veşnic la metode cum ar fi hrănirea, legănatul, loviturile uşoare sau plimbatul bebeluşului prin cartier, dar se pare că cele mai multe dintre acestea îi aduc prea puţină sau nicio alinare. De obicei, colicile dispar la vârsta de 4 luni, dar până atunci micuţii au învăţat adeseori să asocieze adormirea cu toţi stimulii greşiţi, astfel că părinţii n-au făcut niciun progres.

Părinţii care iau legătura cu mine pentru a le ajuta bebeluşii suferinzi de colici îmi descriu felul în care ţipă aceştia, adesea ore întregi, cum se zvârcolesc în chinuri şi îşi tot strâng de durere picioruşele spre abdomen. Aceşti copii par a avea în comun acelaşi lucru: sunt cu toţii hrăniţi la cerere. De cele mai multe ori, hrănirea în acest mod are ca urmare faptul că micuţii primesc lapte înainte de a fi fost digerat cel de la masa precedentă, acesta fiind unul dintre motivele care, cred eu, poate duce la apariţia colicilor. (Vezi şi sfaturile referitoare la biberoane de la pagina 38.)

Niciunul dintre bebeluşii pe care i-am îngrijit n-a suferit vreodată de colici şi sunt convinsă că acest lucru se întâmplă pentru că le organizez programul de masă şi de somn încă din prima zi. Atunci când mă duc să ajut bebeluşi „mai mari" care suferă de colici, acestea par să dispară la 24 de ore după ce încep să-mi pun în practică metoda.

În primul rând, verific dacă nu cumva colicile au fost cauzate de hrănirea la cerere, nu de alimentaţia mamei. După aceea, în funcţie de vârstă, de simptomele pe care le avea şi de cât de frecvent se hrănea de-a lungul serii şi al nopţii, începeam să-i dau apă îndulcită cu zahăr. În cazul bebeluşilor cu vârsta cuprinsă 1 şi 3 luni care se hrăneau excesiv în timpul nopţii şi luau constant în greutate, în fiecare săptămână, mai mult decât este recomandat, încercam să le înlocuiesc cu apă îndulcită cu zahăr una dintre mesele de noapte. Atunci când bebeluşii se trezeau în timpul nopţii, le dădeam 60 ml de apă fiartă şi răcită îndulcită cu jumătate de linguriţă de zahăr, pentru a-i linişti. În această etapă, am constatat că apa fiartă şi răcită neamestecată cu zahăr n-are acelaşi efect. A doua zi, trezeam copiii la ora 7, indiferent cât de puţin dormiseră în timpul nopţii, şi apoi continuam programul de-a lungul întregii zile până la ora 18.30. La această oră, le ofeream întotdeauna o porţie suplimentară de lapte matern bebeluşilor alăptaţi, pentru a mă asigura că s-au hrănit suficient. Astfel, nu mai aveau nevoie se hrănească din nou după două ore, acesta fiind un comportament tipic bebeluşilor care suferă de colici. În cazul celor hrăniţi cu biberonul, mă asigur întotdeauna că masa de lapte de la ora 14.30 este mai puţin consistentă, astfel încât să mănânce bine la ora 18.30.

În cazul bebeluşilor mai mari de 3 luni, încercam să renunţ complet la mesele de noapte sau cel puţin să reduc numărul la una singură. În ambele cazuri, este important să vă asiguraţi că bebeluşul se hrăneşte bine la ora 18.15, dându-i la această oră şi o porţie suplimentară de lapte matern, dacă este nevoie. Scăderea lactaţiei la primele ore ale serii este adeseori motivul pentru care bebeluşii se hrănesc puţin şi des, acest lucru putându-i face să nu digere laptele aşa cum trebuie.

De cele mai multe ori, micuţii au adormit uşor în prima noapte, dar din când în când am avut de-a face cu câte un bebeluş care învăţase să asocieze adormirea cu stimuli greşiţi, ca urmare a colicilor. În cazul acestora, am folosit o metodă de formare a deprinderilor de somn numită „adormire prin plâns" şi după trei-patru zile adormeau uşor şi se odihneau bine până la masa de lapte de la orele târzii ale serii. Pentru că dormiseră bine şi trecuseră patru ore de la ultima masă, s-au hrănit bine şi apoi au rezistat o perioadă şi mai lungă între mesele din cursul nopţii. În funcţie de vârstă, bebeluşilor li s-a dat fie lapte, fie apă îndulcită cu zahăr. Un bebeluş în vârstă de 3 luni sau mai mult care poate dormi neîntrerupt de la ultima masă de lapte până la ora 6 sau 7 ar trebui să primească apă îndulcită cu zahăr timp de o săptămână. Îndată ce şi-a creat obişnuinţa de a se trezi numai o singură dată în timpul nopţii, reduceţi treptat cantitatea de zahăr, până când ajunge să bea numai apă.

Această metodă, alături de programe, îi va încuraja pe micuţii care au suferit de colici şi au învăţat să asocieze adormirea cu stimuli greşiţi să doarmă toată noaptea, de obicei în 2 săptămâni. Subliniez cu insistenţă faptul că reuşita acestei metode depinde foarte mult de folosirea apei îndulcite cu zahăr pe parcursul primei săptămâni. Dacă-i veţi da bebeluşului numai apă, nu veţi obţine aceleaşi rezultate. Acesta este un sfat pe care l-am aflat în urmă cu peste 25 de ani de la o *maternity nurse* mai în vârstă şi n-a dat greş niciodată. Pe părinţi îi îngrijorează adeseori faptul că această metodă îi va face pe micuţi să capete o predilecţie pentru dulciuri sau, mai rău, le va caria dinţii. N-am observat apariţia niciuneia dintre aceste probleme, întrucât apa îndulcită cu zahăr este folosită numai o scurtă perioadă. De asemenea, mă bucur să vă aduc la cunoştinţă faptul că acum recomandările mele au fost întărite de cercetările recente legate de colici efectuate de dr. Peter Lewindon, de la Royal Children's Hospital, din Brisbane, Australia. Cercetările arată că zahărul stimulează organismul să producă substanţe analgezice proprii, iar anumitor bebeluşi care suferă de colici le poate fi de ajutor amestecul de apă cu zahăr.

Plânsul

Am citit în multe cărţi importante despre bebeluşi faptul că majoritatea celor de vârstă mică plâng în medie două ore pe zi. Aceeaşi informaţie este furnizată şi de către Unitatea de Cercetare „Thomas Coram", de la London University. De asemenea, se afirmă că la vârsta de 6 săptămâni plânsul atinge un punct maxim, 25% dintre bebeluşi plângând şi fiind agitaţi timp de cel puţin patru ore pe zi. În plus, dr. St James-Roberts afirmă faptul că 40% dintre copii plâng cel mai mult între ora 18 şi miezul nopţii. Cercetătorii olandezi Van de Rijt şi Plooij, autorii cărţii *Why They Cry: Understanding Child Development in the First Year (Cauzele plânsului: Cum să înţelegem dezvoltarea copilului în primul an de viaţă)*, au cercetat mai mult de 20 de ani felul în care se dezvoltă bebeluşii şi susţin că ei devin dificili şi greu de mulţumit atunci când trec printr-una dintre cele şapte modificări neurologice majore care au loc pe parcursul primului an de viaţă.

În ceea ce privește bebelușii de vârste foarte mici, am observat că ei trec într-adevăr printr-o etapă mai agitată în jurul vârstei de 3 săptămâni și a celei de 6 săptămâni, care tind să coincidă cu perioadele de creștere. Cu toate acestea, aș fi de-a dreptul îngrozită, dacă vreunul dintre bebelușii crescuți după metoda mea ar plânge chiar și o oră pe zi, darămite un interval cuprins între două și patru ore! Lucrul pe care-l remarcă fără încetare părinții este cât de bine le merge bebelușilor atunci când îmi urmează metoda. Desigur că și bebelușii crescuți după metoda mea plâng – unii dintre ei atunci când li se schimbă scutecul, alții când sunt spălați pe față –, iar câțiva dintre ei refuză să adoarmă atunci când sunt așezați în pătuț. În cazul celor care refuză să adoarmă, sunt foarte fermă, pentru că știu că sunt bine hrăniți, au fost ajutați să eructeze și sunt pregătiți pentru somn. Pe aceștia îi las să se agite și să plângă timp de 10–12 minute, până când adorm singuri. Aceasta este singura împrejurare în care plâng cu adevărat bebelușii crescuți după metoda mea, dar chiar și în această situație, este vorba numai despre un număr mic de copii și durează cel mult o săptămână sau două. Este de înțeles faptul că toți părinții detestă să-și audă copiii plângând; multora le este teamă că dacă își așază bebelușii în pătuț ca să doarmă și îi lasă să plângă astfel, ar putea să le producă vătămări psihice. Vreau să vă asigur că bebelușul dumneavoastră nu va fi vătămat psihic, cu condiția să fi fost hrănit consistent și ca dumneavoastră să fi respectat programele în ceea ce privește perioadele de veghe și pe cele de liniștire dinainte de culcare. Pe termen lung, veți avea un bebeluș mulțumit și fericit, care a învățat să adoarmă singur. Mulți dintre părinții care au urmat metoda de hrănire la cerere în cazul primului copil și programele mele în cazul celui de-al doilea vă pot confirma din toată inima că metodele mele sunt de departe cele mai bune și, pe termen lung, cele mai avantajoase.

Dr. Marc Weissbluth, directorul Centrului de Tulburări de Somn din cadrul Children's Memorial Hospital, din Chicago, spune în cartea sa, *Healthy Sleep Habits, Happy Child (Obiceiuri sănătoase de somn la copii)*, că părinţii n-ar trebui să uite faptul că le *permit* bebeluşilor să plângă, nu îi *fac* să plângă. El mai spune că va fi mult mai greu pentru un bebeluş de vârsta mai mare să înveţe cum să adoarmă singur. Prin urmare, nu vă simţiţi vinovată şi nu consideraţi că este o cruzime din partea dumneavoastră, dacă sunteţi nevoită să lăsaţi bebeluşul să plângă o scurtă perioadă atunci când se culcă. Micuţul va învăţa foarte repede cum să adoarmă singur, câtă vreme v-aţi asigurat că este bine hrănit şi a rămas treaz suficient de mult timp, dar nu într-atât de mult încât să fie epuizat.

În continuare este prezentată lista principalelor motive pentru care poate plânge un copil sănătos. Folosiţi-o ca listă de verificare, pentru a elimina posibilele cauze ale plânsetelor bebeluşului. În capul listei se află foamea. Un bebeluş mic de vârstă căruia îi este foame ar trebui întotdeauna hrănit, indiferent de orele de masă recomandate în programele mele.

Foamea

Atunci când bebeluşul de vârstă foarte mică este agitat şi neliniştit, desigur că este înţelept să consideraţi că atunci când plânge o face de foame şi să-l hrăniţi, chiar dacă faceţi acest lucru înaintea orelor recomandate în programul pentru vârsta lui. Am constatat că unul dintre principalele motive pentru care nou-născuţii alăptaţi sunt neliniştiţi în timpul serii este, de obicei, foamea. Dacă micuţul dumneavoastră se hrăneşte bine, rămâne treaz o scurtă perioadă de timp după mese şi doarme bine până la masa următoare, însă este neliniştit în timpul serii, este foarte posibil ca motivul să fie foamea. Chiar dacă ia mult în greutate săptămână de săptămână, n-ar trebui să eliminaţi dintre cauze foamea. Multe dintre mamele pe care le cunosc pot produce mult lapte la primele ore ale zilei, dar la sosirea serii, atunci când oboseala se face simţită, lactaţia poate scădea dramatic. Vă recomand insistent ca timp de câteva nopţi să încercaţi să hrăniţi bebeluşul după baie cu o mică porţie suplimentară de lapte extras. Dacă adoarme uşor, atunci veţi şti că lactaţia dumneavoastră este scăzută în acea parte a serii. Vezi pagina 295 pentru a citi sfaturile referitoare la rezolvarea acestei probleme.

Totuşi, dacă observaţi că bebeluşul este neliniştit în timpul serii sau în orice alt moment al zilei, în ciuda faptului că este bine hrănit, atunci este important să încercaţi să eliminaţi celelalte cauze posibile ale neliniştii. Aud adesea oamenii spunând că este normal ca bebeluşii să plângă mult la început, pentru că „aşa fac bebeluşii". Pe parcursul numeroşilor ani pe care i-am petrecut îngrijind bebeluşi, am întâlnit într-adevăr câţiva care erau foarte irascibili în primele zile, indiferent ce făceam pentru a-i ajuta să se liniştească. Totuşi, trebuie să subliniez faptul că dintre sutele de bebeluşi pe care i-am îngrijit probabil că numai câţiva s-au comportat astfel. Dacă observam că am de-a face cu un micuţ foarte agitat, încercam toate soluţiile posibile înainte de a accepta că nu pot face nimic pentru a ajuta la ameliorarea situaţiei. Bebeluşii au multe alte nevoi în afară de mâncat, dormit şi ţinut în braţe.

Oboseala

Copiii mai mici 6 săptămâni au tendinţa să obosească după o oră de la trezire. Cu toate că există posibilitatea să nu fie încă pregătiţi să se culce, au nevoie de linişte şi calm. Nu toţi bebeluşii dau semne evidente de oboseală, astfel că în primele zile, după ce au rămas treji o oră, vă recomand să-i duceţi totuşi în camera lor pentru a putea să se liniştească treptat. Dacă nu puteţi face acest lucru, cel puţin încercaţi să-i duceţi într-o zonă mai liniştită a casei. Nu le permiteţi musafirilor să-i suprastimuleze în timpul acestei perioade de liniştire dinainte de culcare.

Epuizarea

Bebeluşii mai mici de 3 luni n-ar trebui să rămână treji mai mult de două ore, deoarece pot deveni epuizaţi peste măsură şi foarte greu de adormit.

Adeseori, epuizarea este rezultatul suprastimulării. Bebeluşii epuizaţi ajung într-un stadiu în care nu pot adormi singuri şi cu cât vor fi mai obosiţi, cu atât le va fi mai greu să adoarmă. Cei mai mici de 3 luni care sunt lăsaţi să ajungă în acest stadiu şi rămân treji mai mult de două ore pot deveni aproape imposibil de adormit.

Într-o situaţie ca aceasta, uneori trebuie folosită o metodă prin care micuţii sunt lăsaţi să plângă o scurtă perioadă de timp până când adorm, ca ultimă soluţie pentru rezolvarea problemei. Aceasta este unica situaţie în care aş fi de acord şi chiar aş recomanda ca bebeluşii de vârste mici să fie lăsaţi să plângă pentru o scurtă perioadă, dar chiar şi atunci puteţi s-o faceţi numai dacă sunteţi sigură că au fost bine hrăniţi şi ajutaţi să eructeze.

Plictiseala

Până şi un nou-născut are nevoie să rămână treaz o parte din timp. Încurajaţi-l să facă acest lucru pentru o scurtă perioadă după mesele din cursul zilei. Bebeluşii mai mici de o lună adoră să privească orice imagine alb-negru, îndeosebi cele cu chipuri, iar cele care-i fascinează cel mai mult sunt ale părinţilor. Încercaţi să împărţiţi jucăriile în două categorii: cele care sunt folosite în perioadele de veghe şi cele care sunt folosite în perioadele de liniştire. Jucării viu colorate şi gălăgioase pentru perioadele de activitate, relaxante şi liniştitoare pentru perioadele de dinainte de culcare.

Gazele intestinale

Toţi bebeluşii înghit o anumită cantitate de aer în timp sug, cei hrăniţi cu biberonul mai mult decât cei alăptaţi. Dacă sunt ajutaţi, majoritatea bebeluşilor elimină gazele cu uşurinţă. Dacă bănuiţi că plânsetele copilului sunt pricinuite de gazele intestinale, aveţi grijă să-i acordaţi suficient timp între mese. Am constatat că supraalimentarea şi hrănirea la cerere sunt principalele cauze ale apariţiei colicilor la bebeluşii de vârstă mică. Un copil alăptat are nevoie de cel puţin trei ore pentru a digera o porţie întreagă de lapte, iar unui bebeluş hrănit cu formule de lapte ar trebui să i se acorde o perioadă cuprinsă între trei ore şi jumătate şi patru.

Această perioadă se calculează întotdeauna de la începutul unei mese până la începutul mesei următoare.

De asemenea, vă recomand să urmăriţi cu atenţie sporul ponderal al bebeluşului. Dacă acesta depăşeşte 240–300 g pe săptămână şi micuţul suferă de dureri abdominale produse de gaze, atunci s-ar putea să se supraalimenteze, mai ales în cazul în care cântăreşte peste 3,6 kg şi se hrăneşte de două–trei ori pe noapte. Pentru detalii referitoare la rezolvarea acestei probleme, vezi pagina 101.

Probleme legate de folosirea suzetei

Dintotdeauna am fost de părere că, dacă este folosită cu moderaţie, suzeta poate aduce multe beneficii, mai ales în cazul bebeluşilor cărora le place foarte mult să sugă. Cu toate acestea, am subliniat întotdeauna cât de important este ca bebeluşul să nu fie lăsat să folosească suzeta în pătuţ sau să adoarmă în timp ce suge. V-am sfătuit că este în regulă s-o folosiţi pentru a linişti bebeluşul şi, dacă este necesar, pentru a-l adormi în timpul perioadelor de somn, dar trebuie să-i fie luată înainte de a adormi. Din experienţă, am observat că adormirea bebeluşilor cu suzeta în gură reprezintă una dintre cel mai greu de rezolvat probleme legate de asocierea adormirii cu stimuli greşiţi. Bebeluşii pot ajunge să se trezească de mai multe ori pe noapte şi de fiecare dată se vor aştepta să primească suzeta pentru a adormi la loc. Iată de ce am recomandat întotdeauna să li se ia suzeta chiar înainte de a adormi.

Din anul 2007, Fundaţia pentru Studiul Morţii Subite la Sugari (FSMSS) face următoarele recomandări despre felul în care folosirea suzetei în timpul perioadelor de somn ale bebeluşului poate ajuta la reducerea riscului de apariţie a sindromului morţii subite la sugari:

„Folosind suzeta de fiecare dată când vă culcaţi bebeluşul – atât ziua, cât şi noaptea –, puteţi reduce riscul de apariţie a sindromului morţii subite la sugari. Dacă alăptaţi, nu începeţi să folosiţi suzeta până nu împlineşte copilul vârsta de o lună, pentru a vă asigura că alăptarea merge aşa cum trebuie. Nu vă faceţi griji dacă bebeluşului îi cade suzeta din gură în timp ce doarme şi nu-l forţaţi s-o folosească dacă nu vrea. Nu înmuiaţi suzeta în ceva dulce. Dezvăţaţi treptat bebeluşul de suzetă după vârsta de 6 luni, dar înainte să împlinească un an."

Ca reacţie la recomandările făcute de FSMSS, Iniţiativa „Spitalul prieten al copilului" a reprezentanţei UNICEF din Marea Britanie a făcut următoarea declaraţie:

„Cu toate că salutăm cercetările care pot ajuta la reducerea riscului de apariţie a sindromului morţii subite la sugari (SMSS), trebuie să ţinem cont de anumite considerente înainte de a utiliza aceste informaţii de ultimă oră pentru a face recomandări părinţilor.

În primul rând, trebuie să analizăm rezultatele altor cercetări referitoare la folosirea suzetei şi la SMSS. Acestea tind să arate că probabilitatea de deces a fost mai mică la bebeluşii care au folosit suzeta ultima oară când au dormit, dar că folosirea suzetei în mod curent nu-i apără pe bebeluşi de SMSS. Acest lucru poate indica faptul că sugarii sunt expuşi la un risc crescut de apariţie a SMSS, dacă folosesc suzeta în mod curent, dar nu le-a fost dată într-o noapte anume.

În al doilea rând, trebuie luate în considerare potenţialele riscuri ale utilizării suzetei. Acestea includ:

- Împiedicarea bunei desfăşurări a alăptării în primele săptămâni.
- Riscuri crescute de apariţie a infecţiei urechii medii (otită medie).
- Riscuri crescute de producere a malocluziei dentare.
- Riscuri de accidente, cum ar fi obstrucţia căilor respiratorii.

În al treilea rând, trebuie să ne asigurăm că recomandările propuse sunt realiste. Dacă suzeta îi protejează cu adevărat pe bebeluşi de SMSS, dar numai dacă este folosită în fiecare noapte, atunci părinţilor trebuie să li se aducă la cunoştinţă acest lucru. Posibilitatea ca nefolosirea suzetei într-o noapte să ducă la creşterea riscului de apariţie a SMSS în rândul bebeluşilor care folosesc suzeta în mod curent creează confuzie şi îngrijorare. Trebuie să ne asigurăm că părinţii nu vor uita să le dea bebeluşilor suzeta odată ce au început s-o folosească.

Prin urmare, este clar că trebuie să-i sprijinim pe părinţi în luarea unei hotărâri în cunoştinţă de cauză în ceea ce priveşte utilizarea suzetei, în funcţie de situaţia personală a fiecăruia. Acest lucru ar trebui să includă o discuţie despre beneficiile şi riscurile asociate folosirii suzetei, precum şi recunoaşterea faptului că nu ştim totul despre această chestiune."

Dacă aveţi nelămuriri referitoare la folosirea suzetei pentru reducerea apariţiei riscului de moarte subită, atunci vă recomand insistent să luaţi legătura direct cu FSMSS, astfel încât să puteţi discuta personal cu reprezentanţii ei despre această problemă. Dacă veţi folosi suzeta în timpul tuturor perioadelor de somn ale bebeluşului pe durata primelor 6 luni de viaţă, atunci este posibil ca el să se obişnuiască să se trezească de mai multe ori pe noapte pentru a primi iarăşi suzeta. Dacă se va întâmpla acest lucru, va trebui să acceptaţi faptul că atunci când veţi dori să renunţaţi la folosirea suzetei începând cu vârsta de 6 luni, probabil că va fi nevoie să folosiţi o metodă de formare a deprinderilor de somn, pentru a dezobişnui bebeluşul să se trezească şi să ceară suzeta. Pentru a găsi cea mai potrivită modalitate de renunţare la suzetă după împlinirea vârstei de 6 luni, ar trebui să discutaţi cu asistentul medical.

Sunt disponibile două modele de suzete: unul are tetina rotundă, de forma unei cireşe, iar celălalt are tetina aplatizată, aceasta din urmă fiind denumită tetină ortodontică. Unii specialişti susţin că tetina cu formă ortodontică este mai bună pentru dinţii bebeluşului, dar neajunsul acestui model este acela că majoritatea bebeluşilor de vârstă mică nu-l pot ţine în gură foarte mult timp. Eu prefer să folosesc suzete cu tetina în formă de cireaşă şi până acum niciunul dintre bebeluşii pe care i-am îngrijit nu pare să fi făcut ocluzie deschisă, care apare adeseori în urma folosirii în exces a suzetei, după ce bebeluşului i-au apărut dinţii. Indiferent ce model alegeţi, cumpăraţi mai multe suzete, putând astfel să le schimbaţi frecvent. Ar trebui să acordaţi foarte multă atenţie igienei, atunci când folosiţi suzeta; aceasta ar trebui spălată şi sterilizată după fiecare utilizare. N-o curăţaţi niciodată lingând-o cu limba, aşa cum fac atât de mulţi părinţi; în gură există mai mulţi microbi şi bacterii decât aţi putea crede.

Sughiţul

Sughiţul este un lucru normal în rândul bebeluşilor de vârstă mică şi îi deranjează pe foarte puţini dintre ei. Adeseori, sughiţul apare după masă. Dacă a fost vorba despre o masă de noapte, iar bebeluşul urmează să se culce, atunci este recomandabil să respectaţi în continuare programul şi să-l culcaţi indiferent dacă mai sughite sau nu. Dacă veţi aştepta să nu mai sughită, atunci există mai mult şanse ca el să adoarmă în braţele dumneavoastră, iar acest lucru trebuie evitat cu orice preţ. Dacă micuţul face parte din restrânsa categorie a celor care sunt deranjaţi de sughiţ, încercaţi să-i daţi doza recomandată de carminativ pentru bebeluşi, care poate fi de ajutor uneori.

Regurgitaţia

Este un lucru foarte obişnuit în rândul anumitor bebeluşi să vomite o cantitate mică de lapte în timp ce sunt ajutaţi să eructeze sau după masă. Acest fenomen se numeşte regurgitaţie şi celor mai mulţi dintre bebeluşi nu le creează probleme. Cu toate acestea, dacă micuţul dumneavoastră ia constant în greutate peste 240 g în fiecare săptămână, atunci s-ar putea să mănânce prea mult lapte. În cazul unui bebeluş hrănit cu biberonul, problema poate fi rezolvată cu uşurinţă, întrucât puteţi vedea cu cât lapte se hrăneşte şi, de aceea, puteţi reduce puţin cantitatea de la mesele în timpul cărora pare a regurgita mai mult. Este mai greu să vă daţi seama cu cât lapte se hrăneşte un bebeluş alăptat. Totuşi, dacă veţi ţine evidenţa meselor în timpul cărora bebeluşul regurgitează mai mult şi reducând perioada cât stă la sân în timpul meselor respective, puteţi diminua frecvenţa regurgitaţiilor.

Dacă regurgitează excesiv şi nu ia în greutate, atunci s-ar putea să sufere de o afecţiune numită „reflux gastroesofagian" (vezi mai jos). În cazul bebeluşilor care au tendinţa de a vomita laptele, este important ca ei să fie ţinuţi într-o poziţie cât mai aproape de verticală după masă şi să fiţi foarte atente atunci când îi ajutaţi să eructeze.

Toţi bebeluşii care regurgitează întreaga cantitate de lapte de la masă de două ori la rând ar trebui consultaţi imediat de către medic.

Refluxul gastroesofagian

Uneori, bebeluşii care manifestă toate simptomele specifice colicilor suferă de fapt de o afecţiune numită reflux gastroesofagian. Deoarece muşchiul de la capătul inferior al esofagului nu este suficient de puternic pentru a reţine laptele în stomacul bebeluşului, acesta refluează, însoţit de acid gastric, producând o senzaţie de usturime foarte dureroasă la nivelul esofagului. Regurgitaţiile excesive reprezintă unul dintre simptomele refluxului gastroesofagian. Cu toate acestea, nu toţi bebeluşii care suferă de reflux gastroesofagian vomită laptele, iar în acest caz suferă de o boală cunoscută în lumea medicală sub numele de „reflux silenţios". Adeseori, aceşti copii pot primi diagnosticul greşit de colici. Ei pot fi foarte greu de hrănit, deoarece îşi încovoaie tot timpul spatele şi plâng în timpul mesei. De asemenea, au tendinţa de a deveni foarte irascibili atunci când sunt aşezaţi pe spate şi nu pot fi liniştiţi indiferent cât de mult sunt îmbrăţişaţi sau legănaţi, atunci când trec prin această stare. Dacă micuţul dumneavoastră prezintă aceste simptome, insistaţi ca medicul să-i facă un test pentru diagnosticarea bolii de reflux gastroesofagian. Am văzut prea multe cazuri în care bebeluşii au fost diagnosticaţi ca având colici, când de fapt sufereau de reflux gastroesofagian, în ciuda faptului că nu vomitau. Dacă sunteţi de părere că bebeluşul suferă de reflux gastroesofagian, atunci este esenţial să nu permiteţi nimănui să considere că durerile de care suferă sunt produse de colici. Refluxul gastroesofagian este foarte stresant atât pentru bebeluşi, cât şi pentru părinţi şi este esenţial să primiţi în permanenţă sfaturi şi sprijin din partea medicului de familie şi a asistentului medical. Dacă socotiţi că nu primiţi ajutorul de care aveţi nevoie, nu vă temeţi să cereţi părerea încă unui specialist. Dacă nu refluxul gastroesofagian este problema, atunci cel puţin îl veţi elimina dintre cauzele posibile, dar, dacă el este într-adevăr problema, atunci, cu ajutorul unei medicaţii corespunzătoare, bebeluşul va fi scutit de luni întregi de suferinţă pricinuită de durerile pe care le poate cauza această afecţiune. Este important ca bebeluşii care suferă de reflux gastroesofagian să nu fie supraalimentaţi şi să fie ţinuţi într-o poziţie cât mai aproape de verticală în timpul mesei şi după aceea. Unii bebeluşi pot avea nevoie de medicaţie timp de câteva luni, până când muşchii esofagului devin mai puternici. Din fericire, această afecţiune dispare la majoritatea bebeluşilor până când împlinesc un an.

Dacă bebeluşul dumneavoastră este diagnosticat cu reflux gastroesofagian, ar fi o idee bună să aruncaţi o privire asupra secţiunii referitoare la această problemă, de pe site-ul meu, www.contentedbaby.com. Aici veţi găsi studii de caz, precum şi multe sfaturi şi informaţii utile care vă vor ajuta să vă descurcaţi în primele luni de viaţă ale bebeluşului, dacă suferă de reflux gastroesofagian.

Anxietatea de separare

În jurul vârstei de 6 luni, bebeluşii încep să dobândească o mai bună înţelegere a mediului în care trăiesc şi să-şi dea seama că reprezintă entităţi separate de mamele lor. Între 6 şi 12 luni, majoritatea copiilor pot manifesta câteva dintre simptomele anxietăţii de separare. Puteţi constata că bebeluşul dumneavoastră mulţumit şi fericit, care obişnuia să fie atât de calm şi de relaxat, dintr-odată nu se mai dezlipeşte de dumneavoastră, devine neliniştit şi dificil şi se poate întâmpla să izbucnească în plâns în clipa în care ieşiţi din cameră.

Poate fi foarte dificil să faceţi faţă schimbării bruşte de temperament din partea lui, dar fiţi sigură că acest comportament reprezintă o etapă cât se poate de firească în dezvoltarea lui. Într-o oarecare măsură, toţi bebeluşii trec prin asta.

Cu toate că această etapă poate fi foarte istovitoare pentru dumneavoastră, rareori durează mult timp. Următoarele recomandări pot ajuta la diminuarea stresului produs de această perioadă dificilă:

- Un obiect liniştitor le poate da multă siguranţă bebeluşilor şi le poate oferi o senzaţie de familiaritate permanentă şi reconfortantă. Luaţi în considerare posibilitatea de a începe să folosiţi un astfel de obiect, dacă micuţul nu s-a ataşat deja de unul anume. Adeseori, îşi alege singur obiectul liniştitor, iar acesta este în general un obiect familiar pe care-l poate asocia cu ideea de liniştire, cum ar fi o jucărie pufoasă, o păturică sau o bucată de muselină. Dacă vă hotărâţi să-i oferiţi îndrumare în acest sens, alegeţi o jucărie care poate fi înlocuită (o jucărie de pluş de rezervă, cu care s-o puteţi înlocui, reprezintă o măsură de precauţie de bun-simţ). De asemenea, este necesar să vă gândiţi la aspectele practice. Siguranţa bebeluşului este primordială – trebuie să vă asiguraţi că obiectul liniştitor n-are părţi care se pot desprinde şi ar putea prezenta riscul de sufocare pentru bebeluş. Alte aspecte care trebuie luate în considerare sunt legate de durabilitatea obiectului şi de posibilitatea de a-l curăţa uşor. Este extrem de neplăcut atât pentru bebeluş, cât şi pentru dumneavoastră, ca obiectul liniştitor să fie rătăcit, aşadar ar fi o idee bună să-l încurajaţi să-l lase acasă atunci când mergeţi la plimbare în parc sau când îl duceţi să se joace cu alţi copii.

- Dacă intenţionaţi să vă întoarceţi la serviciu atunci când copilul are între 6 luni şi un an, încercaţi să-l obişnuiţi să fie lăsat cu o altă persoană înainte de a împlini 6 luni. Dacă sunteţi unicul întreţinător, iar copilul nu este obişnuit ca o altă persoană să aibă grijă de el în cea mai mare parte a timpului, atunci probabilitatea ca o separare prelungită să i se pară neliniştitoare va fi mai mare. Gândiţi-vă cum să faceţi aranjamente care să vă avantajeze. Dacă vă permiteţi să angajaţi o persoană autorizată, atunci este bine să vă organizaţi programul săptămânal astfel încât bebeluşul să petreacă ceva timp alături de persoana respectivă, chiar dacă este vorba de numai câteva ore pe săptămână. Ca alternativă, puteţi stabili cu o prietenă o dată la care să aveţi grijă fiecare de copilul celeilalte. Este foarte util ca bebeluşul să înceapă să înţeleagă faptul că puteţi să plecaţi şi să reveniţi. Acest lucru reduce starea de nelinişte, nu doar în cazul dumneavoastră, ci şi al bebeluşului.

- Obişnuiţi copilul să meargă la creşă sau la persoana autorizată cu cel puţin o lună înainte de a reveni la serviciu. Măriţi treptat perioada în care îl lăsaţi singur. Dacă persoana autorizată vă poate oferi sprijin, acest lucru va face ca absenţele mai lungi să fie mai uşoare pentru amândoi.

- Cu cât veţi avea mai mult timp la dispoziţie, atât dumneavoastră, cât şi bebeluşul, pentru a vă obişnui cu separarea, cu atât veţi dobândi mai multă flexibilitate. De exemplu, dacă micuţul este imposibil de liniştit atunci când plecaţi, aţi putea amâna cu 1 sau 2 săptămâni momentul când veţi încerca din nou să-l lăsaţi singur. În cazul copiilor foarte mici, încrederea în sine şi capacitatea de înţelegere sporesc de la o zi la alta şi s-ar putea ca ei să aibă o reacţie diferită data viitoare când veţi încerca să-i lăsaţi singuri, dacă veţi amâna acest lucru timp de 1 sau 2 săptămâni.

- Dacă bebeluşului îi place o activitate anume – să lovească o cratiţă cu lingura sau să se joace cu o anumită jucărie – încercaţi să aranjaţi ca persoana care are grijă de el să-i pună la dispoziţie ceva similar.

- Încercaţi jocul de rol. Până şi copiii foarte mici pot înţelege ideea că oamenii sau jucăriile pot pleca şi se pot întoarce. Puteţi încuraja bebeluşul să spună „la revedere" unei păpuşi sau unui ursuleţ şi apoi „bună ziua".

- Lăudaţi-vă copilul atunci când este pregătit să plece împreună cu prietena dumneavoastră sau cu persoana autorizată.

- Vorbiţi-i copilului. Este extraordinar cât de multe lucruri poate asimila un bebeluş. Dacă este obişnuit să-şi vadă tatăl plecând la serviciu în fiecare zi, atunci spuneţi-i mereu: „Tati s-a dus la muncă". Atunci când veţi pleca şi dumneavoastră la muncă, el va avea încredere că vă veţi şi întoarce.

- Atunci când vine vremea să lăsaţi bebeluşul singur, aveţi grijă să vă luaţi rămas bun cât mai discret. Afişaţi o atitudine optimistă, folosiţi expresii liniştitoare şi zâmbiţi; acest lucru îl va ajuta să se liniştească. Îmbrăţişaţi-l şi sărutaţi-l, reamintindu-i că vă veţi întoarce în curând. Folosind acelaşi mod de abordare şi aceleaşi cuvinte de fiecare dată când vă luaţi la revedere, pe termen lung îi veţi da mai multă siguranţă decât dacă v-aţi întoarce pentru a încerca să-l liniştiţi. Cu toate că bebeluşii plâng adeseori atunci când pleacă din cameră mama sau persoana care se ocupă cel mai mult de ei, majorităţii copiilor le poate fi distrasă atenţia de către o bonă competentă. Cu toate acestea, bebeluşii percep stările celor din jur, iar dacă sunteţi neliniştită şi îngrijorată, atunci el va simţi acest lucru şi probabilitatea de a deveni agitat va fi mai mare.

- Evitaţi să plecaţi pe furiş. Deşi vi se va părea greu să vă luaţi rămas-bun, dacă bebeluşul este supărat, este mult mai bine ca el să înţeleagă că plecaţi şi că apoi vă veţi întoarce, decât să dispăreţi pur şi simplu, iar el să vă caute cu privirea mai târziu şi să-şi dea seama că v-aţi făcut nevăzută. Acest lucru ar putea să-i accentueze supărarea – să devină derutat şi să nu se mai dezlipească de dumneavoastră de teamă să nu dispăreţi iarăşi.

- Fiţi realistă – puteţi la fel de bine să constataţi că acasă copilul este agitat, chiar dacă persoana care-l îngrijeşte v-a spus că este fericit şi mulţumit atunci când sunteţi plecată. Bebeluşului i se va părea obositoare schimbarea de program în aceeaşi măsură în care vi se va părea şi dumneavoastră. Totuşi, nu vă faceţi griji; bebeluşii sunt adaptabili, cu condiţia să aibă parte de dragoste şi siguranţă.

- Pe durata acestei perioade de acomodare, rugaţi persoana care îngrijeşte copilul să se asigure că el nu este expus la prea multe experienţe noi şi că nu este atins de persoane necunoscute. Cu cât programul îi va fi mai liniştit şi mai previzibil, cu atât va scăpa mai repede de starea de anxietate.

- Dacă bebeluşul s-a obişnuit să fie numai cu dumneavoastră pe parcursul primelor 6 luni de viaţă, atunci puteţi înţelege faptul că adaptarea la un mediu mai animat poate fi dificilă. Dacă aţi ales să angajaţi o persoană autorizată care se ocupă şi de alţi copii sau să folosiţi în comun cu altă familie serviciile unei bone, atunci bebeluşul va trebui să se adapteze la un mediu mai zgomotos şi mai dinamic decât cel cu care este obişnuit. Acest lucru nu numai că va fi plăcut pentru dumneavoastră, ci îi va permite bebeluşului să se obişnuiască şi cu alţi copii, cu zgomotul şi cu activităţile lor. Dacă micuţul este uşor iritabil, veţi constata că se va linişti după ce se va obişnui cu noul mediu. Familiarizaţi-l treptat cu grupuri mai mari de copii şi cu experienţe noi. În general, bebeluşilor le plac activităţile copiilor mici, aşadar, cu condiţia ca ei să fie supravegheaţi corespunzător, puteţi sta liniştită pentru că va fi o experienţă plăcută pentru bebeluş.

Teama de necunoscuţi

În jurul vârstei de 6 luni s-ar putea să constataţi şi faptul că bebeluşul, odinioară sociabil, devine mult mai circumspect faţă de persoanele necunoscute. Aceasta este o etapă firească a dezvoltării. Se crede că teama de necunoscuţi reprezintă o reacţie biologică legată de începuturile omenirii. Era o reacţie de apărare normală, care îmbunătăţea capacitatea bebeluşilor de a supravieţui într-un mediu primitiv.

Atunci când sunt mici, ne aşteptăm ca bebeluşilor să le facă plăcere să fie daţi rudelor şi prietenilor plini de afecţiune pentru a-i lua în braţe, dar până şi lor li se poate părea obositor şi uneori chiar deranjant să treacă din braţele unei rude iubitoare în braţele următoarei.

- Dacă bebeluşul începe să plângă atunci când este abordat de persoane necunoscute sau să privească în altă parte când cineva încearcă să intre în vorbă cu el, nu încercaţi să-l forţaţi să comunice. Este mult mai bine să le explicaţi persoanelor respective că începe să devină sfios şi că trece printr-o perioadă de timiditate, decât să vă aşteptaţi ca el să zâmbească la comandă.

- Puteţi ameliora reacţia bebeluşului faţă de acei prieteni sau membri ai familiei cu care vă întâlniţi în mod regulat vorbindu-i despre ei. Dacă aveţi un montaj foto lipit pe perete, atunci îi puteţi arăta fotografiile acestora, explicându-i cine este fiecare.

- Pentru bunici sau acei membri ai familiei care văd bebeluşul mai rar poate fi deranjant să-l vadă necăjit sau înlăcrimat, dar fiţi convinsă că orice problemă se va rezolva în scurt timp, dacă veţi avea posibilitatea să petreceţi ceva timp împreună.

- Jocul de rol poate fi şi el de ajutor în această situaţie; încercaţi să daţi jucăriilor numele prietenilor şi ale membrilor familiei cu care vreţi să se obişnuiască.

- Spuneţi-le prietenilor dumneavoastră să nu facă prea mult caz de copil atunci când vin să-l vadă pentru prima oară. Uneori, bebeluşului i se poate părea ameninţătoare proximitatea fizică a prietenilor dumneavoastră şi este mai uşor să fie lăsat să reacţioneze atunci când este pregătit şi s-a acomodat cu nou-veniţii, decât atunci când cineva încearcă să stabilească un contact vizual şi să comunice.

- Cu toate că bebeluşii vor învăţa pe măsură ce vor creşte cum să reacţioneze la saluturi şi la interesul manifestat faţă de ei, unii rămân timizi. Este mult mai bine să vă adaptaţi la această situaţie şi să încercaţi să înţelegeţi ce înseamnă să fii un copil timid, decât să vă forţaţi copilul să facă faţă unor situaţii în care nu se simte în largul lui sau care îi produc suferinţă.

Probleme frecvente legate de alimentaţie

Bebeluşul dificil de hrănit

Majoritatea nou-născuţilor încep să sugă la sân sau din biberon repede şi cu uşurinţă. Spre deosebire de mama fără experienţă, care are multe de învăţat despre hrănirea bebeluşului, acesta ştie instinctiv ce se aşteaptă de la el. Există însă şi anumiţi bebeluşi care încă din prima zi devin agitaţi la câteva minute după ce sunt aşezaţi la sân sau li se dă biberonul. Am constatat adeseori că unii bebeluşi care au trecut printr-o naştere deosebit de grea pot fi mai dificili la masă.

Dacă observaţi că bebeluşul devine încordat şi agitat la orele de masă, încercaţi să nu primiţi musafiri în perioadele respective. Indiferent cât de bine intenţionaţi sunt prietenii şi membrii familiei, va fi imposibil să menţineţi o atmosferă complet calmă şi liniştită, dacă veţi fi nevoită să faceţi conversaţie. Indiferent dacă îl alăptaţi sau îi daţi cu biberonul, următoarele recomandări ar trebui să vă ajute să hrăniţi cu mai multă uşurinţă un bebeluş încordat:

- Este esenţial să reduceţi la minimum contactul fizic în cazul bebeluşilor încordaţi. Evitaţi suprastimularea şi nu-l lăsaţi să fie trecut de la o persoană la alta, mai ales înainte de masă.

- Ori de câte ori este posibil, încercaţi să hrăniţi bebeluşul într-o cameră liniştită, cu o atmosferă destinsă. În afară de o persoană care să vă ofere ajutor în ceea ce priveşte aspectele practice, precum şi sprijin afectiv, dacă va fi nevoie, n-ar trebui să mai lăsaţi pe nimeni altcineva în cameră.

- Pregătiţi cu mult timp înainte toate cele necesare pentru masa copilului. Încercaţi să vă odihniţi şi să mâncaţi.

- Evitaţi să daţi drumul la televizor în timpul mesei; scoateţi din priză telefonul şi ascultaţi muzică relaxantă în timp ce-i daţi să mănânce.

- Atunci când bebeluşul se trezeşte pentru a mânca, nu-i schimbaţi scutecul, întrucât acest lucru îl poate face să izbucnească în plâns.

- Înfăşaţi-l strâns într-un cearşaf moale din bumbac, pentru a-l împiedica să dea din mâini şi din picioare. Aşezaţi-vă într-o poziţie confortabilă înainte de a-i da să sugă.

- Nu încercaţi să aşezaţi bebeluşul la sân sau să-i introduceţi biberonul în gură, dacă plânge. Ţineţi-l bine în poziţia corectă şi liniştiţi-l cu lovituri uşoare şi repetate pe spate.

- Încercaţi să-i daţi o suzetă. Îndată ce s-a liniştit şi suge constant din aceasta de câteva minute, scoateţi-i-o din gură şi daţi-i imediat să sugă la sân sau din biberon.

Dacă observaţi că bebeluşul face nazuri atunci când mănâncă şi îi ia mai mult de o oră să se hrănească, încercaţi să-i acordaţi o scurtă pauză la jumătatea mesei. Este mai bine să-l lăsaţi să se hrănească în două reprize mai scurte, decât să încercaţi o perioadă foarte lungă să-l forţaţi să mănânce.

Dacă s-a hrănit bine până acum şi dintr-odată începe să refuze sânul sau biberonul, atunci s-ar putea să nu se simtă bine. Infecţiile urechii pot trece cu uşurinţă neobservate şi reprezintă unul dintre motivele foarte frecvente pentru care bebeluşii refuză să mănânce. Dacă manifestă oricare dintre simptomele următoare, este recomandabil să consultaţi medicul:

- Îşi pierde brusc pofta de mâncare şi devine indispus atunci când este hrănit.

- Îi este perturbat programul normal de somn.
- Dintr-odată, nu se mai dezlipeşte de dumneavoastră şi devine plângăcios.
- Devine letargic şi nesociabil.

Scăderea lactaţiei

Pe măsură ce vor creşte, toţi bebeluşii se vor hrăni cu o cantitate mai mare de lapte. Cu toate acestea, trebuie să le organizaţi mesele astfel încât să se coordoneze cu ritmul de creştere, stimulându-i prin aceasta să bea mai mult lapte la masă. Dacă nu vor face acest lucru, este posibil să continue să se hrănească puţin şi des.

Primesc foarte frecvent apeluri telefonice de la părinţii unor bebeluşi de vârste mai mari care încă respectă regulile hrănirii la cerere. Cu toate că majoritatea acestor bebeluşi au peste 12 săptămâni şi trebuie din punct de vedere fizic să bea mai mult lapte la masă, totuşi ei continuă să se hrănească la fel cum făceau atunci când erau în perioada de nou-născut - adeseori, de opt-zece ori pe zi.

Mulţi bebeluşi alăptaţi se hrănesc în continuare numai la un sân la fiecare masă, în timp ce micuţii hrăniţi cu biberonul pot primi numai 90–120 ml de lapte formulă. Pentru a putea rezista perioade mai lungi între mese, bebeluşii ar trebui să sugă la ambii sâni la fiecare masă sau să primească 210–240 ml de lapte formulă. Cred cu tărie că zilele de început ale hrănirii cu lapte reprezintă perioada în care se pun bazele deprinderilor alimentare sănătoase din viitor. Pentru a evita apariţia problemelor alimentare pe termen lung, care pot perturba somnul bebeluşului, este recomandabil să-i organizaţi mesele de lapte şi să rezolvaţi orice problemă legată de hrănirea cu lapte încă de la început.

Producerea unei cantităţi insuficiente de lapte, în special în a doua parte a zilei, reprezintă o problemă foarte frecventă în rândul mamelor care alăptează şi unul dintre principalele motive pentru care apar probleme în timpul alăptării. Sunt de părere că foamea reprezintă motivul pentru care atât de mulţi bebeluşi sunt agitaţi şi greu de adormit în timpul serii. Dacă problema lactaţiei scăzute nu este rezolvată în primele zile, atunci se va crea în scurt timp o obişnuinţă, bebeluşul având nevoie să se hrănească la intervale neregulate toată seara, pentru că încearcă să-şi satisfacă nevoile alimentare. Mamelor li se spune că este normal ca bebeluşii să se hrănească tot timpul şi că aceasta este cea mai bună modalitate de stimulare a lactaţiei, însă din experienţă am observat că ea are de obicei efectul contrar. Întrucât cantitatea de lapte produsă de sâni este determinată de cantitatea de lapte cu care se hrăneşte bebeluşul, alăptările frecvente transmit sânilor semnalul să producă lapte puţin şi des. Porţiile mici de lapte îi satisfac rareori bebeluşului nevoile alimentare, ceea ce-l face să fie flămând şi irascibil.

Sunt de părere că stresul produs de alăptarea frecventă a unui bebeluş foarte flămând, irascibil şi adeseori epuizat le poate face pe multe mame să devină într-atât de obosite încât le scade şi mai mult lactaţia. Epuizarea şi lactaţia scăzută merg mână în mână. Sunt convinsă că mulgând o cantitate mică de lapte pe parcursul primelor săptămâni de alăptare, atunci când sânii produc mai mult lapte decât are nevoie bebeluşul, mama poate reuşi să evite problema scăderii lactaţiei.

Dacă bebeluşul are mai puţin de o lună şi nu adoarme seara, este posibil ca motivul să fie lactaţia scăzută. Extrăgând lapte la orele recomandate în programul alăturat, ar trebui să reuşiţi să rezolvaţi această problemă. Perioada scurtă pe care o veţi petrece mulgând lapte vă va garanta faptul că, pe parcursul oricărei perioade de creştere din viitor, veţi produce suficient lapte pentru a putea satisface pofta de mâncare crescută a bebeluşului, indiferent cât de mare va fi aceasta. Dacă are mai mult de o lună şi nu adoarme seara sau după mesele din timpul zilei, atunci planul cu o durată de şase zile prezentat în continuare vă va ajuta foarte repede să vă stimulaţi lactaţia. Hrănind temporar bebeluşul cu porţii suplimentare de lapte, veţi şti că nu va fi cuprins câteva ore la rând de iritabilitatea şi neliniştea cauzate de foame, lucru care se întâmplă de obicei atunci când mamele recurg la hrănirea la cerere pentru a-şi stimula lactaţia.

Programul pentru stimularea lactaţiei

Zilele 1–3

Ora 6.45

- Mulgeţi câte 30 ml de lapte de la fiecare sân.
- Bebeluşul trebuie să fie treaz şi să sugă cel târziu la ora 7, indiferent cât de des a mâncat în timpul nopţii.
- Trebuie alăptat 20–25 de minute la sânul cel mai plin şi apoi 10–15 minute la al doilea sân.
- Nu-l hrăniţi după ora 7.45. Poate rămâne treaz aproximativ două ore.

Ora 8

- Este foarte important să luaţi un mic dejun alcătuit din cereale, pâine prăjită şi ceva de băut nu mai târziu de ora 8.

Ora 9

- Dacă bebeluşul nu adoarme în timpul reprizei de somn de dimineaţă, alăptaţi-l 5–10 minute la sânul la care s-a hrănit ultima oară.
- Încercaţi să vă odihniţi puţin în timp ce doarme copilul.

Ora 10

- **Acum bebeluşul trebuie să fie complet treaz, indiferent cât a dormit.**
- Trebuie alăptat 20–25 minute la sânul la care s-a hrănit ultima oară, în timp ce dumneavoastră beţi un pahar cu apă şi luaţi o gustare.
- Extrageţi 60 ml de lapte de la al doilea sân, apoi alăptaţi-l 10–20 minute la acelaşi sân.

Ora 11.45

- Copilul ar trebui hrănit cu cei 60 ml de lapte extras, pentru a nu se trezi înfometat în timpul somnului de la amiază.
- Este foarte important să luaţi un prânz consistent şi să vă odihniţi înaintea următoarei alăptări.

Ora 14

- Bebeluşul trebuie să fie treaz şi să mănânce nu mai târziu de ora 14, indiferent cât a dormit.

- Alăptaţi-l 20-25 minute la sânul la care s-a hrănit ultima oară, în timp ce beţi un pahar cu apă. Extrageţi 60 ml de lapte de la al doilea sân, apoi alăptaţi-l la acelaşi sân.

Ora 16

- Bebeluşul are nevoie de somn, în funcţie de programul corespunzător vârstei.

Ora 17

- Copilul trebuie să fie complet treaz şi să mănânce nu mai târziu de ora 17.

- Alăptaţi-l aproximativ 15–20 minute la ambii sâni.

Ora 18.15

- Copilul ar trebui hrănit cu o porţie suplimentară de lapte matern din biberon. Probabil că un bebeluş cu greutatea sub 3,6 kg se va sătura cu 60–90 ml; cei cu greutate mai mare pot avea nevoie de 120–150 ml.

- După ce bebeluşul a adormit, este important să mâncaţi consistent şi să vă odihniţi.

Ora 20

- Extrageţi lapte de la ambii sâni.

Ora 22

- Este important să mulgeţi lapte de la ambii sâni la această oră, întrucât cantitatea extrasă reprezintă un bun indicator al cantităţii de lapte pe care o produceţi.

- Aranjaţi ca soţul sau un alt membru al familiei să hrănească bebeluşul la orele târzii ale serii, pentru a vă putea culca mai devreme.

Ora 22.30

- Copilul trebui să fie treaz şi să mănânce nu mai târziu la ora 22.30. Poate fi hrănit cu o porţie întreagă, fie de lapte formulă, fie de lapte matern, din biberon. Vezi pagina 93 pentru detalii referitoare la cantitatea pe care trebuie să o mănânce.

În timpul nopţii

Un bebeluş care s-a hrănit cu o porţie întreagă de lapte din biberon la ora 22.30 ar trebui să doarmă până la ora 2/2.30. La această oră trebuie alăptat 20–25 minute la primul sân şi după aceea 10–15 minute la al doilea sân. Pentru a nu se trezi a doua oară în timpul nopţii, la ora 5, este foarte important să sugă de la ambii sâni.

Dacă s-a hrănit bine la ora 22.30 şi se trezeşte mai devreme de ora 2, cauza trezirii poate să nu fie foamea. Următoarea listă de verificare conţine celelalte motive pentru care se poate trezi mai devreme:

- Dezvelirea poate fi motivul pentru care se trezeşte înaintea orei 2. Un bebeluş mai mic de 6 săptămâni care se trezeşte pentru că se răsuceşte de pe-o parte pe alta poate avea nevoie în continuare să fie înfăşat complet. Un bebeluş mai mare de 6 săptămâni se poate simţi mai bine înfăşat pe jumătate, cu braţele lăsate afară, într-un cearşaf subţire de bumbac. În cazul tuturor micuţilor, este important să vă asiguraţi că cearşaful de pat este prins bine sub saltea.
- Bebeluşul trebuie să fie complet treaz în timpul mesei de lapte de la orele târzii ale serii. În ceea ce-i priveşte pe cei care se trezesc înaintea orei 2, poate fi o idee bună să-i ţineţi treji mai mult timp şi să le mai daţi nişte lapte chiar înainte de a-i culca, în jurul orei 23.15.

Ziua 4

În a patra zi, ar trebui să aveţi senzaţia că sânii sunt mai plini dimineaţa şi aduse următoarele modificări programului prezentat mai sus:

- Dacă bebeluşul doarme bine între orele 9 şi 9.45, atunci reduceţi până la cinci minute perioada cât stă la sân la ora 9.
- Porţia suplimentară de lapte de la ora 11.45 poate fi redusă cu 30 ml, dacă doarme bine la prânz sau dacă dă semne că nu se hrăneşte prea bine la masa de lapte de la ora 14.

- Ar trebui să renunţaţi la repriza de extragere a laptelui din timpul mesei de la ora 14, sânii fiind mai plini la ora 17.

- Dacă simţiţi că sânii sunt mai plini la ora 17, atunci asiguraţi-vă că bebeluşul goleşte complet primul sân înainte de a-l aşeza la al doilea. Dacă n-a golit al doilea sân înainte de baie, ar trebui alăptat din nou la acesta după baie, precum şi înainte de a fi hrănit cu porţia suplimentară de lapte.

- Ar fi indicat să renunţaţi la repriza de extragere a laptelui de la ora 20, iar cea de la ora 22 ar trebui mutată mai devreme, la 21.30. Este important ca ambii sâni să fie goliţi complet în timpul reprizei de la ora 21.30.

Ziua 5

- Renunţarea la reprizele de extragere a laptelui de la ora 14 şi de la ora 20 în cea de-a patra zi va avea drept urmare faptul că sânii dumneavoastră vor fi foarte umflaţi în dimineaţa celei de-a cincea zi; este foarte important să fie golită complet cantitatea suplimentară de lapte la prima masă de dimineaţă.

- La masa de la ora 7, bebeluşul trebuie alăptat 10–25 minute la sânul cel mai plin, apoi 10–15 minute la al doilea sân, după mulgere. Cantitatea de lapte pe care o extrageţi depinde de greutatea bebeluşului. Este important să extrageţi cantitatea potrivită, astfel încât să-i rămână suficient copilului pentru a se hrăni cu o porţie întreagă. Dacă aţi reuşit să extrageţi o cantitate minimă de 120 ml în timpul mesei de la orele târzii ale serii, atunci veţi reuşiţi să extrageţi următoarele cantităţi:

  a) Dacă bebeluşul cântăreşte între 3,6 şi 4,5 kg, extrageţi 120 ml de lapte.

  b) Dacă bebeluşul cântăreşte între 4,5 şi 5,4 kg, extrageţi 90 ml de lapte.

  c) Dacă bebeluşul cântăreşte peste 5,4 kg, extrageţi 60 ml de lapte

Ziua 6

Până în cea de-a şasea zi, ar trebui ca lactaţia să vă fi fost stimulată suficient pentru a putea renunţa la toate porţiile suplimentare de lapte şi să respectaţi programul corespunzător vârstei bebeluşului. De asemenea, este foarte important să respectaţi recomandările referitoare la extragerea laptelui prezentate în cadrul programelor. Acest lucru va garanta faptul că veţi putea satisface pofta de mâncare crescută a bebeluşului din timpul următoarei perioade de creştere. În plus, vă recomand să continuaţi să hrăniţi bebeluşul la orele târzii ale serii cu un biberon conţinând fie lapte matern, fie lapte formulă, până când va începe să mănânce alimente solide la vârsta de 6 luni. Acest lucru îi va permite soţului sau partenerului de viaţă să hrănească bebeluşul, dându-vă posibilitatea de a vă culca mai devreme după mulgere, ceea ce vă ajută să faceţi faţă mai uşor mesei de noapte.

Hrănirea excesivă în timpul nopţii

Am observat că toţi bebeluşii, chiar şi cei hrăniţi la cerere, pot dormi o perioadă mai lungă între mese atunci când împlinesc vârsta de 4–6 săptămâni. Beatrice Hollyer şi Lucy Smith, autoarele unei cărţi extraordinare, cu titlul *Sleep: The Secret of Problem-free Nights (Somnul bebeluşilor: Secretul nopţilor fără probleme)*, descriu această perioadă mai lungă de somn drept „perioada de bază" şi mă voi referi la ea la pagina 304. Autoarele îi sfătuiesc pe părinţi să ţină seama de acest aspect, despre care cred că reprezintă bazele necesare pentru a ajuta bebeluşul să doarmă toată noaptea neîntrerupt.

Sunt de părere că, la sfârşitul celei de-a doua săptămâni de viaţă, un bebeluş care a cântărit 2,1 kg sau mai mult la naştere ar trebui să aibă efectiv nevoie de o singură masă în timpul nopţii (între miezul nopţii şi ora 6). Desigur, condiţia este ca el să se hrănească bine la toate mesele din timpul zilei şi să primească o porţie întreagă de lapte între orele 22 şi 23. Din experienţă, am observat că un copil care continuă să se hrănească de două sau de trei ori în timpul nopţii, indiferent dacă este alăptat sau hrănit cu biberonul, începe în cele din urmă să mănânce mai puţin la mesele din timpul zilei. În scurt timp, se creează un cerc vicios, bebeluşul ajungând să aibă cu adevărat nevoie să sugă în timpul nopţii, astfel încât să-i poată fi satisfăcute nevoile nutriţionale zilnice.

În cazul copiilor hrăniţi cu biberonul, este mai uşor să împiedicaţi apariţia obiceiului de a se hrăni excesiv în timpul nopţii controlând cantităţile de lapte pe care le primesc ziua. Calculaţi cantitatea de lapte de care are nevoie copilul dumneavoastră în fiecare zi în funcţie de greutate. După aceea, studiaţi exemplul de la pagina 92, pentru a vedea cum să-i organizaţi mesele de lapte astfel încât să primească porţiile mai consistente la orele potrivite. Acest lucru, precum şi recomandările din cadrul metodei perioadei de bază (pagina 304), vor împiedica hrănirea excesivă în timpul nopţii în cazul bebeluşilor care primesc formule de lapte.

Hrănirea excesivă în timpul nopţii este considerată ceva normal în cazul bebeluşilor alăptaţi şi este chiar încurajată de către mulţi specialişti în alăptare. Mamele sunt sfătuite să-şi culce bebeluşii lângă ele, astfel încât ei să se poată hrăni la intervale neregulate pe tot parcursul nopţii. Se insistă mult asupra faptului că hormonul prolactină, care este necesar pentru producerea laptelui matern, este produs în cantităţi mai mari în timpul nopţii. Se susţine că probabilitatea de a-şi menţine lactaţia este mult mai mare în cazul mamelor care-şi alăptează bebeluşii mai mult în timpul nopţii. Evident că acest sfat dă rezultate în cazul anumitor mame, însă statisticile referitoare la alăptare demonstrează faptul că nu aceleaşi rezultate se obţin în cazul multor alte mame, deoarece foarte multe dintre ele renunţă în prima lună. După cum am spus, consider că epuizarea produsă de numărul foarte mare al meselor din timpul nopţii reprezintă unul dintre principalele motive pentru care atât de multe mame renunţă la alăptare.

Din experienţa pe care am acumulat-o lucrând pentru sute de mame care alăptează, am observat că un somn bun în timpul nopţii are drept rezultat faptul că sânii produc o cantitate mai mare de lapte. O porţie de lapte consistentă şi îndestulătoare în timpul nopţii vă garantează că bebeluşul va adormi repede la loc şi se va odihni până dimineaţa.

Următoarele îndrumări se referă la principalele cauze ale hrănirii excesive în timpul nopţii şi la modalităţile prin care poate fi evitată această problemă:

- Un bebeluş născut prematur sau cu greutate foarte mică poate avea nevoie să se hrănească mai des decât o dată la trei ore şi trebuie să cereţi sfatul medicului referitor la modalităţile cele mai potrivite pentru a aborda această situaţie specială.
- Dacă micuţul se hrăneşte bine la fiecare masă de lapte (un bebeluş cu greutatea peste 3,6 kg ar trebui alăptat întotdeauna şi la al doilea sân) şi doarme bine în timpul tuturor celorlalte perioade de somn, atunci este posibil să nu se sature în timpul mesei de la orele târzii ale serii.
- Dacă problema este lactaţia scăzută din timpul ultimei mese de lapte a zilei, atunci aceasta poate fi rezolvată cu uşurinţă asigurându-vă că bebeluşul se hrăneşte cu o porţie întreagă din biberon, fie de lapte formulă, fie de lapte matern. Dacă vă hotărâţi să-l hrăniţi cu lapte matern, atunci veţi avea nevoie să vă alocaţi suficient timp pentru a putea extrage laptele pentru masa bebeluşului, la care-l puteţi adăuga pe cel muls de dimineaţă.
- Pe multe femei le îngrijorează faptul că hrănirea prea de timpuriu cu biberonul poate diminua dorinţa bebeluşului de a se hrăni la sân. Este ceva normal ca toţi copiii crescuţi după metoda mea să primească un biberon pe zi şi n-am întâlnit niciun bebeluş care să confunde mamelonul cu tetina sau care să refuze sânul. Hrănirea cu biberonul aduce un avantaj suplimentar: tatăl poate hrăni bebeluşul la ultima masă de lapte a zilei, permiţându-i astfel mamei să se culce la ora 22.
- Dacă după o săptămână în care bebeluşul a fost hrănit cu o porţie întreagă de lapte la această oră nu se produce nicio ameliorare, el trezindu-se în continuare de mai multe ori pe noapte, atunci probabil că are mai degrabă probleme de somn decât de alimentaţie. Vă recomand să continuaţi să-l hrăniţi cu biberonul încă o săptămână; la pagina 318 veţi găsi mai multe sfaturi referitoare la trezirile din timpul nopţii.
- Probabilitatea de a se trezi cel puţin o dată în timpul nopţii este mai mare în cazul bebeluşilor cu greutatea mai mică de 3,6 kg care sunt aşezaţi la al doilea sân înainte de a ajunge la hrănitorul lapte „de sfârşit" bogat în grăsimi de la primul sân.

- Dacă un bebeluş cântăreşte peste 3,6 kg la naştere şi suge numai la un sân la masă, atunci este posibil să nu se sature şi în acest caz trebuie alăptat şi la al doilea sân la unele sau la toate mesele. Dacă s-a hrănit timp de 20–25 minute la primul sân, încercaţi să-l determinaţi să sugă timp de 5–10 minute şi la al doilea. Dacă refuză, încercaţi să aşteptaţi 15–20 minute înainte de a-l alăpta din nou.

Încet-încet, majoritatea bebeluşilor ai căror mame îmi urmează programele şi sunt hrăniţi numai o dată în timpul nopţii reuşesc singuri să doarmă toată noaptea, renunţând la masa de noapte de îndată ce sunt capabili din punct de vedere fizic să facă acest lucru. Cu toate acestea, din când în când am parte de câte un bebeluş care împlineşte vârsta de 6 săptămâni şi continuă să se trezească la ora 2 cerând să fie hrănit. Din experienţă, am observat că, dacă li se permite să continue să mănânce la această oră, atunci ajung de obicei să-şi micşoreze cantitatea de lapte cu care se hrănesc la ora 7, adeseori renunţând complet la această masă. Atunci când se întâmplă acest lucru, vă recomand să folosiţi metoda perioadei de bază prezentată în continuare, pentru a vă asigura că atunci când micuţul va fi pregătit să reducă numărul meselor de lapte pe care le ia în decursul a 24 de ore, masa de noapte va fi cea la care va renunţa mai întâi.

Metoda perioadei de bază

Metoda perioadei de bază este folosită de mulţi ani de către persoanele care lucrează ca *maternity nurse* şi de către părinţii care cred în necesitatea creşterii bebeluşilor după un program. Aceasta funcţionează pe principiul conform căruia, odată ce bebeluşul doarme o singură perioadă mai lungă în cursul nopţii, el n-ar mai trebui hrănit niciodată pe durata orelor de somn din cursul perioadei de bază. Dacă se trezeşte în timpul acestei perioade, trebuie lăsat câteva minute pentru a adormi singur la loc. Dacă nu adoarme, ar trebui folosite alte metode pentru a-l adormi în afară de hrănire. Hollyer şi Smith recomandă bătăile uşoare pe spate, folosirea unei suzete sau o înghiţitură de apă. Ar trebui să-i acordați bebelușului minimum de atenție, asigurându-l în același timp că sunteți lângă el. Autoarele susțin că, dacă veți folosi acest mod de abordare a problemei, veți reuși în decurs de câteva zile să-l faceți să doarmă măcar pe durata inițială a perioadei de bază. De asemenea, această metodă îl învață pe bebeluș cele mai importante două deprinderi de somn: cum să adoarmă și cum să adoarmă la loc după ce s-a trezit din faza de somn non-REM. („rapid eye movement", adică mișcări oculare rapide).

Dr. Brian Symon, autorul cărții *Silent Nights (Nopți liniștite)* și lector universitar, disciplina medicină generală, la University of Adelaide, recomandă o abordare similară în cazul bebelușilor cu vârsta peste 6 săptămâni. Bebelușii care iau mult în greutate săptămână de săptămână, dar încă se trezesc la ora 3, ar trebui să primească o suzetă sau niște apă fiartă și răcită. Dacă nu adorm, atunci masa de lapte ar trebui să dureze cât mai puțin posibil, doar atât cât să poată adormi.

Niciuna dintre aceste metode de abordare a problemei hrănirii din timpul nopții nu este nouă. Christine Bruell, o specialistă în îngrijirea bebelușilor care a consiliat peste 35 000 de mame pe parcursul celor 40 de ani de carieră, recomandă, de asemenea, să i se dea apă fiartă și răcită unui bebeluș căruia îi merge bine, în vârstă de peste 4 săptămâni, dacă se trezește mereu la ora 2.

Înainte de a începe să aplicați aceste metode, este indicat să citiți cu atenție următoarele precizări, pentru a vă asigura că bebelușul chiar poate dormi o perioadă mai lungă de timp în cursul nopții:

- Aceste metode n-ar trebui folosite în cazul bebelușilor foarte mici sau al celor care nu iau în greutate. Cei care nu iau în greutate trebuie întotdeauna consultați de către medic.

- Metodele prezentate mai sus ar trebui folosite numai dacă bebelușul dumneavoastră ia constant în greutate și dacă sunteți sigură că ultima masă de lapte a zilei este suficient de consistentă pentru a-l ajuta să doarmă în cursul nopții o perioadă mai lungă.

- Principalele indicii care vă arată că bebeluşul este pregătit să se hrănească mai puţin la masa de noapte sunt sporul ponderal constant şi refuzul de a se hrăni sau tendinţa de a mânca mai puţin la ora 7.

- Scopul utilizării oricăreia dintre metodele de mai sus este de a mări treptat perioada cât poate rezista bebeluşul după ultima masă de lapte a zilei, nu de a elimina dintr-odată masa de noapte.

- Metoda perioadei de bază poate fi folosită dacă, pe parcursul a trei sau patru nopţi, bebeluşul a dormit o perioadă mai lungă.

- Aceasta poate fi folosită pentru a încerca să reduceţi numărul meselor din timpul nopţii în cazul micuţilor hrăniţi la cerere şi pentru a-i încuraja să reziste mai mult timp între mese sau după ultima masă de lapte a zilei.

Cum poate crea probleme apa băută în timpul nopţii

Bebeluşii cu vârsta cuprinsă între 8 şi 12 săptămâni, care iau în greutate cel puţin 180 g în fiecare săptămână, şi totuşi se trezesc în jurul orei 2-3, pot face acest lucru mai degrabă din obişnuinţă decât de foame. În această situaţie, aş recomanda să li se dea o cantitate mică de apă fiartă şi răcită. Este important ca această recomandare să fie respectată numai dacă bebeluşul bea apa, adoarme repede la loc şi apoi doarme o perioadă acceptabilă.

Este inutil să continuaţi să-i daţi apă sau să folosiţi metoda perioadei de bază prezentată mai sus, dacă bebeluşul nu adoarme repede la loc sau se trezeşte din nou, după numai 30-40 de minute. Dacă veţi continua să-i daţi apă pe parcursul mai multor nopţi, deşi nu adoarme repede la loc, atunci nu veţi reuşi decât să-l faceţi să doarmă prost noaptea – adică exact contrariul a ceea ce v-aţi propus să obţineţi.

Dacă sunteţi de părere că bebeluşul se trezeşte în timpul nopţii din obişnuinţă, nu de foame, atunci este în regulă să-i daţi apă sau să folosiţi o altă modalitate de a-l linişti dintre cele descrise în cadrul metodei perioadei de bază, timp de câteva nopţi, pentru a-l face să adoarmă din nou. Cu toate acestea, copiii care îşi creează obiceiul de a sta treji perioade foarte lungi în cursul nopţii încep în scurt timp să devină foarte obosiţi ziua şi vor să doarmă. Prea mult somn în timpul zilei poate duce de asemenea la treziri frecvente noaptea. De aceea, metoda perioadei de bază trebuie folosită numai dacă observaţi o ameliorare evidentă în ceea ce priveşte somnul bebeluşului în decurs de câteva zile.

Pe termen lung, este mai uşor să renunţaţi la mesele de noapte în cazul unui bebeluş care se hrăneşte repede şi apoi doarme până dimineaţa, decât în cazul unuia care se trezeşte la intervale neregulate şi primeşte apă, suzeta sau îmbrăţişări pentru a adormi din nou.

Adormirea bebeluşului în timpul alăptării

Uneori, un bebeluş foarte somnoros poate aţipi când şi când în timpul mesei, însă dacă nu vrea să sugă cantitatea necesară de lapte, va avea nevoie să mănânce din nou după o oră sau două. Acesta este momentul potrivit pentru a-i schimba scutecul, a-l ajuta să eructeze şi a-l încuraja să-şi termine masa. Dacă în primele zile îl veţi ajuta să fie suficient de treaz pentru a se hrăni cu porţia corespunzătoare de lapte la fiecare masă, la orele recomandate în program, atunci veţi obţine beneficii pe termen lung. Unii bebeluşi mănâncă jumătate din porţia de lapte, îşi întind şi îşi mişcă picioruşele timp de 10–15 minute şi apoi se hrănesc cu plăcere cu laptele rămas. Am constatat că cel mai important lucru în cazul bebeluşilor somnoroşi este să nu-i forţaţi să rămână treji vorbindu-le prea mult sau zgâlţâindu-i. Dacă veţi aşeza bebeluşul pe salteaua de joacă şi-l veţi lăsa acolo 10 minute, veţi observa probabil că-şi va recăpăta pofta de mâncare şi va mânca mai bine. Pe parcursul primelor luni, alocaţi meselor copilului între 45 de minute şi o oră.

Dacă micuţul nu a mâncat bine la o anumită masă şi se trezeşte prea repede din somn, atunci este evident că trebuie hrănit. Nu încercaţi să-l forţaţi să stea treaz până la masa următoare, deoarece va fi atât de obosit încât va adormi în timpul ei. Hrăniţi-l cu o porţie suplimentară de lapte şi purtaţi-vă ca şi cum ar fi vorba despre o masă de noapte, iar după aceea încercaţi să-l culcaţi la loc, astfel încât programul de masă al copilului să revină la normal în timpul serii.

Refuzarea laptelui

Cantitatea de lapte cu care se hrăneşte un bebeluş în vârstă de 6 luni va scădea treptat, pe măsură ce va creşte raţia de alimente solide. Cu toate acestea, până la vârsta de 9 luni, un bebeluş încă are nevoie de minimum 500–600 ml de lapte matern sau de lapte formulă pe zi. Cantitatea zilnică scade treptat până la 350 ml minimum la vârsta de un an. Dacă bebeluşul îşi pierde pofta de mâncare sau refuză să mănânce la unele dintre mesele de lapte şi bea mai puţin lapte decât este recomandat, atunci trebuie să acordaţi foarte multă atenţie distribuţiei în timp a meselor de alimente solide, precum şi a tipurilor pe care i le daţi.

Următoarele recomandări vă ajută să stabiliţi motivul pentru care bebeluşul refuză mesele de lapte:

- Până la vârsta de 6 luni, un bebeluş ar trebui să se hrănească în continuare cu patru-cinci porţii întregi de lapte dimineaţa şi seara. O porţie întreagă de lapte înseamnă 210–240 ml sau alăptare la ambii sâni. Copiii mai mici de 6 luni a căror alimentaţie este diversificată devreme, la recomandarea unui asistent medical sau a medicului de familie, n-ar trebui să primească alimente solide la mijlocul mesei de lapte. Probabilitatea de a refuza să bea restul de lapte formulă sau să sugă şi la al doilea sân va fi mai mare. Hrăniţi-i mai întâi cu aproape toată porţia de lapte şi apoi cu alimentele solide.

- Bebeluşii mai mici de 6 luni încă au nevoie de o porţie întreagă de lapte la ora 11, chiar dacă alimentaţia le este în curs de diversificare mai devreme decât vârsta recomandată, la sfatul medicului. Dacă le veţi da micul dejun la o vârstă prea fragedă sau prea multe alimente solide dis-de-dimineaţă, îi puteţi face să-şi micşoreze prea repede sau să refuze porţia de lapte de la ora 11.

- Porţia de lapte de la ora 11 ar trebui micşorată sau scoasă din program între vârsta de 6 şi cea de 7 luni.

- Faptul că le daţi la ora 14 alimentele solide de la prânz şi la ora 17 alimentele solide de la cină este motivul pentru care mulţi bebeluşi mai mici de 7 luni îşi micşorează prea repede sau refuză porţia de lapte de la ora 18. Până când se vor obişnui cu hrana solidă, este bine să-i hrăniţi la 11 cu alimentele solide de la prânz, iar cu cele de la cină, după ce s-au hrănit cu o porţie întreagă de lapte la ora 18.

- Dându-le bebeluşilor alimente greu de digerat, cum ar fi bananele şi avocado, la o oră nepotrivită din zi, îi puteţi face să mănânce mai puţin la masa de lapte următoare. Până când vor împlini 7 luni, este mai bine să-i hrăniţi cu aceste tipuri de alimente mai degrabă după masa de la ora 18, decât în timpul zilei.

- Bebeluşii mai mari de 6 luni care încep să refuze laptele primesc adeseori prea multe gustări între mesele principale sau prea mult suc. Încercaţi să înlocuiţi sucul cu apă şi să nu le mai daţi gustări între mese.

- Între 9 şi 12 luni, unii bebeluşi încep să refuze masa de lapte dinainte de culcare, ceea ce înseamnă că sunt pregătiţi să renunţe la cea de-a treia masă de lapte. Dacă se întâmplă acest lucru, este important să reduceţi cantitatea de lapte de la ora 14.30 şi, în cele din urmă, să renunţaţi complet la aceasta.

Refuzarea alimentelor solide

La bebeluşii în vârstă de 6 luni sau mai mult, problema refuzării alimentelor solide apare adeseori pentru că beau prea mult lapte, îndeosebi dacă se hrănesc în continuare în timpul nopţii. Discut în fiecare zi cu părinţi ai căror bebeluşi sau copii mici de-abia dacă vor să se atingă de alimentele solide, darămite să mănânce trei mese de alimente solide pe zi. În majoritatea cazurilor, copiii sunt încă hrăniţi cu lapte la cerere, unii dintre ei mâncând chiar de două-trei ori pe noapte. Cu toate că laptele este în continuare un aliment foarte important pentru bebeluşii în vârstă de 6 luni, lipsa de organizare a orelor de masă şi de control asupra cantităţilor date poate afecta grav introducerea hranei solide în alimentaţie. Dacă micuţul dumneavoastră refuză alimentele solide, atunci următoarele recomandări vă ajută să stabiliţi cauza acestei probleme:

- Vârsta recomandată pentru introducerea hranei solide în alimentaţie este cea de 6 luni. Dacă bebeluşul are 6 luni şi doarme toată noaptea începând cu ora 22, atunci porţia de lapte de la această oră ar trebui micşorată treptat şi apoi scoasă din program.

- Un bebeluş este pregătit pentru începerea diversificării atunci când pofta de mâncare nu-i mai este potolită de patru-cinci porţii întregi de lapte pe zi. O porţie întreagă de lapte înseamnă fie 240 ml de lapte formulă, fie alăptare la ambii sâni. Mergeţi la pagina 237 pentru a afla care sunt indiciile că micuţul este pregătit pentru diversificare.

- Dacă bebeluşul împlineşte 6 luni şi se hrăneşte cu mai mult de patru-cinci porţii întregi de lapte pe zi, faptul că refuză alimentele solide se poate datora consumului prea mare de lapte. Este important să-i daţi mai puţin la masa de la ora 11, pentru a-l încuraja să mănânce mai multe alimente solide la această oră. În jurul împlinirii vârstei de 7 luni, raţia de lapte a bebeluşului ar trebui să fie de circa 600 ml pe zi, cantitate care include trei porţii pe zi băute din cană şi mici cantităţi adăugate în mâncare. Dacă refuză în continuare să mănânce alimente solide la această vârstă, în ciuda faptului că i-aţi redus raţia de lapte, atunci este important să discutaţi despre această problemă cât mai curând posibil cu medicul sau cu asistentul medical.

Mofturile la masă

Dacă programul meselor de lapte este organizat corespunzător pe parcursul primelor zile ale diversificării, majoritatea bebeluşilor mănâncă cea mai mare parte a alimentelor solide pe care le primesc cu plăcere. La împlinirea vârstei de 9 luni, se presupune că bebeluşii îşi iau majoritatea substanţelor nutritive necesare din cele trei mese de alimente solide pe zi. Părinţii sunt sfătuiţi să le ofere copiilor o varietate largă de alimente, pentru a se sigura că primesc toate substanţele nutritive de care au nevoie. Aceasta este adeseori perioada în jurul căreia mulţi bebeluşi încep să refuze alimente care înainte le-au plăcut.

Dacă bebeluşul dumneavoastră are între 9 şi 12 luni şi începe să refuze mâncarea sau devine năzuros şi agitat la orele de masă, următoarele recomandări ar trebui să vă ajute să stabiliţi cauza acestui comportament:

- Adeseori, părinţii au aşteptări nerealiste în ceea ce priveşte cantitatea de mâncare pe care ar trebui s-o mănânce bebeluşii, iar faptul că le dau porţii prea mari îi poate face să creadă în mod greşit că au o problemă de alimentaţie. Lista de mai jos, care conţine cantităţile de mâncare de care are nevoie un bebeluş cu vârsta cuprinsă între 9 şi 12 luni, vă ajută să vă daţi seama dacă micuţul dumneavoastră mănâncă suficiente alimente solide:
  - 3–4 patru porţii de carbohidraţi, alcătuite din cereale, pâine integrală, paste făinoase sau cartofi. O porţie înseamnă o felie de pâine, 30 g de cereale, două linguri de paste sau un cartof copt mic.
  - 3–4 porţii de fructe şi legume, inclusiv legume crude. O porţie înseamnă un măr, o pară sau o banană mică, un morcov, două bucheţele de conopidă sau de broccoli sau două linguri de fasole verde tăiată bucăţele.
  - O porţie de proteine de origine animală sau două porţii de proteine de origine vegetală. O porţie înseamnă 30 g de carne de pasăre, carne roşie sau peşte ori 60 g de linte sau alte leguminoase.

- Autoalimentarea joacă un rol important în dezvoltarea fizică şi psihică a bebeluşului, pentru că îi îmbunătăţeşte coordonarea dintre privire şi mişcările mâinilor şi-i sporeşte senzaţia de independenţă. Între 6 şi 9 luni, majoritatea bebeluşilor încep să ia mâncare din farfurie şi să se hrănească singuri. Este posibil să se producă foarte multă murdărie în timpul meselor şi pot dura mult mai mult timp. Cu toate acestea, împiedicând pornirea firească a bebeluşului de a cerceta fiecare fel de mâncare şi de a se hrăni singur, nu veţi reuşi decât să-i produceţi frustrare şi, foarte adesea, să-l faceţi să refuze să fie hrănit cu linguriţa. Dându-i multe alimente care pot fi mâncate cu mâna şi permiţându-i să mănânce singur o parte din mâncare, indiferent câtă murdărie face, îl veţi determina să fie mai dispus să mănânce restul cu ajutorul linguriţei ţinute de dumneavoastră.

- Atunci când copilul împlineşte 9 luni, devine mai interesat de culoarea, forma şi textura alimentelor. Un bebeluş care este hrănit în continuare cu diverse alimente pasate şi amestecate ajunge în scurt timp să se plictisească chiar şi de mâncărurile preferate, iar acesta este unul dintre principalele motive pentru care nu mai vor să mănânce legume.

- Este mai interesant pentru bebeluş să primească un număr mare de legume cu texturi şi culori diverse, în cantităţi mici, la fiecare masă, decât o legumă sau două în cantităţi mari.

- Budincile dulci şi îngheţata servite în mod regulat reprezintă principalul motiv pentru care bebeluşii şi copiii mici refuză felul de mâncare principal. Până şi bebeluşii de numai 9 luni pot învăţa rapid faptul că, dacă refuză mâncărurile cu gust sărat şi se agită suficient, mai mult ca sigur vor primi budincă. Este bine să le daţi budincă dulce şi alte deserturi doar la ocaziile speciale, iar în locul acestora să le daţi fructe proaspete, iaurt sau brânză.

- Dacă bebeluşul refuză un anumit aliment, este important să i se ofere din nou acel aliment după două săptămâni. Preferinţele alimentare se schimbă foarte mult în primul an de viaţă, iar părinţii care nu le reintroduc tot timpul copiilor în alimentaţie mâncărurile refuzate anterior constată de obicei că aceştia au ajuns să aibă un regim alimentar foarte limitat.

- Dându-i bebeluşului o cantitate mare de suc sau de apă înainte de masă, îl puteţi face să nu mai mănânce chiar atât de bine. Încercaţi să-i daţi să bea lichide între mese, nu cu o oră înainte. De asemenea, în timpul meselor încurajaţi-l să mănânce cel puţin jumătate din cantitatea de alimente solide înainte de a-i da puţină apă sau puţin suc foarte diluat.

- De asemenea, distribuţia în timp a meselor joacă un rol important în ceea ce priveşte felul în care se hrăneşte micuţul. Este puţin probabil ca unui bebeluş care mănâncă alimente solide la micul dejun mai târziu de ora 8 să i se facă foame cu mult înainte de 13. În mod similar, un bebeluş care mănâncă alimentele solide de la cină mai târziu de ora 17 poate fi prea obosit pentru a se hrăni bine.

- Dându-le copiilor prea multe gustări între mesele principale, mai ales dacă este vorba despre mâncăruri greu de digerat, cum ar fi bananele şi brânza, adeseori îi puteţi face să-şi piardă poftă de mâncare. Încercaţi să limitaţi numărul gustărilor timp de câteva zile pentru a vedea dacă are mai multă poftă de mâncare la orele de masă.

Dacă vă îngrijorează faptul că bebeluşul s-ar putea să nu mănânce suficiente alimente solide, este recomandabil să cereţi sfatul asistentului medical sau al medicului. Ţinând un jurnal timp de o săptămână, în care să notați orele la care s-a hrănit bebelușul și toate cantitățile de mâncare și de lichide consumate, îi veți ajuta pe aceștia să afle cauza problemelor de alimentație.

Probleme frecvente legate de somn

Dificultățile de adormire

Dacă bebelușul adoarme greu în timpul zilei, este esențial să acordați o atenție deosebită orelor la care începeți să-l liniștiți înainte de culcare și perioadei petrecute încercând să faceți acest lucru. Principalul motiv pentru care majoritatea bebelușilor sunt greu de adormit îl reprezintă epuizarea sau suprastimularea. Odată ce sunteți încredințată că lucrurile merg așa cum trebuie în ceea ce privește somnul și alimentația, vă recomand insistent să vă ajutați copilul să învețe cum să adoarmă singur. Cu toate că va fi foarte greu să-l ascultați cum plânge, el va învăța foarte repede cum să adoarmă singur. N-ar trebui lăsat să plângă mai mult de 5–10 minute, iar după aceea trebuie să mergeți la el pentru a vedea ce face. Din experiența pe care am acumulat-o ajutând sute de părinți ai căror bebeluși au avut probleme grave de somn, vă pot spune că, după ce adoarme singur, devine mai binedispus și mai relaxat. După ce bebelușul va avea un program de somn corespunzător în timpul zilei, se va ameliora și somnul din timpul nopții.

Următoarele recomandări vă ajută copilul să învețe cum să adoarmă singur:

- Probabilitatea de a suferi de perturbări ale somnului în timpul reprizelor de somn din zi este mai mare în cazul bebelușilor care sunt lăsați să adoarmă la sân sau în timp ce sunt hrăniți cu biberonul și sunt apoi așezați în pătuț. Atunci când vor intra în faza somnului superficial, la 30-45 de minute după ce au adormit, și se vor trezi, probabilitatea de a adormi la loc fără ajutorul dumneavoastră va fi mai scăzută. Dacă adoarme în timp ce mănâncă, atunci așezați-l pe salteaua pentru schimbatul scutecelor și aranjaţi-i din nou scutecul. Acest lucru ar trebui să-l facă să se trezească suficient de mult pentru a putea fi aşezat în pătuţ.

- Epuizarea este una dintre cauzele majore ale faptului că bebeluşii adorm greu şi nu dorm bine în timpul zilei. Cei mai mici de 3 luni care sunt lăsaţi să rămână treji mai mult de două ore odată pot ajunge atât de obosiţi încât vor continua să refuze să adoarmă timp de încă două ore. După vârsta de 3 luni, pe măsură ce vor creşte, majoritatea vor reuşi să rămână treji mai mult timp, uneori până la două ore şi jumătate. Toţi copiii ar trebui supravegheaţi cu multă atenţie după ce a trecut o oră şi jumătate de când sunt treji, pentru a nu trece cu vederea semnele care indică faptul că trebuie să se culce.

- Contactul fizic excesiv înaintea orei de culcare reprezintă o altă problemă serioasă în cazul bebeluşilor de vârstă mică. Toată lumea vrea numai o mică îmbrăţişare. Din nefericire, prea multe îmbrăţişări au efect negativ şi-l pot face să devină agitat, foarte obosit şi greu de adormit. Bebeluşul nu este o jucărie. Nu vă simţiţi vinovată dacă limitaţi contactul fizic în primele săptămâni, îndeosebi înaintea orei de culcare.

- Suprastimularea înaintea orei de culcare reprezintă o altă cauză majoră a faptului că bebeluşii adorm greu. Copiilor mai mici de 6 luni trebuie să li se acorde o perioadă de 20 de minute în care să se liniştească înainte de a adormi. În cazul celor mai mari de 6 luni, evitaţi jocurile şi activităţile care îi fac să devină surescitaţi. În cazul tuturor bebeluşilor, indiferent de vârstă, evitaţi să vorbiţi prea mult înaintea orei de culcare. Vorbiţi-le pe un ton scăzut şi liniştit, folosind aceleaşi expresii simple: „Noapte bună, ursuleţ. Noapte bună, păpuşică. Vise plăcute."

- De asemenea, asocierea adormirii cu stimuli greşiţi poate produce probleme de somn pe termen lung. Este esenţial ca bebeluşul să fie aşezat în pătuţ când este treaz şi să înveţe să adoarmă singur. În cazul celor care deja asociază adormirea cu stimuli greşiţi, problema poate fi rareori rezolvată fără ca ei să fie lăsaţi să plângă pentru o anumită perioadă de timp. Din fericire, majoritatea copiilor învaţă să adoarmă singuri în decursul a câteva zile, dacă sunt ajutaţi să facă acest lucru.

Metoda adormirii asistate

Toţi bebeluşii sunt diferiţi din punctul de vedere al numărului orelor de somn de care au nevoie. Pe parcursul primei luni de viaţă, unii se hrănesc, rămân treji o scurtă perioadă şi apoi adorm uşor şi se odihnesc bine până la masa următoare. Însă, dacă bebelușii își creează obiceiul de a dormi bine în timpul zilei și de a adormi greu sau de a nu se odihni bine în timpul serii sau al nopții, ori dacă au un program de somn haotic în timpul zilei, atunci există de obicei mai multe cauze. După ce ați eliminat foamea dintre cauzele posibile și v-ați asigurat că este bine hrănit, vă recomand să încercați o soluție pe care eu o numesc „metoda adormirii asistate". Scopul acestei metode este de a-l obișnui să doarmă la ore regulate în timpul zilei și al serii, ceea ce îl va ajuta să doarmă toată noaptea de îndată ce va fi capabil din punct de vedere fizic să facă acest lucru.

Am descoperit faptul că, după foame și asocierea adormirii cu stimuli greșiți, prea mult somn în timpul zilei reprezintă motivul cel mai des întâlnit pentru care bebelușii nu adorm seara sau se trezesc frecvent în timpul nopții. În această situație, apare în scurt timp un cerc vicios, copiii având nevoie să doarmă mai mult în timpul zilei pentru că nu se odihnesc bine noaptea. Din experiență, am observat că singura modalitate prin care se poate restabili un program normal de somn în cazul unui bebeluș de vârstă mică este ca el să fie ajutat să adoarmă. Odată ce doarme mai bine în timpul nopții, devine mult mai ușor să fie ținut treaz ziua, ceea ce va avea drept rezultat faptul că va dormi mai bine în timpul serii și al nopții.

Scopul metodei adormirii asistate este de a-l obișnui pe copil să doarmă la ore regulate în timpul zilei și al serii. Odată ce se obișnuiește să adoarmă la aceleași ore timp de mai multe zile, veți constata că îl puteți culca în pătuț cu minimum de deranj.

Pentru ca această metodă să funcționeze, este important să fie aplicată cu consecvență, dar numai de către unul dintre părinți. Pe parcursul primei etape, timp de cel puțin trei zile, nu încercați să așezați copilul în pătuț la orele reprizelor de somn din timpul zilei sau în primele ore ale serii. În loc de a face acest lucru, unul dintre părinți trebuie să stea întins într-o cameră liniștită alături de bebeluș și să-l țină în brațe pe toată durata perioadei de somn.

Încercați să-l țineți mai degrabă în îndoitura brațului, nu la piept. Dacă are mai mult de 2 luni și nu-l mai înfășați, poate fi util să vă folosiți mâna dreaptă pentru a-i ține ambele mânuțe pe piept; în acest fel, nu va da din ele și nu va risca să devină agitat. Este important ca aceeași persoană să stea cu el pe durata perioadei de somn alocate și să nu fie dat de la o persoană la alta sau dus dintr-o cameră în alta.

După ce reușește să doarmă profund la orele recomandate trei zile la rând, ar trebui să treceți la a doua etapă și să-l culcați în pătuț. Este important să stați lângă pătuț pentru a putea să-i țineți mânuțele pe piept și să-l liniștiți. În a patra noapte, țineți-i ambele mânuțe pe piept până când adoarme, iar în a cincea țineți-i numai o mânuță pe piept. În cea de-a șasea noapte, ar trebui să constatați că-l puteți așeza în pătuț în timp ce este somnoros, dar încă treaz, mergând la el o dată la două-trei minute până adoarme. Nu încercați să culcați copilul în pătuț decât dacă a dormit profund în brațele dumneavoastră timp de cel puțin trei nopți.

Unor bebeluși le poate lua mai mult de trei zile să doarmă în mod regulat la orele recomandate.

Atunci când copilul ajunge în a doua etapă și adoarme după 10 minute timp de câteva nopți, este bine să-l lăsați să adoarmă singur folosind metoda adormirii prin plâns, descrisă la pagina 277.

Îl veți ajuta să se obișnuiască să-i placă să stea în pătuț, dacă îl veți așeza acolo perioade scurte de timp în cursul zilei, atunci când este complet treaz, dându-i o carte sau o jucărie de dimensiuni mici pe care s-o privească. Dacă preferați, în timpul reprizei de somn de la prânz îl puteți lăsa să doarmă în timp ce-l plimbați în landou sau în cărucior. Important este să fiți consecventă; bebelușul ar trebui să-și facă repriza de somn de la prânz în cărucior sau în casă, dar nu-l mutați din cărucior în casă sau invers în timp ce doarme.

Trezirile matinale

Toți bebelușii și copiii mici intră în faza somnului superficial între orele 5 și 6. Unii adorm din nou și se mai odihnesc în jur de o oră, dar mulți nu fac acest lucru. Sunt de părere că există două lucruri care-i pot face pe bebeluşi să devină persoane matinale. Primul se referă la cât de întuneric este în camera în care dorm. Poate că exagerez să spun cât de întunecată ar trebui să fie camera, dar sunt pe deplin convinsă că acesta este motivul pentru care majoritatea bebeluşilor crescuţi după metoda mea adorm repede la loc atunci când intră în faza somnului superficial, la ora 5/6, şi se trezesc devreme. După ce a fost închisă uşa, iar draperiile au fost trase, camera ar trebui să fie atât de întunecată încât să nu se poată zări deloc jucăriile sau cărţile. Este suficient ca bebeluşul să dea cu ochii de ele pentru a ieşi complet din starea de somnolenţă şi a dori să-şi înceapă ziua.

De asemenea, felul în care tratează părinţii problema trezirilor matinale pe parcursul primelor 3 luni de viaţă îl poate face pe bebeluş să devină mai târziu un copilaş care se trezeşte foarte devreme. Pe parcursul primelor câteva săptămâni, cei care se trezesc şi mănâncă la ora 2/2.30 se pot trezi din nou în jurul orei 6, când le este într-adevăr foame. Este esenţial să trataţi această masă drept una de noapte, adică să se desfăşoare cât mai rapid posibil şi în cât mai multă linişte, aprinzând doar o lumină de veghe şi evitând să vorbiţi sau să stabiliţi un contact vizual. După aceea, bebeluşii trebuie culcaţi la loc şi ar trebui să doarmă până la 7/7.30. Dacă este posibil, evitaţi să le schimbaţi scutecul, pentru că acest lucru îi face de obicei să se trezească.

Dacă bebeluşii dorm până în jurul orei 4 şi apoi se trezesc pentru a mânca, faptul că nu mai dorm la ora 6 nu mai are de obicei legătură cu foamea. Aceasta este unica situaţie în care le-aş recomanda părinţilor să-şi ajute bebeluşii să adoarmă la loc. În această etapă, cel mai important lucru este să-i culcaţi repede la loc, chiar dacă asta presupune să-i îmbrăţişaţi sau să le daţi suzeta până la ora 7. În continuare sunt câteva îndrumări cu ajutorul cărora puteţi face ca bebeluşul să nu devină o persoană foarte matinală:

- Evitaţi să lăsaţi o lumină de veghe aprinsă sau uşa deschisă după ce l-aţi culcat. Cercetările arată că substanţele chimice din creier acţionează diferit la întuneric, pregătind organismul pentru somn. Chiar şi cea mai slabă rază de lumină poate fi suficientă pentru a-l trezi complet, atunci când intră în faza somnului superficial.

- De asemenea, faptul că dau din picioruşe şi se dezvelesc îi poate face să se trezească la ore matinale pe bebeluşii mai mici de 6 luni. Din experienţă, am observat că toţi micuţii de această vârstă dorm mai bine dacă sunt înveliţi strâns. Cearşaful trebuie să fie aşezat cu partea mai lungă de-a curmezişul pătuţului, pentru ca o porţiune de minimum 20 de cm să fie băgată sub saltea în partea mai îndepărtată şi o porţiune de minimum 10 cm, în partea mai apropiată. De asemenea, vă recomand să rulaţi un prosop mic de mâini şi să-l aşezaţi între stinghii şi saltea, în partea mai apropiată.
- Bebeluşii care se mişcă în somn şi se dezvelesc ar trebui culcaţi într-un sac de dormit subţire, confecţionat din bumbac sută la sută, şi să fie înveliţi cu un cearşaf în modul descris mai sus. În funcţie de vreme, păturile pot lipsi.
- După ce bebeluşul începe să se mişte prin pătuţ şi să se rostogolească de pe spate pe burtică, vă recomand să renunţaţi la cearşafuri şi la pături şi să folosiţi doar sacul de dormit. Acest lucru îi va permite să se mişte în voie, fără riscul de a-i fi frig în timpul nopţii. Este important să alegeţi un sac de dormit potrivit pentru fiecare perioadă a anului.
- Nu renunţaţi la masa de lapte de la orele târzii ale serii înainte ca bebeluşul să împlinească 6 luni şi să înceapă să mănânce alimente solide. Dacă trece printr-o perioadă de creştere înainte de a începe să mănânce alimente solide, poate primi o cantitate suplimentară de lapte la această masă. Astfel el nu se va mai trezi devreme din cauza foamei, lucru care se poate întâmpla dacă renunţaţi prea repede la masa de la orele târzii ale serii.
- Bebeluşii care au peste 6 luni şi au renunţat la masa de lapte de la orele târzii ale serii trebuie încurajaţi să rămână treji până la ora 19. Dacă vor intra în faza somnului profund înaintea acestei ore, probabilitatea de a se trezi înaintea orei 7 va fi mult mai mare.

Trezirile frecvente din timpul nopţii

Până când se declanşează lactaţia mamelor, nou-născuţii se pot trezi şi pot cere să fie hrăniţi de mai multe ori pe noapte. La sfârşitul primei săptămâni de viaţă, un bebeluş care cântăreşte peste 3,2 kg ar trebui să doarmă o perioadă de patru ore după masa de la ora 22/23, cu condiţia să-i fie satisfăcute în totalitate nevoile alimentare în timpul zilei. Bebeluşii cu o greutate mai mică pot avea nevoie în continuare să sugă din trei în trei ore zi şi noapte. Din experienţă, am observat că toţi bebeluşii care sunt sănătoşi şi bine hrăniţi reuşesc între vârsta de 4 şi 6 săptămâni să doarmă o perioadă mai lungă, de cinci-şase ore. Dacă-mi vor respecta programele, atunci această perioadă mai lungă ar trebui să se suprapună peste orele din cursul nopţii. Principalul scop al programelor mele este de a-i ajuta pe părinţi să organizeze orele de masă şi de somn ale bebeluşilor în timpul zilei pentru a evita trezirile frecvente din timpul nopţii şi hrănirea excesivă.

Depinde foarte mult de fiecare copil în parte cât timp va continua să se trezească pentru a mânca în timpul nopţii. Anumiţi bebeluşi cu vârsta cuprinsă între 6 şi 8 săptămâni dorm toată noaptea după masa de lapte de la orele târzii ale serii, în timp ce alţii fac acelaşi lucru între 10 şi 12 săptămâni. Altora le poate lua chiar mai mult. Toţi bebeluşii vor dormi întreaga noaptea de îndată ce vor fi capabili din punct de vedere fizic şi psihic să facă acest lucru, cu condiţia să le fie organizat corespunzător programul de masă şi de somn din timpul zilei. Mai jos sunt enumerate principalele cauze ale trezirilor prea dese din timpul nopţii în rândul bebeluşilor sănătoşi cu vârsta sub un an:

- Prea mult somn în timpul zilei. Până şi bebeluşii foarte mici ca vârstă au nevoie să rămână treji o parte din timp. Trebuie încurajaţi să facă acest lucru o perioadă cuprinsă între o oră şi o oră şi jumătate după mesele din timpul zilei. Între vârsta de 6 şi cea de 8 săptămâni, majoritatea bebeluşilor pot rămâne treji aproximativ două ore.

- Faptul că nu se hrănesc suficient în timpul zilei. Dacă vreţi să evitaţi problema hrănirii excesive în timpul nopţii, atunci ar trebui să ştiţi că bebeluşul are nevoie să ia şase mese de lapte între orele 7 şi 23. Pentru a avea timp să-i daţi toate mesele, prima trebuie să fie la ora 7.

- Faptul că nu se hrănesc suficient la fiecare masă. În primele zile, majoritatea bebeluşilor au nevoie să se hrănească minimum 25 de minute la primul sân, iar după aceea ar trebui să fie aşezaţi la al doilea.

- Probabilitatea ca bebeluşii alăptaţi să se trezească de mai multe ori pe noapte va fi mai mare, dacă nu se vor sătura în timpul mesei de lapte de la orele târzii ale serii, ei putând avea nevoie de o porţie suplimentară de lapte după această masă.

- Reflexul Moro (vezi pagina 117) se manifestă foarte puternic la bebeluşii mai mici de 6 săptămâni, ei putându-se trezi de mai multe ori pe noapte din cauza tresăririlor şi a mişcărilor spasmodice. Pe lângă învelirea strânsă cu un cearşaf şi o pătură de grosimi potrivite, acestor bebeluşi le face bine să fie înfăşaţi într-un cearşaf subţire din bumbac extensibil.

- Adeseori, bebeluşii mai mari ca vârstă se trezesc de mai multe ori pe noapte pentru că au dat din picioare, s-au dezvelit şi le este frig sau poate pentru că şi-au prins picioarele între stinghiile pătuţului. Un sac de dormit îi va proteja de frig şi îi va împiedica să-şi prindă picioarele.

- Bebeluşul a învăţat să asocieze adormirea cu stimuli greşiţi. Între 2 şi 3 luni, i se modifică ciclul de somn, el intrând în faza somnului superficial de mai multe ori pe noapte. Dacă este obişnuit să fie hrănit, legănat sau să primească suzeta pentru a adormi, atunci va avea nevoie de aceleaşi metode pentru a adormi la loc în timpul nopţii.

- În cazul celor mai mari de 6 luni, probabilitatea de a se trezi de câteva ori pe noapte este mai mare, dacă părinţii le lasă uşa camerei deschisă sau dacă lasă aprinsă o lumină de veghe.

- Dacă numărul meselor de lapte ale bebeluşului este redus prea repede în momentul introducerii în alimentaţie a hranei solide, atunci el va începe să se trezească în timpul nopţii având cu adevărat nevoie de lapte.

Cum adormirea bebeluşului în timpul mesei de lapte de la orele târzii ale serii poate produce treziri frecvente în timpul nopţii sau treziri matinale

În primele zile, hrănirea în mod regulat cu o porţie întreagă de lapte la orele târzii ale serii îl va ajuta extrem de mult pe copil să doarmă în timpul nopţii o perioadă mai lungă de timp. În capitolele precedente, v-am recomandat ca această masă să se desfăşoare în linişte în camera copilului, pentru ca el să nu fie suprastimulat şi să refuze să adoarmă după aceea. Cu toate acestea, dacă bebeluşul este atât de somnoros încât nu se hrăneşte cu suficient lapte pentru a putea dormi o perioadă mai lungă în cursul nopţii, vă recomand să urmaţi sfaturile de la pagina 162 şi să începeţi să-l hrăniţi în două reprize la orele târzii ale serii. Hrănirea în două reprize va da rezultate dacă micuţul va rămâne treaz mai mult timp şi dacă se va hrăni cu mai mult lapte.

Unii dintre bebeluşii pe care i-am îngrijit erau atât de somnoroşi în primele zile încât am fost nevoită să-i trezesc la ora 9.40/9.45. Mai întâi reglam lumina la o intensitate scăzută, apoi dezveleam bebeluşul, îi scoteam picioruşele din salopeta-pijama şi după aceea îl lăsam să se trezească singur în timp ce stătea în pătuţ. Îi acordam 10 minute şi, dacă nu începea să se trezească, reglam lumina la o intensitatea mai mare. Indiferent cât de adormit era, îl scoteam din cameră cel târziu la ora 22. Îl duceam fie în dormitorul meu, fie în camera de zi, unde aprindeam lumina, uneori şi televizorul, pentru a crea o atmosferă mai înviorătoare. După aceea, îl aşezam pe salteaua de joacă timp de 5–10 minute, dacă nu se trezise complet, înainte de a-i da biberonul pentru prima repriză de hrănire.

Mă asiguram că laptele formulă este încălzit mai mult decât de obicei şi pregăteam întotdeauna un alt biberon pentru a doua repriză de hrănire, care avea loc la ora 23.15. Aveam grijă ca micuţul să fie cât se poate de treaz între 22 şi 23. În cazul anumitor bebeluşi, dura adeseori chiar şi două săptămâni să-i obişnuiesc cu hrănirea în două reprize; însă odată ce am reuşit, această modalitate de a-i hrăni i-a ajutat cu adevărat să mănânce mai bine şi să doarmă mai mult în timpul nopţii.

Dacă alăptaţi, puteţi folosi aceeaşi metodă, numai că veţi alăpta bebeluşul la un sân la ora 22 şi la al doilea la ora 23.15. Unii pot avea nevoie să sugă la ambii sâni la ora 22 şi apoi să fie alăptaţi din nou la al doilea sân la ora 23.15 – sau să primească, poate, o porţie suplimentară de lapte extras, dacă simţiţi că v-a scăzut lactaţia la această oră.

Dacă bebeluşul are sub 12 săptămâni, este foarte somnoros şi nu se hrăneşte bine la ultima masă de lapte a zilei, este bine să fiţi perseverentă în ceea ce priveşte hrănirea în două reprize. Pentru ca această metodă să dea rezultate la masa de lapte de la orele târzii ale serii, ar trebui să hrăniţi bebeluşul în două reprize şi mai devreme, la orele 17, respectiv 18.15. Dacă renunţaţi la reprizele de hrănire de la aceste ore, probabil că bebeluşul mânca mai mult după baie, ceea ce va crea un efect de domino, făcându-l să-şi piardă pofta de mâncare la orele târzii ale serii. Pentru ca hrănirea în două reprize la orele târzii ale serii să dea rezultate, trebuie să continuaţi să-l hrăniţi în două reprize şi la orele 17, respectiv 18.15.

Dacă aţi urmat toate recomandările de mai sus însă bebeluşul tot nu se hrăneşte bine şi se trezeşte în timpul nopţii, puteţi renunţa la masa de la ora 22 timp de mai multe nopţi pentru a vedea cât doarme. După ce reuşeşte să doarmă o perioadă mai lungă mai multe nopţi la rând, începeţi să-l hrăniţi din nou la ora 22 şi să sperăm că va continua să doarmă mai mult, dar de data aceasta la orele potrivite din timpul nopţii.

Majoritatea bebeluşilor vor continua să aibă nevoie de cel puţin o masă pe parcursul celor 12 ore ale nopţii până când vor mânca regulat alimente solide, în jurul vârstei de 7 luni. De aceea, este foarte important să fiţi consecventă şi perseverentă în ceea ce priveşte hrănirea în mod regulat la ora 22.

Bolile – efectul asupra somnului

Majoritatea primilor născuţi crescuţi după metoda mea reuşesc să treacă de primul an de viaţă fără să fie afectaţi de obişnuita răceală însoţită de tuse, care pare să le facă viaţa grea fraţilor lui. Până când majoritatea primilor născuţi de care am avut grijă ajung să răcească, programul lor de somn funcţionează atât de bine încât trezirile din timpul nopţii sunt foarte rare. Nu se întâmplă aşa şi în cazul celui de-al doilea şi celui de-al treilea născut, deoarece, de obicei, ei iau răceala pentru prima oară la o vârstă mult mai fragedă, de la un frate sau de la o soră, şi este inevitabil ca somnul să nu le fie perturbat în timpul nopţii. De obicei, bebeluşii mai mici de 3 luni au nevoie de ajutor pentru a dormi toată noaptea atunci când sunt răciţi sau suferă de o altă boală. Un bebeluş mic de vârstă care este răcit poate să devină foarte nervos, îndeosebi atunci când suge, deoarece încă nu a învăţat cum să respire pe gură.

Atunci când un copil bolnav are nevoie de îngrijire în timpul serii şi al nopţii, acest lucru ar trebui făcut cu calm şi în linişte. Consider că un bebeluş bolnav are nevoie de mai multă odihnă decât unul sănătos. În zona în care doarme bebeluşul în timpul serii şi al nopţii ar trebui să intre cât mai puţini musafiri şi să fie evitată agitaţia. Atunci când a trebuit să îngrijesc copii bolnavi mai mari de 6 luni care se trezeau de mai multe ori pe noapte, mi s-a părut că se produce mai puţin deranj dacă dormim în aceeaşi cameră. Acest lucru mi-a permis să mă ocup imediat de ei, atunci când au avut nevoie, iar probabilitatea de a întrerupe somnul fraţilor mai mari mergând încoace şi încolo pe hol a fost mai mică.

Din când în când, am constatat că bebeluşii de vârstă mai mare care au renunţat la mesele din timpul nopţii continuă şi după ce s-au însănătoşit să se trezească noaptea şi să ceară să li se acorde la fel de multă atenţie ca pe vremea când erau bolnavi. Când mi se întâmpla acest lucru, în primele câteva nopţi mergeam în camera bebeluşului respectiv şi-i dădeam nişte apă fiartă şi răcită, dar îndată ce eram încredinţată că s-a însănătoşit complet, îi acordam timp să adoarmă singur la loc. Din experienţă, am constatat că părinţii care nu sunt pregătiţi să facă acest lucru ajung de obicei să aibă copii care suferă de probleme de somn pe termen lung.

Dacă bebeluşul este răcit sau tuşeşte, trebuie consultat de către medic, indiferent cât de uşoare par a fi simptomele. Mă contactează foarte frecvent părinţi îngrijoraţi ai căror bebeluşi suferă de infecţii grave ale tractului respirator, boli care ar fi putut fi evitate, dacă ar fi fost consultaţi mai din timp de către medic. Prea multe mame amână să-şi ducă bebeluşii la medic, îngrijorate că vor fi considerate nevrotice, însă este important să discute cu medicul despre orice problemă legată de sănătatea copilului, indiferent cât de nesemnificativă ar fi. Dacă bebeluşul este bolnav, trebuie să urmeze întocmai sfaturile medicului, îndeosebi în ceea ce priveşte alimentaţia.

Probleme legate de repriza de somn de la prânz

Repriza de somn de la prânz reprezintă o parte fundamentală a programelor „Bebeluşul fericit". Cercetările arată că bebeluşilor şi copiilor mici le prinde bine o repriză de somn corespunzătoare şi bine planificată la mijlocul zilei. Pe măsură ce copilul dumneavoastră va creşte şi va fi mai activ, această repriză de somn va deveni momentul în care se va odihni şi îşi va recăpăta forţele după activităţile din timpul dimineţii, ceea ce îi va permite să se bucure de după-amiezile petrecute împreună cu dumneavoastră şi cu ceilalţi membri ai familiei.

Cu toate acestea, sunt pe deplin conştientă de faptul că, în primele zile, repriza de somn de la prânz poate uneori să nu aibă rezultatele scontate. Înţeleg senzaţia de frustrare pe care o simţiţi atunci când se trezeşte la 30–45 de minute după ce s-a culcat şi refuză să adoarmă la loc, în ciuda faptului că nu s-a odihnit suficient. Plecând de la presupunerea că încă nu a învăţat să asocieze adormirea cu stimuli greşiţi, există mai multe lucruri pe care le puteţi face pentru a încerca să-l ajutaţi să doarmă mai bine la prânz.

Primul lucru pe care-l puteţi face este să-i acordaţi o scurtă perioadă de timp pentru a adormi singur la loc, dar numai dacă sunteţi încredinţată că trezirea nu este cauzată de foame. În mod normal, în decurs de aproximativ o săptămână, dacă i se va acorda o perioadă de 5–10 minute pentru a plânge până adoarme, atunci bebeluşul va adormi singur la loc. Dacă după 10 minute observaţi că nu adoarme, ci dimpotrivă, plânge din ce în ce mai rău, este evident că ar trebui să-l ajutaţi. Pe un bebeluş care plânge din ce în ce mai tare, eu l-aş hrăni cu jumătate din porţia de lapte prevăzută pentru masa de la ora 14, purtându-mă ca şi cum ar fi vorba despre o masă de noapte, astfel încât să nu-l suprastimulez vorbind prea mult sau stabilind prea des un contact vizual. După aceea, aş considera că motivul pentru care nu poate adormi singur este acela că momentul intrării în faza somnului superficial coincide cu momentul în care începe să i se facă foame.

Foamea – bebeluşii de vârstă mică

Pentru a elimina posibilitatea ca foamea să perturbe repriza de somn de la prânz, bebeluşilor de vârstă foarte mică le-aş da masa de lapte de dimineaţă mai devreme, la ora 10/10.30, iar după aceea i-aş hrăni cu o porţie suplimentară de lapte chiar înainte de a se culca la prânz. În acest fel puteţi să le acordaţi cu încredere o scurtă perioadă în care să plângă până adorm, fără să vă temeţi că le-ar putea fi foame.

Dacă vor continua să plângă şi nu adorm la loc, este bine să vedeţi cât timp dorm în timpul reprizei de somn de dimineaţă.

Repriza de somn de dimineaţă – bebeluşii de vârstă mai mică

Dacă bebeluşul dumneavoastră are între 1 şi 6 luni şi doarme mai mult de o oră dimineaţa, s-ar putea ca somnul în exces din timpul dimineţii să aibă efect dăunător asupra reprizei de somn de la prânz. În funcţie de cât doarme fiecare copil dimineaţa, eu aş încerca să reduc perioada între 45 de minute şi maximum o oră. Uneori, în cazul anumitor bebeluşi mai mari de 3 luni, am fost nevoită să reduc repriza de somn de dimineaţă la numai 30 de minute, pentru a mă asigura că dorm două ore la prânz.

Dacă observaţi că nu-l puteţi determina să adoarmă la ora 9, atunci vă recomand să împărţiţi în două, pentru scurt timp, acest interval în care ar trebui să doarmă pentru a reduce perioada de somn totală din timpul dimineţii. Lăsaţi-l să doarmă 15–20 de minute în prima parte a reprizei de somn şi apoi încă 15–20 de minute, în a doua parte.

Hrănind bebeluşul cu o porţie suplimentară de lapte înainte de somnul de la prânz, lăsându-l să doarmă dimineaţa numai 30–40 de minute şi acordându-i o scurtă perioadă în care să plângă până adoarme, în cazul în care se trezeşte după numai 45 de minute, ar trebui să-l determinaţi să doarmă din nou o perioadă mai lungă de timp.

Foamea – bebeluşii de vârstă mai mare

Bebeluşilor care au început diversificarea puteţi încerca să le oferiţi o porţie suplimentară de lapte chiar înaintea reprizei de somn de la prânz. Dacă observaţi că mănâncă o porţie suplimentară foarte mare, ar fi bine să vedeţi ce cantitate de alimente solide îi daţi şi să vă asiguraţi că îl hrăniţi cu proteine, carbohidraţi şi legume în proporţiile corespunzătoare.

La vârsta de 7 luni, ar trebui să ia trei mese pe zi, iar alimentele solide să fie consumate în mod regulat. Consultaţi ghidul *The Contented Little Baby Book of Weaning* pentru a afla care sunt cantităţile recomandate, precum şi meniuri planificate pe zile. Dacă aţi diversificat alimentaţia copilului la vârsta de 6 luni, atunci va trebui să parcurgeţi rapid ghidul, pentru a-l hrăni cu o cantitate corespunzătoare de mâncare solidă.

În cazul în care bebeluşul are peste 9 luni şi nu bea o cantitate mare de apă sau de suc foarte diluat la prânz, setea poate fi motivul pentru care se trezeşte în timpul reprizei de somn, îndeosebi când vremea este foarte caldă. De aceea, este bine să-i daţi puţină apă chiar înainte de a adormi.

Odată ce a fost eliminată posibilitatea ca bebeluşul să se trezească de foame, dacă nu încetează să plângă şi nu adoarme, ar trebui să urmăriţi cât timp doarme dimineaţa.

Repriza de somn de dimineaţă – bebeluşii de vârstă mai mare

În cazul bebeluşilor mai mari de 6 luni, încercaţi să vă asiguraţi că repriza de somn de dimineaţă nu are loc înaintea orei 9.15/9.30. Dacă observaţi că doarme mai mult 45 de minute dimineaţa, atunci acesta ar putea fi motivul pentru care nu doarme prea mult la ora prânzului.

Dacă are între 6 şi 9 luni, scurtaţi-i treptat repriza de somn de dimineaţă, cu câte 10 minute o dată la trei–patru zile, până când doarme numai 20–25 de minute. Dacă are între 9 și 12 luni, încercați să-i reduceți până la 10–15 minute repriza de somn de dimineață sau să renunțați la ea. Puteți constata că pentru scurtă vreme veți fi nevoită să-i devansați ușor masa de prânz și repriza de somn de la prânz, dacă obosește, și că va trebui să-l culcați mai devreme.

Porția suplimentară de lapte dinainte de a adormi și reducerea perioadei de somn din timpul dimineții ar putea să producă o ameliorare în ceea ce privește durata reprizei de somn de la prânz în decurs de o săptămână sau două.

Repriza de somn de la prânz – soluții suplimentare

Dacă observați că bebelușul nu vrea să adoarmă la loc în timpul reprizei de somn de la prânz, în ciuda faptului că ați respectat toate recomandările de mai sus, veți fi nevoită să adaptați programul în ceea ce privește somnul din cursul după-amiezii, astfel încât să nu fie prea obosit seara la culcare. Vârsta copilului va fi un indicator bun pentru a ști cât timp să-l lăsați să doarmă în a doua parte a zilei.

Un copil cu vârsta cuprinsă între 6 și 9 luni poate avea nevoie de 30 de minute de somn după masa de lapte de la ora 14.30 și de încă un pui de somn în jurul orei 16.30. Așadar, el nu va fi epuizat și irascibil și acest lucru ar trebui să vă ajute să reveniți la programul normal până la ora 17, astfel încât micuțul să adoarmă ușor la ora 19. Uneori, nu dorm la ora 14.30, mai ales dacă au peste 9 luni, dar în acest caz adorm mai târziu, între orele 15 și 16, și se trezesc după 30–45 de minute. Dacă se întâmplă acest lucru, este posibil să le devansați ușor ora de culcare din timpul serii.

Ceea ce nu trebuie să uitați atunci când adaptați programele pentru a recupera orele nedormite la prânz este să încercați să respectați recomandările referitoare la numărul maxim de ore de somn pe zi corespunzătoare vârstei bebelușului. De asemenea, încercați să vă asigurați că bebelușul este complet treaz la ora 17, dacă vreți să adoarmă ușor la ora 19.

Listă de verificare

- Eliminaţi foamea dintre cauzele posibile ale trezirii, hrănind bebeluşul cu o porţie suplimentară de lapte chiar înainte de somnul de la prânz. Dacă bebeluşii mai mari de vârstă, care au început diversificarea alimentară, se hrănesc cu mai mult de 60 ml de lapte, este posibil ca ei să aibă nevoie de o cantitate mai mare de alimente solide. Unii bebeluşi alăptaţi pot avea nevoie de o porţie suplimentară de lapte până după împlinirea vârstei de 9 luni, în ciuda faptului că se hrănesc cu o cantitate substanţială de alimente solide.

- În ceea ce-i priveşte pe bebeluşii de vârste mai mari, verificaţi ca nu cumva să le fie sete, oferindu-le puţină apă fiartă şi răcită chiar înaintea reprizei de somn de la prânz.

- Corectaţi orice deprindere greşită de somn, cum ar fi adormirea la sân sau în timpul hrănirii cu biberonul, şi asiguraţi-vă că bebeluşul adoarme, sătul, în pătuţ. S-ar putea să dureze destul de mult până când veţi reuşi să-i creaţi nişte obiceiuri sănătoase, aşa că va trebui să aveţi răbdare.

- Eliminaţi toate celelalte cauze posibile ale trezirilor, cum ar fi prea mult zgomot sau faptul că bebeluşii de vârstă foarte mică nu sunt înveliţi corespunzător. (Nu uitaţi că reflexul Moro –vezi pagina 117 – se poate manifesta foarte puternic la bebeluşii mai mici de 6 luni, aşa că este foarte important să-i înveliţi strâns, dacă nu vreţi să se trezească.)

- Întotdeauna lăsaţi copilul să se trezească singur şi, după primele câteva săptămâni, cu condiţia să nu plângă de foame, lăsaţi-l să stea în pătuţ o scurtă perioadă după ce s-a trezit, înainte de a-l lua în braţe; în acest fel, nu va asocia trezirea din somn cu luatul în braţe.

După ce aţi bifat toate elementele din lista de mai sus şi aţi aşteptat suficient pentru ca orice schimbare pe care aţi făcut-o să dea rezultate, dacă tot sunt probleme în ceea ce priveşte somnul de la prânz (şi vă daţi seama că bebeluşul şi-a creat obiceiul de a se trezi atunci când intră în faza somnului superficial), atunci poate fi o idee bună să folosiţi metoda adormirii asistate, descrisă la pagina 314. Aceasta îi poate ajuta pe bebeluşi să doarmă la ore regulate. De asemenea, vă recomand să consultaţi cartea *The Complete Sleep*

Guide for Contented Babies and Toddlers, care conține sfaturi detaliate și multe studii de caz privind problemele de somn.

Adormirea prin plâns în timpul reprizei de somn de la prânz

În cărțile pe care le-am scris am precizat faptul că metoda adormirii prin plâns poate fi folosită de la o vârstă foarte fragedă în cazul bebelușilor care refuză să adoarmă sau sunt epuizați. Este foarte important să înțelegeți diferența dintre adormirea prin plâns și formarea deprinderilor de somn, astfel încât să nu-i produceți bebelușului suferință și să agravați problema. Mai jos se află o scurtă prezentare a acestei metode.

Adormirea prin plâns poate fi folosită atunci când bebelușul este bine hrănit, obosit și pregătit să adoarmă, însă refuză să facă acest lucru atunci când este așezat în pătuț. De obicei, bebelușii plâng la intervale neregulate timp de 5–10 minute înainte de a adormi, cu toate că unii extrem de obosiți pot plânge la intervale neregulate până la 20 de minute. După aceea, ei dorm pe toată perioada alocată reprizei de somn sau, dacă este noapte, până la ora de masă următoare.

Dacă bebelușul dumneavoastră se trezește după 30–45 de minute, adoarme la loc după 10–20 de minute de agitație și apoi doarme încă 30–45 de minute, atunci putem vorbi despre adormire prin plâns. Dar, dacă se trezește după 30–45 de minute, nu adoarme la loc și este lăsat să plângă mai mult decât perioada recomandată, atunci *nu* mai putem vorbi despre adormire prin plâns.

Nu vă recomand să lăsați copiii să plângă perioade foarte lungi, întrucât acest lucru nu doar că le produce suferință, ci duce și la crearea obiceiului de a începe să plângă în clipa când se trezesc sau când intră în faza somnului superficial. Este mult mai bine să-i treziți și să-i lăsați să ațipească o dată sau de două ori mai târziu în cursul după-amiezii, în funcție de vârstă. Din experiență, am observat că, atâta vreme cât părinții îi deprind să asocieze adormirea cu stimulii corecți și învață cum să adapteze repriza de somn din cursul după-amiezii astfel încât să nu devină epuizaţi, bebeluşii încep, în cele din urmă, să doarmă o perioadă mai lungă la prânz.

Asocierea adormirii cu stimuli greşiţi

Pe parcursul primelor luni, mulţi bebeluşi aţipesc la intervale neregulate în scaunul auto sau în coşuleţul împletit, lucru care poate fi convenabil pentru părinţi, pentru că le oferă mai multă flexibilitate. Din păcate, după ce bebeluşii cresc şi devin mai activi, scade probabilitatea ca ei să continue să doarmă bine sau suficient de mult în scaunul auto. Dacă şi-au creat acest obicei, poate fi foarte greu să-i determinaţi să doarmă în pătuţ în timpul zilei. Este puţin probabil ca dormitul în scaunul auto să fie satisfăcător şi, pe măsură ce vor creşte, probabil că vor dormita, devenind astfel obosiţi şi irascibili mai târziu. Rezultatul ar putea fi faptul că nu se hrănesc bine la cină sau că adorm înainte de a bea toată porţia de lapte dinainte de culcare. În acest fel, pot apărea trezirile din timpul nopţii provocate de foame, ceea ce vă va face pe amândoi să fiţi epuizaţi a doua zi, problema continuând astfel să se agraveze. Este nevoie să începeţi să-l culcaţi în pătuţ la prânz cât mai repede. Dacă acest lucru nu este posibil din cauza copiilor mai mari şi a drumurilor pe care le faceţi pentru a-i duce şi a-i lua de la şcoală, încercaţi să-l culcaţi în landou sau în cărucior într-o zonă mai liniştită a casei, pentru a putea dormi fără a fi deranjat.

Dacă s-au statornicit deprinderile greşite de somn, atunci va trebui să vă concentraţi eforturile pentru a-l determina să doarmă la prânz cu orice preţ. Acest lucru este cunoscut sub numele de *metoda adormirii asistate* (vezi pagina 314). Scoateţi-l la plimbare în cărucior sau cu maşina şi lăsaţi-l să-şi facă cele două ore necesare de somn. De obicei, am constat că dacă procedez în acest fel timp de o săptămână sau zece zile, ciclul de somn al bebeluşului se adaptează şi devine mai uşor să-l culc după aceea în pătuţ, după ce folosesc pentru foarte puţin timp metoda adormirii prin plâns.

Erupţia dentară şi trezirile din timpul nopţii

Din experienţă, am constatat că bebeluşii care au un program de la o vârstă fragedă şi şi-au creat deprinderi sănătoase de somn simt rareori disconfort în timpul erupţiei dentare. Din cei 300 de bebeluşi la îngrijirea cărora am contribuit, doar câţiva au simţit disconfort în timpul nopţii din cauza erupţiei dentare. În aceste cazuri, de obicei problemele s-au produs la apariţia molarilor, însă neplăcerile au durat numai câteva nopţi. Am observat că probabilitatea de a fi suferit de colici şi de a fi căpătat deprinderi nesănătoase de somn este mai mare la copiii care se trezesc în timpul nopţii din cauza erupţiei dentare.

Dacă bebeluşului îi apar dinţii şi se trezeşte în timpul nopţii, dar adoarme repede la loc după ce este luat în braţe sau primeşte suzeta, probabil că erupţia dentară nu este cauza reală a trezirilor. Este greu să culcaţi la loc un bebeluş care suferă într-adevăr de dureri asociate erupţiei dentare. De asemenea, el ar trebui să manifeste semne de disconfort şi în timpul zilei, nu doar al nopţii. Vă recomand să consultaţi subcapitolul referitor la trezirile frecvente din timpul nopţii şi la trezirile matinale, pentru a elimina alte cauze posibile ale trezirilor bebeluşului.

Dacă sunteţi convinsă că trezirile din timpul nopţii sunt produse de dureri intense asociate erupţiei dentare, vă recomand să cereţi sfatul medicului în ceea ce priveşte administrarea de paracetamol şi ibuprofen. Cu toate că durerile produse de erupţia dentară pot avea drept urmare perturbarea somnului timp de câteva nopţi, acest lucru n-ar trebui să dureze mai multe săptămâni. Dacă bebeluşul pare să nu fie în apele lui, face febră, îşi pierde pofta de mâncare sau face diaree, ar trebui consultat de către medic. Nu plecaţi de la presupunerea că durerile sunt numai un simptom al erupţiei dentare. Am constatat adeseori că ceea ce părinţii credeau că are legătură cu erupţia dentară s-a dovedit a fi o infecţie a urechii sau o infecţie în gât.

Regulile de aur

- În încheiere, iată câteva sfaturi esenţiale cu ajutorul cărora puteţi evita apariţia problemelor în primul an de viaţă al copilului:

- În primele zile, vă recomand ca bebeluşii să rămână treji **aproximativ două ore**. Acest lucru nu înseamnă că ei **ar trebui** să rămână treji două ore. Dacă bebeluşul dumneavoastră adoarme uşor seara şi după mesele de noapte, dar poate rămâne treaz numai câte o oră sau mai puţin în timpul zilei, atunci are în mod evident nevoie de mai mult somn decât alţii. Însă, dacă nu adoarme uşor seara sau după mesele de noapte şi aţi eliminat foamea dintre cauzele posibile, atunci ar fi bine să-i măriţi treptat perioada de veghe cu câteva minute o dată la câteva zile, până când va putea sta treaz fără probleme o perioadă mai lungă şi va dormi mai bine în timpul nopţii.

- Recomand ca bebeluşii să fie alăptaţi **aproximativ 25 de minute** la primul sân, ceea ce nu înseamnă că **trebuie să fie alăptaţi** 25 de minute. Unii sug foarte viguros şi pot goli sânul mult mai repede. Dacă bebeluşul dumneavoastră ia în greutate şi adoarme uşor la ora reprizelor de somn din timpul zilei, precum şi în timpul nopţii, nu trebuie să vă faceţi griji în legătură cu perioada cât stă la sân. Însă, dacă este nemulţumit între mese şi nu adoarme uşor în timpul zilei, atunci este posibil să nu golească sânul. Încercaţi să alăptaţi bebeluşul chiar înaintea reprizelor de somn din timpul zilei. Dacă adoarme uşor după aceea, puteţi fi cât se poate de sigură că foamea este motivul pentru care nu adoarme. Pentru a remedia această problemă, vă recomand să cereţi ajutorul unui consultant în domeniul alăptării pentru a vă asigura că aşezaţi bebeluşul la sân în mod corespunzător. După ce aţi făcut acest lucru, trebuie să verificaţi tot timpul dacă micuţul chiar înghite laptele şi nu suge în gol. Bebeluşii foarte mici ca vârstă, care petrec foarte mult timp sugând în gol în loc să se hrănească, pot obosi repede şi se pot retrage de la sân înainte de a-l goli.

- În primele zile, dacă bebeluşul plânge, ar trebui să consideraţi întotdeauna că-i este foame şi să-i daţi să sugă. Nu uitaţi că atunci când vorbesc despre hrănire din trei în trei ore, cele trei ore se calculează de la **începutul** unei mese până la **începutul** mesei următoare. Acest lucru înseamnă că există un interval de numai două ore între mese. De asemenea, precizez faptul că, dacă bebeluşii sunt cu adevărat flămânzi înaintea orelor de masă recomandate, atunci ar trebui întotdeauna hrăniţi. Cu toate acestea, dacă micuţul dumneavoastră cere să fie hrănit cu mult înaintea orei de masă recomandate pentru vârsta lui, trebuie, de asemenea, să încercaţi să vă daţi seama de ce se întâmplă acest lucru. De obicei, în cazul bebeluşilor alăptaţi, cauza este lactaţia scăzută sau faptul că nu se satură în timpul meselor. Dacă este hrănit cu formule de lapte şi nu reuşeşte să reziste trei ore între mese, atunci ar trebui să discutaţi cu asistentul medical sau cu medicul pentru a stabili dacă se hrăneşte suficient sau nu la fiecare masă.

- Nu treceţi la programul următor înainte ca bebeluşul să dea semne că este pregătit să rămână treaz mai mult timp şi să reziste un interval mai lung între mese. În funcţie de nevoile individuale ale copilului, puteţi constata că uneori i se potrivesc două programe diferite. Acest lucru poate avea drept urmare faptul că bebeluşul respectă orele de somn dintr-un anumit program şi pe cele de masă din programul următor, sau invers, dar aceasta nu este o problemă.

- Nu uitaţi că scopul programelor este de a le crea bebeluşilor deprinderi alimentare şi de somn sănătoase pe termen lung. Copiii dorm toată noaptea îndată ce sunt capabili din punct de vedere fizic şi psihic să facă acest lucru. N-ar trebui să-l forţaţi să doarmă toată noaptea limitându-i prea repede numărul meselor de noapte sau micşorându-i porţia de lapte de la aceste mese.

- Pentru a evita problema trezirilor matinale, asiguraţi-vă că în primele zile, atunci când bebeluşul se trezeşte în timpul nopţii, îl hrăniţi suficient de consistent pentru a-l ajuta să doarmă până în jurul orei 7. De asemenea, odată ce doarme până la ora 5/6, n-ar trebui să aşteptaţi perioade foarte lungi pentru a vedea dacă adoarme la loc. Probabilitatea de a se confrunta cu problema trezirilor matinale pe termen lung este mult mai mare în cazul bebeluşilor care se deprind să rămână treji mult timp între orele 5 şi 7, decât în cazul celor care sunt hrăniţi rapid şi culcaţi la loc.

- De asemenea, este important să nu micşoraţi perioada de timp cât stă treaz copilul în timpul mesei de lapte de la orele târzii ale serii până când nu doarme în mod regulat până în jur de 7. Dacă bebeluşul împlineşte 3 luni şi nu doarme până în jur de 7, atunci este bine să-l hrăniţi în două reprize la orele târzii ale serii şi să-l ţineţi treaz mai mult timp atunci. Din experienţă, am observat că hrănirea în două reprize i-a ajutat aproape întotdeauna să doarmă o perioadă mai lungă în timpul nopţii pe bebeluşii de vârstă foarte mică; pe cei de vârstă mai mare, care se trezeau la ora 5, i-a ajutat să doarmă până în jur de 7. Pentru a afla detalii referitoare la hrănirea în două reprize consultaţi pagina 162. Cheia reuşitei de a fi hrănit în două reprize o reprezintă trezirea copilului cel târziu la ora 21.45 şi preocuparea ca el să fie complet treaz în perioada recomandată – alocaţi-vă cel puţin o săptămână pentru a face acest lucru.

- Bebeluşii mai mari de 6 luni care au renunţat la masa de lapte de la orele târzii ale serii şi încep să se trezească între 5 şi 6, dar nu adorm la loc în 10–15 minute, ar trebui hrăniţi, chiar dacă motivul pentru care s-au trezit nu este foamea. Din experienţă, am observat că hrănirea bebeluşilor în clipa în care se trezesc este calea cea mai rapidă prin care se poate evita problema trezirilor matinale pe termen lung. La vârsta la care se hrănesc regulat cu alimente solide, somnul în exces în timpul zilei reprezintă de obicei cauza trezirilor matinale. Este foarte greu să încercaţi să reduceţi numărul orelor de somn din timpul zilei în cazul bebeluşilor care se trezesc devreme dimineaţa, aşa că este mai bine să-i hrăniţi, deoarece acest lucru le permite să adoarmă singuri la loc, spre deosebire de folosirea suzetei sau de îmbrăţişări. După aceea, pe măsură ce dorm mai bine între orele 5 şi 7, mutaţi-le treptat repriza de somn de la ora 9 la ora 9.30 şi reduceţi-o până la 30 de minute. Acest lucru vă va permite să le mutaţi repriza de somn de la prânz la ora 12.30 şi astfel nu vor mai avea nevoie să doarmă spre sfârşitul după-amiezii. După ce i-aţi redus numărul orelor de somn din timpul zilei, veţi constata că va începe singur să doarmă până în jurul orei 7 şi va renunţa la masa de lapte de dis-de-dimineaţă. Însă, dacă bebeluşul doarme până la ora 7 timp de cel puţin două săptămâni, dar încă îl hrăniţi între orele 5 şi 6, atunci puteţi să reduceţi porţia de lapte. Îndată ce ajungeţi în etapa în care se satură cu cea mai mică porţie posibilă de lapte, puteţi renunţa la această masă şi-l puteţi lăsa să adoarmă singur la loc.

Anexe

Recomandările Fundației pentru Studiul Morții Subite la Sugari (FSMSS) referitoare la reducerea riscului de apariție a sindromului morții subite la sugari

1. În primele 6 luni, culcați bebelușul pe spate în pătuț, în aceeași cameră cu dumneavoastră, atât în timpul zilei, cât și al nopții.

2. Bebelușii n-au nevoie să doarmă într-o cameră cu temperatură ridicată; rareori este necesar să încălziți camera pe parcursul întregii nopți. Mențineți o temperatură cuprinsă între 16 și 20°C; temperatura optimă este de 18°C.

3. Adulților le este greu să-și dea seama ce temperatură este, așadar folosiți un termometru de cameră în încăperile în care doarme și se joacă bebelușul.

4. Atunci când mergeți să vedeți ce face copilul, dacă observați că transpiră sau are burtica foarte caldă, înlăturați o parte dintre pături.

5. Folosiți pentru învelit pături subțiri sau un sac de dormit pentru bebeluși. Dacă îi este prea cald, înveliți-l cu mai puține pături sau folosiți un sac de dormit mai subțire. În timpul verilor călduroase, bebelușul poate să nu fie învelit deloc. Nu folosiți pilote, plăpumi sau perne în cazul copiilor mai mici de un an.

6. Chiar și în timpul iernii, bebelușii care sunt bolnavi și fac febră trebuie îmbrăcați mai subțire sau înveliți cu mai puține pături.

7. Bebeluşii elimină excesul de căldură prin creştetul capului. Asiguraţi-vă că lenjeria de pat nu le poate acoperi creştetul capului, aşezându-i astfel încât să nu alunece sub pături.

Recomandări de lectură

A Contented House with Twins, de Gina Ford și Alice Beer (Editura Vermilion, 2006)

Feeding Made Easy, de Gina Ford (Editura Vermilion, 2008)

From Crying Baby to Contented Baby, de Gina Ford (Editura Vermilion, 2010)

Gina Ford's Top Tips for Contented Babies and Toddlers, de Gina Ford (Editura Vermilion, 2006)

Healthy Sleep Habits, Happy Child, de Marc Weissbluth (Editura Vermilion, 2005)

Potty Training in One Week, de Gina Ford (Editura Vermilion, 2003) – în curs de apariție la Editura Corint

Remotely Controlled, de Aric Sigman (Editura Vermilion, 2005)

Silent Nights, de Brian Symon (Editura OUP Australia și Noua Zeelandă, 2005)

Sleep: The Secret of Problem-free Nights, de Beatrice Hollyer și Lucy Smith (Editura Cassell, 2002)

Solve Your Child's Sleep Problems, de Richard Ferber (Editura Dorling Kindersley, 1985)

The Complete Sleep Guide for Contented Babies and Toddlers, de Gina Ford (Editura Vermilion, 2009)

The Contented Baby with Toddler Book, de Gina Ford (Editura Vermilion, 2009)

The Contented Baby's First Year, de Gina Ford (Editura Vermilion, 2007)

The Contented Child's Food Bible, de Gina Ford (Editura Vermilion, 2005)

The Contented Little Baby Book of Weaning, de Gina Ford (Editura Vermilion, 2006) – în curs de apariție la Editura Corint

The Contented Toddler Years, de Gina Ford (Editura Vermilion, 2006)

The Gina Ford Baby and Toddler Cook Book, de Gina Ford (Editura Vermilion, 2005)

The Great Ormond Street New Baby and Child Care Book (Editura Vermilion, 2004)

The New Baby and Toddler Sleep Programme, de prof. John Pearce și Jane Biddler (Editura Vermilion, 1999)

What to Expect When You're Breast-feeding... And What If You Can't?, de Clare Byam-Cook (Editura Vermilion, 2006)

Your Child's Symptoms Explained, de David Haslam (Editura Vermilion, 1997)

Newsletterul „Bebeluşul fericit"

V-ar plăcea să aflaţi mai multe detalii despre programele „Bebeluşul fericit" şi despre cărţile Ginei Ford? Atunci este o idee bună să accesaţi site-urile oficiale ale Ginei, la adresele www.contentedbaby.com şi www.contentedtoddler.com, unde vă puteţi înregistra pentru a primi lunar buletinul de ştiri gratuit, care conţine multe informaţii utile, sfaturi practice şi recomandări, precum şi răspunsuri la diverse întrebări legate de creşterea şi îngrijirea copiilor sau chiar câteva reţete culinare.

De asemenea, poate doriţi să profitaţi de această ocazie şi să deveniţi unul dintre membrii comunităţii on-line a Ginei Ford înscriindu-vă pe unul dintre site-uri sau pe amândouă. Ca membru al acestei comunităţi, veţi beneficia de un număr mare de avantaje, precum şi de foarte multe informaţii şi recomandări. Veţi primi lunar o revistă în format digital însoţită de un mesaj personal din partea Ginei, precum şi o selecţie a celor mai recente articole în exclusivitate, pe teme de actualitate, scrise de colaboratorii noştri şi de membrii comunităţii on-line. Veţi avea acces la peste 2 000 de întrebări frecvente referitoare la alimentaţie, somn şi dezvoltare, la care au răspuns Gina şi echipa ei. De asemenea, veţi descoperi multe studii de caz care nu au fost prezentate în seria de cărţi „Bebeluşul fericit" şi o vastă arhivă cu articole fascinante despre chestiuni legate de creşterea copiilor şi stilul de viaţă, concepute de specialişti în domeniile nutriţiei, a regimurilor alimentare, psihologiei şi consilierii copilului, precum şi de jurnalişti şi scriitori.

Veţi avea posibilitatea de a intra în legătură cu alţi părinţi pe forum, unde puteţi discuta despre orice problemă legată de creşterea şi educarea copiilor, şi veţi putea lua legătura cu alte mame care urmează programele „Bebeluşul fericit". Puteţi chiar să aflaţi părerea Ginei despre dilemele frecvente ale părinţilor, din rubrica „Gina vă răspunde", care abordează chestiuni legate de creşterea şi educarea copiilor. În plus, puteţi beneficia de recomandări referitoare la cumpărăturile on-line şi sfaturi despre ieşirile în familie.

www.contentedbaby.com
www.contentedtoddler.com
www.contentedbaby.com/shop-directory

Serviciul de consultanţă „Bebeluşul fericit"

Gina oferă servicii de consultanţă telefonică individuală acelor părinţi care doresc să primească ajutor din partea unui specialist în ceea ce priveşte crearea deprinderilor sănătoase de alimentaţie şi de somn, aşa cum sunt acestea prezentate în ghidurile pentru îngrijirea sugarului şi a copilului mic. Dacă doriţi să aflaţi mai multe detalii despre modalitatea în care se desfăşoară o şedinţă individuală de consultanţă, vă solicităm ca mai întâi să ne trimiteţi un jurnal detaliat al programului de masă şi de somn al bebeluşului din ultimele 48 de ore, alături de o scurtă prezentare a problemei pe care o aveţi, folosind formularul de contact de pe site-ul www.contentedbaby.com.

Index

Pentru comenzi şi informaţii, adresaţi-vă la:
Editura CORINT – Difuzare şi Clubul Cărţii
Calea Plevnei nr. 145, sector 6, Bucureşti, Cod poştal 060012
Tel.: 021.319.88.22, 021.319.88.33.
Fax: 021.319.88.66, 021.310.15.30
E-mail: vanzari@edituracorint.ro
www.grupulcorint.ro

ISBN: 978-973-135-715-7

Format: 16/54x84;
Coli tipo: 22

Tiparul executat la

B-dul Tudor Vladimirescu, nr. 31,
sector 5, București, ROMÂNIA

fedprint
tipografie

Tel.: 411.00.55; 411.47.76 office@fedprint.ro